"类借壳"上市模式及其经济后果研究

赵彦锋 ◎著

"LEIJIEKE"
SHANGSHI MOSHI JIQI
JINGJI HOUGUO YANJIU

中国财经出版传媒集团
经济科学出版社
Economic Science Press

图书在版编目（CIP）数据

"类借壳"上市模式及其经济后果研究/赵彦锋著
.—北京：经济科学出版社，2021.2
ISBN 978-7-5218-2391-2

Ⅰ.①类… Ⅱ.①赵… Ⅲ.①借壳上市-研究 Ⅳ.
①F830.91

中国版本图书馆 CIP 数据核字（2021）第 031695 号

责任编辑：袁　溦
责任校对：刘　娅
责任印制：王世伟

"类借壳"上市模式及其经济后果研究
赵彦锋　著
经济科学出版社出版、发行　新华书店经销
社址：北京市海淀区阜成路甲 28 号　邮编：100142
总编部电话：010-88191217　发行部电话：010-88191522
网址：www.esp.com.cn
电子邮箱：esp@esp.com.cn
天猫网店：经济科学出版社旗舰店
网址：http://jjkxcbs.tmall.com
北京季蜂印刷有限公司印装
710×1000　16 开　17 印张　200000 字
2021 年 3 月第 1 版　2021 年 3 月第 1 次印刷
ISBN 978-7-5218-2391-2　定价：59.00 元
（图书出现印装问题，本社负责调换。电话：010-88191510）
（版权所有　侵权必究　打击盗版　举报热线：010-88191661
QQ：2242791300　营销中心电话：010-88191537
电子邮箱：dbts@esp.com.cn）

本书是以下项目阶段性成果：

2021年河南省科技厅软科学项目"实体企业金融化与审计师选择研究"（212400410540）；2020年河南省哲学社会科学规划项目"超额商誉与外部审计师风险应对研究"（2020BJJ008）；河南省特色骨干学科"现代服务业学科群"；

河南省研究生教育改革与质量提升工程项目（YJS2021AL096）；

河南省教育厅"工商管理学科－河南省研究生教育创新培养基地"（HNYJS2020JD17）；

2019年教育部产学合作协同育人项目"会计专业学位研究生（MPAcc）案例开发与使用研究"（201902121021）；

2018年校级教改课题"财务会计类课程教学范式改革研究"；

2019年河南省高等教育教学改革研究与实践项目"会计硕士教学案例库的建设与应用研究"（2019SJGLX41Y）；

河南省高校哲学社会科学创新团队：河南省国有企业混合所有制改革制度安排（2015－CXTD－09）

前　言

随着经济转型及"三新经济"日益活跃，我国上市公司"老龄化"现象凸显，为改善资产质量，上市公司实施的重大资产交易逐年增多，在中央"多兼并重组，少破产清算"政策引导下，企业积极运用并购重组方式盘活实体经济存量（黄灿等，2020），上市企业与非上市企业之间的并购重组活动激增（魏志华、朱彩云，2019），并且在"依法、从严、全面"监管环境下，上市公司并购重组更加理性务实，服务实体经济。但是，在对借壳上市监管趋严的背景下，有部分企业的重组方案也涉及"类借壳"、盲目跨界重组及"保壳式"重大资产出售等（王建伟，2017），这对并购重组监管与合并会计处理方法提出挑战。现有研究围绕并购重组支付方式、业绩承诺、商誉及其减值、经济后果等方面已取得较为丰富的成果，但是对于个案性的"类借壳"模式及其经济后果关注不够，为弥补这一研究缺口，本书主要运用案例研究方法，立足我国特殊资本市场制度，选取近年来典型"类借壳"案例展开分析。

本书的主要内容包括以下四个部分：首先阐述"类借壳"交易模式相关制度背景与理论基础，通过梳理我国重大资产重组制度演进，展现借壳上市认定监管态势，凸显"类借壳"模式的动因，并分析相关会计处理方法；其次，运用百润股份、迪康药业案例解读

▶▶ "类借壳"上市模式及其经济后果研究

保持控制权不变的"类借壳"交易模式,并分析其经济后果与潜藏的风险;再次,针对实务中常见的在控制权变更的前提下通过操纵购入资产规模实现"类借壳"的交易模式,使用西藏旅游与拉卡拉重组案例进行分析;最后,研究三方交易模式,突出该"类借壳"模式中的风险,尤其是形成的巨额商誉与整合风险,该部分运用的案例包括昆百大A与我爱我家的重组、三爱富与奥威亚的重组。主要结论包括以下三个方面:

(1)"类借壳"模式是上市公司与监管层博弈的结果。不同"类借壳"交易设计潜藏不同的风险,监管层应针对不同的"类借壳"交易采取不同监管措施,交易主体应以维护投资者利益为前提,合理利用资本市场优化资源配置。

(2)关注我国特殊上市制度对企业上市方式选择的影响。从案例重组经济后果来看,有业绩变差的案例,当然不乏因重组成功而实现转型、业绩迅猛增长的实例,甚至因重组失败而转战首次公开募股(IPO)成功并实现业绩、估值快速增长,表明我国特殊上市制度会扭曲上市方式选择,即部分本身业绩较好而因存在融资约束的企业急于上市而被动选择借壳或"类借壳"这类上市成本较高的方式,导致社会资源浪费。

(3)作为企业而言,既要重视业务经营,又要重视资本运作。产融结合是发展趋势,关键是实体企业应在国家产业政策引导下开展资本运作,基础是业务经营,提高主业经营利润率,金融副业的支撑作用才能发挥,形成资本运作与生产经营的良性互动(谢富胜、匡晓璐,2020),而不能让资本运作偏离服务实体经济的本源,否则会引发资本市场的系统风险。

前　言

本书可能的创新包括以下三个方面：

（1）首次较为系统的基于我国上市资格管制背景，研究我国资本市场的"类借壳"交易模式及其经济后果，提供了来自我国的经验证据。

（2）突出案例研究方法的运用。"类借壳"模式是监管层与上市公司、非上市主体之间互动、博弈的结果，具有鲜明的个性化特征，采用案例研究能够捕捉不同方案的差异，从而更细节化的呈现"类借壳"交易及其经济后果，为其他企业提供参考，也为监管层改进监管思路与方法提供启示。

（3）探讨重组监管认定与会计处理分离的思路。针对实务中出现的企业合并会计处理方法与借壳监管认定可能出现的实质与形式偏离现象，探讨将两者分离的思路，以满足不同目的需要，既实现会计反映交易的实质，又能体现监管保护中小投资者的目的。

赵彦锋
2021年3月

目　　录

第1章　引言 …………………………………………………… 1

　　1.1　研究背景和意义 ………………………………………… 1
　　1.2　国内外研究现状 ………………………………………… 6
　　1.3　研究思路、方法与主要内容 …………………………… 24

第2章　制度背景与理论基础 ………………………………… 27

　　2.1　制度背景之我国重大资产重组制度演进 …………… 27
　　2.2　制度背景之我国退市制度演进 ……………………… 44
　　2.3　理论基础 ………………………………………………… 53

第3章　"类借壳"上市模式之保持控制权不变研究 ……… 84

　　3.1　蓝光发展借壳迪康药业疑惑分析 …………………… 85
　　3.2　百润股份控股合并巴克斯酒业案例 ………………… 109

第4章　"类借壳"上市模式之资产规模控制研究 ………… 136

　　4.1　西藏旅游与拉卡拉重组 ……………………………… 136

4.2　西藏旅游重组拉卡拉"类借壳"的操作手段 ……… 143
　　4.3　拉卡拉"类借壳"重组失败后转战 IPO 上市 ……… 148

第5章　"类借壳"上市模式之第三方交易研究 ………… 152
　　5.1　我爱我家"曲线类借壳"案例研究 ……………… 153
　　5.2　三爱富与奥威亚"三方交易类借壳"案例研究 …… 184

第6章　"类借壳"上市模式之连环资产重组：武昌鱼与控股股东的重组及其经济后果 ……………… 212
　　6.1　武昌鱼转型概况与出现的问题 ……………… 213
　　6.2　武昌鱼集团转手控制权：退出路径与补偿安排 … 217
　　6.3　"类借壳"资产的"进"与"退"
　　　　——地产业务及其业绩影响 ……………… 223
　　6.4　地产业务失败后的挣扎——与黔锦矿业三年之恋 … 233
　　6.5　最新动态：保壳双重压力与控制权转让 ……… 239

第7章　研究结论与政策建议 ……………………………… 245
　　7.1　研究结论 ……………………………………… 245
　　7.2　政策建议 ……………………………………… 248

主要参考文献 ……………………………………………… 251

第 1 章

引　　言

相比于非上市公司，上市公司可以带来更高的准租金（陈冬等，2016），因此上市成为企业努力的目标。上市方式、地点选择受行业、监管政策等因素影响，在我国政府管制上市资格的背景下，非上市企业通过借壳、"类借壳"上市案例频发，研究其动因、交易模式以及经济后果具有特殊的制度意义与实践意义。

1.1　研究背景和意义

1.1.1　研究背景

随着经济全球化、一体化的不断深化，企业之间的股权交易变得更加频繁，一些企业为了巩固自身的市场地位、提高在市场中的竞争力，不可避免地会面临通过内部扩张和并购这两个方式来扩大企业。然而，内部扩张是一个漫长又艰难的过程，必须依靠引进人才、资源、技术等不断地进行自我增值。出于发展壮大的目的,除了常规式的发展,我国不少企业开始尝试并购重组这一资本运作和产业融合的手段。企业并购对于并购方来说属于"拿来主义",控制了标的资产,只要交易双方能实现经营、管理、技术、财务等多方面的资源整合,就会产生并购协同效应,因此,并购成为企业扩张,特别是进入新行业实现转型的快捷途径。自 2009 年以来,中国的并购市场整体处于上升趋势。根据中国证券监督管理委员会的统计数据,中国上市公司并购重组的交易金额从 2013 年的 8 892 亿元已增至 2016 年的 2.39 万亿元,年均增长率超过 40%,交易金额居全球第二位①。

近几年来,由于我国企业改革的不断深化、产业结构的逐步调整、国内外竞争日渐加剧等多方面的原因,越来越多的企业迫切地希望能够上市。上市可以解决企业发展所需要的资金问题,也为企业持续发展获得了一个稳定且长期的融资渠道,并以此形成良性的资金循环,提高企业的知名度,为企业积累无形资源。一般而言,企业主要有首次公开募股(IPO)与借壳上市两种方式。IPO 要满足持续 3 年盈利及其他业绩条件,另外还要经过证监会严格的审批手续,等到这一系列流程都走完,大概需要 2~3 年时间,特别是在排队期间可能遇到很多不可预知的情况,包括暂停 IPO。虽然借壳上市的审核标准已与 IPO 等同,但是证监会全天候受理该类重组上市申请,不受 IPO 排队所限,具有时间优势,成为企业进入资本市场的短、平、快方式。近年来,在对"借壳"上市监管日趋严格的环

---

① 中国证监会. 上市公司并购重组服务实体经济转方式调结构取得明显成效 [N/OL]. (2017-08-15) [2017-08-15]. http://www.csrc.gov.cn/pub/newsite/gjb/dyxc/201708/t20170815_322153.html.

境下，仍有不少企业选用该方式登陆资本市场，如360借壳江南嘉捷上市①、顺丰物流借壳鼎泰新材上市等，借壳上市需要"壳公司"转让控制权，这是资本资源的重新配置（陈冬等，2016）②。因此，对于拟上市公司，在我国当前上市核准制形成的上市资源稀缺的背景下，更是借助对并购重组的鼓励政策演化出多种方式，通过借壳上市或规避借壳的"类借壳"模式登陆资本市场③。

借壳上市作为企业扩大市场规模、增加投融资的主要手段之一，在西方资本市场中已经发展成熟并实现监管常规化，在我国经济运行逐步国际化的今天，借壳上市也成为促进我国企业实现资源合理配置，实现企业转型的重要方式。自2009年来，由于IPO因各种原因暂停、排队现象严重，不少企业把上市方式选择的思路转向借壳，特别是2014～2016年，借壳上市风靡市场。据不完全统计，2015年已经完成的就高达48起，涉及交易总金额3 309亿元。其中，绿地控股以655亿元借壳金丰投资，为我国A股有史以来最大规模的借壳上市④。进入2016年，四大快递巨头陆续实施的借壳上

---

① 赵彦锋，马雯婷，李旭东，孟一鸣. 奇虎360借壳回归A股的绩效及其风险研究[J]. 财务管理研究，2020（8）：93-101.

② 陈冬，樊蕊，梁上坤. 谁动了上市公司的壳——地方保护主义与上市公司壳交易[J]. 金融研究，2016（7）：176-190.

③ 梁上坤，李丹，谷旭婷，马逸飞. 借壳上市与杠杆增持下的并购风险——基于上海斐讯借壳慧球科技的案例研究[J]. 中国工业经济，2018（6）：136-155.

④ 本次交易方案包括两部分：（1）资产置换，"壳公司"金丰投资以全部资产及负债与上海地产集团持有的绿地集团等额价值的股权进行置换，拟置出资产由上海地产集团或其指定的第三方主体承接。（2）发行股份购买资产，金丰投资向绿地集团（"借壳方"）全体股东非公开发行A股股票购买其持有的绿地集团股权，其中向上海地产集团购买的股权为其所持绿地集团股权在资产置换后的剩余部分。资产置换与发行股份购买资产互为条件、同步实施。本次交易前，上市公司控股股东为上海地产集团，实际控制人为上海市国资委；本次交易后上市公司无控股股东及实际控制人。并且，截至2013年12月31日，绿地集团的合并财务报表资产总额为37 216 089.04万元，占金丰投资2013年度经审计的合并财务会计报告期末资产总额615 887.95万元的比例达到100%以上，根据《上市公司重组办法》第13条的规定，本次交易构成绿地集团借壳上市（Wind数据库金丰投资公司公告：《重大资产置换及发行股购买资产关联交易报告书》）。

市最为抢眼①,成为严监管下借壳成功的案例;同时,自2015年来形成的中概股回归潮②,其回归A股的便捷方式也是借壳上市③。在借壳上市已与IPO等同审核的背景下,如果操作规范,既能推动企业市场化重组,又能保障投资者的利益。然而由于各种原因,部分企业利用规则漏洞规避控制权变更或者资产规模指标的红线,让"等同于IPO"的借壳规则形同虚设,由此而规避借壳的重组上市,即本书所称的"类借壳"交易模式。而2016年重组新政更趋严厉的借壳认定标准封堵了多条之前可行的"类借壳模式",在此背景下,研究借壳上市认定标准以及"类借壳"上市模式,能为已上市公司的转型提供参考,也能为其他拟间接上市,包括中概股回归A股方案设计提供思路④,同时也为重大资产监管以及股票发行制度改革提供决策依据。

---

① 这四家快递公司的交易对象与金额如下:韵达作价180亿元人民币,借壳新海股份;顺丰作价433亿元人民币,借壳鼎泰新材;圆通作价175亿元人民币,借壳大杨创世;申通作价169亿元人民币,借壳艾迪西。其中,韵达交易方案出台在《重大重组办法》修改稿征求意见期间,基本依据征求意见稿制定,与其他三家方案相比,主要差异在于,没有配套融资(根据Wind数据库中四家公司披露的重大资产重组交易方案整理)。

② 从2014年的中概股热到2015年的中概股集体回归,境内外资本市场在短短2年时间内已经发生了风云剧变。截至2015年12月底,已有33家在美上市的中概股公司收到了私有化要约,这一数字达到了近几年的顶峰。其中奇虎360于2015年12月17日宣布与收购方达成私有化协议,交易规模高达近100亿美元,创下中概股私有化的最大规模(赵彦锋等,2020)。

③ 中概股回归A股重新上市有两条主要路线:一是正常排队IPO,二是借壳上市。IPO太漫长了,如果可变利益实体(variable interest entities,VIE)协议已经执行了,很可能还需要好好运行3年才更有把握IPO。就算满足IPO条件,又要面临漫长的排队等候。因此,最大的可能就是"借壳上市"。

④ 美国证券监管机构对于中概股公司财务审计质量的担忧由来已久,其根源为中概股VIE架构下的信息披露不透明。中概股普遍采用VIE架构跨境上市,其基本模式是中国大陆境内经营实体的股东在境外设立特殊目的公司(SPV),作为上市壳公司,由该壳公司在中国香港设立一家子公司,再由该子公司在中国内地境内设立一家外商独资子公司(WFOE),最后由WFOE与境内经营实体签署股权质押协议、贷款协议、独家服务协议等一系列协议,以控制该实体,从而将该实体的利润转移到中国香港子公司,中国香港子公司再以投资分红的方式将利润转移到上市壳公司。通过复杂的协议网络架构,中概股实现了境外上市壳公司对境内经营实体的实际控制(李有星、潘政,2020)。

1.1.2 研究意义

资本市场是一个充满竞争的市场，投资者之间都存在着或多或少的竞争关系，但是根据优胜劣汰规律，只有那些经营状况良好、并且有发展前途的企业才能在资本市场上获得持续的资源供给。借壳上市作为重大资产重组式的上市方式，通过退出原有的落后产业，发展新注入的业务，实现业务转型、发展，从而改善经营业绩状况。正是通过这种机制，可以促成资本市场中经济资源的有效配置和利用，实现我国经济整体高质量发展。

正是因为借壳上市是一种比IPO更便捷的上市方式，不少企业想通过借壳方式实现到资本市场直接融资。为保证市场的公平，监管层逐步严厉，出台借壳上市"等同"于IPO的政策。而在趋严的监管下，又有企业尝试规避借壳的交易模式，既能实现"上市"目的，又不触及借壳的审核程序。借壳上市的操作模式日益多样，但是认定标准只有两条，于是，在利益驱使下，各参与方共同寻找借壳认定标准的"漏洞"，设计各种结构性交易避免被认定为借壳，但其实质仍然是通过反向购买等方式实现上市，即本书所称的"类借壳"模式，作为一种新出现的上市方式。借壳与"类借壳"上市蕴含的机遇及风险值得关注，有时两者之间只是人为认定的差异，这凸显了目前借壳上市认定标准存在的问题；同时，借壳上市及"类借壳"上市中涉及的股份和金额数量巨大，其成功与否以及过程起伏会对投资者的利益和金融市场的稳定造成巨大的影响，因而在股票市场波动、杠杆失衡、借壳上市火热的局面下，急需规范对上市公司产生重大影响的借壳与"类借壳"重组上市行为，完善配套监管措施，抑制投机"炒壳"，既保证资源的优化配置，又能维护资本市场的"三公"原则，实现党的十九大报告提出的"健全金融监管体系，守住不发生系统性金融风险的底线"的目标。因此，本研究的理论意义在于：（1）丰富并购重组及其经济后果的理论，以弥补现有研究对"类借壳模式"理论研究的不足。（2）拓展监管政策与上市公司重组行为选择的互动研究。在我国制度背景下发展起来的资本市场与监管政策密切相关，在放管服改革的背景下，探索重大资产重组交易中企业与监管层之间的互动尤为重要。（3）探索基于我国制度背景的上市方式选择理论。现有上市方式选择大多基于西方成熟资本市场，而不同制度环境也会影响上市选择，尤其是"类借壳"模式，是对监管层制度制定与执行的挑战，是双方博弈的动态过程，要平衡各方利益，需要多管齐下。实践意义在于：一方面为监管部门制定监管政策、改革上市制度提供参考，完善借壳上市认定标准，避免执政的寻租与尴尬；另一方面也为企业实施重组上市交易设计提供借鉴，降低政策风险与重组后的整合风险，从整体上使资本市场更好发挥服务我国经济高质量发展的功能。

1.2　国内外研究现状

借壳上市是非上市公司运用资产置换、股权交换等方式控股一家已上市公司，以达到自身上市的间接方式[①]。该方式自出现于资本

---

① 邓路，周宁. 市场时机、反向收购及其经济后果——基于"山煤国际"的案例研究［J］. 中国工业经济，2015（1）：147 - 159.

市场以来，无论是理论界还是实务界都对其表示极大关注：理论界关注其动因、会计处理方法及其经济后果，实务界则不断创新其运作方式为企业转型提供借鉴，两方面均取得了丰富的研究成果，综述如下。

1.2.1 上市方式及其选择

上市身份赋予企业与股东更多便利与优势（陈永忠、高勇，2004）[①]，例如，上市公司融资更加便利[②]，融资成本更低[③]，上市公司身份扩大了公司的知名度和影响力[④]，是地方政府保护的重点[⑤]，因而更容易获得地方政府的扶持[⑥⑦]，股东的资产流动性提高等[⑧]，成为衡量其财富的重要指标。并且公司上市也是一个地区或城市的经济名片，是地方政府能力的重要体现[⑨]，官员政绩的重要体现。上市方式包括直接IPO（initial pubulic offering）与间接的借壳上市[⑩]。IPO是企业上市的常见方式但却不是唯一方式，非上市企

[①] 陈永忠，高勇. 上市公司壳资源利用理论与实务 [M]. 北京：人民出版社，2004.
[②] 葛结根. 并购对目标上市公司融资约束的缓解效应 [J]. 会计研究，2017（8）：68-73.
[③] 陆正飞，叶康涛. 中国上市公司股权融资偏好解析——偏好股权融资就是缘于融资成本低吗？[J]. 经济研究，2004（4）：50-59.
[④] 谭燕，陈艳艳，谭劲松，张育强. 地方上市公司数量、经济影响力与过度投资 [J]. 会计研究，2011（4）：43-51.
[⑤] 孙烨，罗党论. 政府竞争、资本配置与上市公司"壳资源"转让 [J]. 管理科学，2011（1）：11-20.
[⑥] 陈冬，范蕊，梁上坤. 谁动了上市公司的壳？——地方保护主义与上市公司壳交易 [J]. 金融研究，2016（7）：176-190.
[⑦] 鄢波，王华，杜勇. 地方上市公司数量、产权影响与政府的扶持之手 [J]. 经济管理，2014（7）：164-175.
[⑧] 翟进步，贾宁，李丹. 中国上市公司收购兼并的市场预期绩效实现了吗？[J]. 金融研究，2010（5）：133-151.
[⑨] 黎文靖，程敏英，黄琼宇. 地方政府竞争、企业上市方式与政企间利益输送——来自中国家族企业上市公司的经验证据 [J]. 财经研究，2012（9）：27-36, 47.
[⑩] 李善民，周小春. 上市方式、大股东持股与民营上市公司的绩效 [J]. 经济管理，2007（1）：36-42.

业还可以通过"借壳"及"类借壳"实现上市。在我国的IPO审批制度下，证监会通过其审核程序决定了每年上市企业的数量以及上市企业的名单，企业需要经过漫长的排队、审批，才能通过IPO实现上市①。一个企业从提交IPO申请到核准发股上市往往要经过3~5年的时间，其中或许还会经历IPO暂停的政策风险②，与IPO这方面相比，借壳上市只需要半年到一年的时间，而且政策风险也更小。与此同时，企业IPO过会还存在"隐形力量"的操控③，陈运森等（2014）发现，我国很多IPO的中介机构出现在证监会发审委名单中，随后以我国民营企业作为样本，研究中介机构的发审委关系与民营企业上市成功率的关系，结果表明，IPO中介机构的发审委关系能够显著提高民营企业成功上市的概率，并进一步证明发审委关系是一种寻租行为④。杜兴强等（2013）也有相同发现，认为发审委关系增加了拟IPO企业的过会概率，但是发审委关系对企业IPO后的业绩表现并没有显著影响，说明发审委关系扭曲了IPO市场的资源配置效率⑤。与此同时，在市场竞争中，一些上市公司经营业绩变差，面临着退市的风险，这为借壳上市提供了借壳标的。在此背景下，借壳成为很多企业上市的另一种选择。目前对企业上市路径选择问题的讨论主要集中于美国的股票市场。阿杰伊等

---

① 戴亦一，潘越，陈静. 双重保荐声誉、社会诚信与IPO过会[J]. 金融研究，2014（6）：146-161.
② 近10年来IPO经历过3次较长时间的暂停，其中最长的一次长达一年半。同时，证监会对上会企业的平均拒绝率达到了40%。
③ 陈选娟，安郁强，林宏妹. 借壳预期与上市公司壳资源价值[J]. 经济管理，2019（12）：140-157.
④ 陈运森，郑登津，李路. 民营企业发审委社会关系、IPO资格与上市后表现[J]. 会计研究，2014（2）：12-19.
⑤ 杜兴强，赖少娟，杜颖洁."发审委"联系、潜规则与IPO市场的资源配置效率[J]. 金融研究，2013（3）：143-156.

（Adjei et al. , 2008）比较了美国 1990～2002 年间 286 个借壳上市样本和 2 860 个 IPO 样本，他们发现借壳上市的企业与 IPO 企业相比，普遍规模较小、成立时间较短、业绩较差，有 42% 的企业在借壳后的 3 年内退市，而同期退市的 IPO 企业只有 27%[①]。格利森等（Gleason et al. , 2005）对 1987～2001 年 121 个借壳上市样本进行了分析，他们发现企业并不是因为 IPO 市场不景气才进行借壳上市，近一半的借壳上市发生在 IPO 市场火热的时期。借壳上市的企业在上市后的营运能力和盈利水平没有提升，上市 2 年内的存活率仅为 46%[②]。弗洛罗斯和萨普（Floros and Sapp, 2011）比较了 1990～2008 年通过借壳上市和 IPO 上市的企业特征，发现借壳上市的企业规模更小、更不成熟，说明它们的信息不对称程度较大。另外，它们的盈利水平更低、流动性更差、资产负债率更高，说明与 IPO 企业相比，借壳企业在上市前的财务状况差[③]。布劳等（Brau et al. , 2003），波尔森和斯泰格摩勒（Poulsen and Stegemoller, 2008）发现行业集中度、负债成本和内部人持股比例等因素也是企业上市选择的因素[④][⑤]。总的来说，基于美国股票市场的实证证据表明，表现好的企业更倾向于采用 IPO 的方式上市，而表现差的企业更倾向于采用借壳的方式上市。而屈源育等（2018）利用手工搜集的我国

[①] Adjei F. , Cyree K. B. , Walker M. The Determinants And Survival of Reverse Mergers vs IPOs [J]. Journal of Economics and Finance, 2008, 32: 176–194.

[②] Gleason K. C. , Rosenthal L. , Wiggins R. A. Backing into Being Public: An Exploratory Analysis of Reverse Takeovers [J]. Journal of Corporate Finance, 2005, 12: 54–79.

[③] Floros I. V. and Sapp T. R. A. Shell Games: On the Value of Shell Companies [J]. Journal of Corporate Finance, 2011, 17: 850–867.

[④] Brau J. C. , Francis B. , Kohers N. The Choice of IPO Versus Takeover: Empirical Evidence [J]. The Journal of Business, 2003, 76: 583–612.

[⑤] Poulsen A. B. and Stegemoller M. Moving from Private to Public Ownership: Selling Out to Public Firms Versus Initial Public Offerings [J]. Financial Management, 2008, 37: 81–101.

借壳上市数据研究发现,业绩更好的企业选择了借壳上市而不是IPO上市,而其选择借壳上市的原因是其面临更大的融资约束,在IPO管制下,借壳上市可以帮助企业更快上市缓解融资约束,同时有效利用市场择时降低上市成本[①]。黄琼宇等(2014)以2003~2008年我国上市家族企业为样本的检验发现,通过IPO直接上市的家族企业比通过买壳上市的家族企业获得更多银行贷款、政府补贴和税收优惠,但有更高的操作性应计、更低的盈余价值相关性和更高的盈余损失持续性。直接上市的家族企业中,政治支持与其盈余质量显著负相关[②]。邓路和周宁(2015)基于市场时机理论,认为当借壳方价值被高估时,更愿意选择价值被低估的让壳方作为借壳对象,在与上市公司进行换股合并中,可以用较少的股权或资产对价换取上市公司控制权,将有利于借壳方股东利益,并更愿意以股票作为支付手段,其原因在于自身价值被高估时,对于收购相同价值的让壳方控制权,借壳方仅需发行更少数量的股份就可完成交易,减少对原有股东的股权稀释[③],以利于增强对重组后公司的控制。陈冬等(2016)以1998~2012年沪深两市A股市场247起上市"壳公司"交易为样本研究发现,壳公司所在地的地方保护程度越高,壳公司越可能被本地公司收购,壳公司被收购后越有可能保持国有性质不变,而且,壳公司所在地的地方保护程度越高,壳收购活动现金支付

---

① 屈源育,吴卫星,沈涛. IPO还是借壳:什么影响了中国企业的上市选择 [J]. 管理世界,2018 (9):130-142,192.
② 黄琼宇,程敏英,黎文靖,魏明海. 上市方式、政治支持与盈余质量——来自中国家族企业的证据 [J]. 会计研究,2014 (7):43-49,96.
③ 邓路,周宁. 市场时机、反向收购及其经济后果——基于"山煤国际"的案例研究 [J]. 中国工业经济,2015 (1):147-159.

比例越高①。胡海峰和陈明哲（2016）认为，相对于我国严格的股票发行制度，海外上市的要求更低，同时可以为企业带来更高的知名度，更多样化的市场层次，因此一些高成长性但是规模小的企业更容易选择海外上市②。孔令艺（2014）等认为有外资风险投资（VC）/私募股权投资（PE）参与的公司，因为这些外资投资机构对于海外上市的规则更加熟悉，且海外市场有助于在投资后期资本撤出，所以有外资VC/PE的公司更倾向于选择海外上市③。

1.2.2 壳资源及其计量

王性玉（2002）指出，壳资源主要来自股票市场严格的准入制度以及上市公司在资本筹集、税收和广告等方面政府授予的特权④。中国资本市场中上市公司的壳资源主要来源于IPO核准制的强监管，这一观点得到了学者们的广泛支持⑤⑥⑦。在早期的研究中，一些研究者假设不同的上市企业壳价值相同，将影响壳价值的主要因素归于政策约束，如IPO政策等⑧。李等（Lee et al., 2017）基于

---

① 陈冬，范蕊，梁上坤. 谁动了上市公司的壳？——地方保护主义与上市公司壳交易 [J]. 金融研究, 2016 (7): 176 - 190.
② 胡海峰，陈明哲. 关于我国优质企业境外上市的思考 [J]. 经济纵横, 2016 (3): 85 - 91.
③ 孔令艺，肖慧娟，任颋. 股权结构、上市地点选择与IPO绩效——以中国创业公司为例 [J]. 当代经济科学, 2014, 36 (4): 58 - 68.
④ 王性玉. 上市公司"壳资源"及其交易价格模型 [J]. 经济体制改革, 2002 (2): 115 - 118.
⑤ 吴斌，何建敏. 基于Shapley值的壳资源溢价影响因素的实证研究 [J]. 数理统计与管理, 2012 (1): 161 - 167.
⑥ 屈源育，沈涛，吴卫星. 上市公司壳价值与资源配置效率 [J]. 会计研究, 2018 (3): 52 - 58.
⑦ Liu J., Stambaugh R. F., Yuan Y. Size and Value in China [J]. Journal of Financial Economics, 2019, 134 (1): 48 - 69.
⑧ 杨丹. 新股长期价格行为的实证研究——基于壳资源价值的假说和证据 [J]. 财经科学, 2004 (5): 72 - 76.

中国借壳上市数据,研究IPO管制对上市公司股价的影响,发现2007~2015年借壳方支付给壳公司的对价平均高达30多亿元①。然而,在实际的借壳交易中,同一时间借壳交易的成交额之间也存在较大差异,例如,韵达股份与兴化股份其壳资源的交易额相差数倍以上。即使考虑到被借壳公司之间存在的市值差异,壳资源价值之间的差异也不可忽视。刘晓婷和张敬石(2015)认为,壳资源价值来源于供应管制,因此不应存在截面上的差异②。然而,单一地将规模与政策约束作为壳资源价值的衡量指标存在天然不足。由于壳资源可能具有异质性,因此为了更好地衡量壳资源价值,需要同时考虑政策因素与公司特征两个层面,即将壳资源分解为交易过程和真实壳资源两个部分。屈源育等(2018)提出,上市公司的期望壳价值应当由两个部分组成,即被借壳概率与借壳交易中能够实现的壳价值,并建立了壳资源价值与市值之间的预测模型,考虑了交易概率,从而计算出了上市公司的期望壳价值③。刘等(Liu et al.,2018)采用借壳概率、借壳收益和股票的博彩性收益,估计了壳资源的价值④。徐硕正和张兵(2020)在将上市公司的壳价值分解为交易过程和隐含壳价值两个部分后,测算出样本公司2017年的壳资源综合可实现价值约为31亿元⑤,而壳价值降低了资本市场资源配

---

① Lee C. M. C., Y. Qu and T. Shen. everse Mergers, Shell Value, and Regulation Risk in Chinese Equity Markets [R]. Research Papers,2017.
② 刘晓婷,张敬石. 我国A股相对于H股溢价的实证分析——基于"壳价值"的解释[J]. 金融与经济,2016(1):68-74.
③ 屈源育,沈涛,吴卫星. 壳溢价:错误定价还是管制风险[J]. 金融研究,2018(3):155-171.
④ Liu J., Stambaugh R. F., Yuan Y. Size and Value in China [J]. Journal of Financial Economics,2019,134(1):48-69.
⑤ 徐硕正,张兵. 中国A股市场的借壳上市与壳资源——一种度量上市公司壳价值的方法[J]. 山西财经大学学报,2020(5):31-45.

置的有效性,原因在于壳价值含量越高的上市公司越倾向于采取消极的财务政策,比如减少投资与融资水平,现金分红意愿更低①,更不利于中小投资者保护。

1.2.3 借壳上市及其风险

阿雷拉诺和布鲁斯科(Arellano and Brusco, 2000)认为,潜在的高增长和高收益公司倾向于 IPO 上市,而效益不好、未来获得盈利项目可能性较低的公司只能另寻出路借壳上市②。邓路和周宁(2015)指出,当借壳公司价值被高估时,其倾向于发起反向并购实现上市,并倾向于选择价值被低估的壳公司。相对于首次公开募股(IPO)的方式上市,借壳上市具有短期收益高、制度制约低等优势③。由于中国证券发行实施核准制,IPO 进程一直存在排队公司多、审核时间长、条件苛刻等特点,一些公司出于择机和加速融资等目的,往往青睐成本相对较高但速度更快的借壳上市方式④。虽然借壳上市操作方便,时间成本低,能短期内实现融资目的,并且因为资产置换,壳公司的盈利能力会大幅提高,股价可以迅速提升,创造出巨大的收益,但是由于中国资本市场不成熟、法律法规不完善等条件的限制,加上在借壳上市交易中,壳公司往往被溢价

---

① 屈源育,沈涛,吴卫星. 上市公司壳价值与资源配置效率 [J]. 会计研究, 2018 (3): 50 – 56.
② Arellano – Ostoa, A and S. Brusco. Understanding Reverse Mergers: A First Approach [Z]. University Calors Ⅲ of Madrid: Working Paper, 2000.
③ Gleason, K. C. , R. Jain and L. Rosenthal. Alternatives for Going Public: Evidence from Reverse Takeovers, Self – Underwritten IPOs, and Traditional IPOs [R]. University of Pittsburgh: Working Paper, 2006.
④ 借壳上市的一般流程:非上市公司收购壳公司,在获得壳公司的控制权后,由壳公司通过配股等"反向收购"的方式,购入借壳方的资产,从而完成借壳上市。

收购，壳公司股票因而受到投资者追捧，"炒壳"成了 A 股市场上一道独特的"风景线"①，借壳上市的行为往往会埋下多方面的风险。对于借壳上市而言，并购方与被并购方的战略差异往往很大，其中的并购风险更加不容忽视。综合以往研究，借壳上市的风险主要有法律风险、财务风险、信息风险和整合风险。

（1）法律风险（监管风险）。在中国，企业间的并购市场并不发达，借壳上市的公司往往缺乏经验，并且借壳过程可能存在较多的不规范之处。陈威和曹丽萍（2009）研究了青岛中金借壳国药科技的案例，指出"不干净的壳"存在债务多、经营亏损、涉及法律纠纷、有违反上市交易规则等问题，将为借壳方遗留大量的不良资产②。而有些公司法制观念较为淡薄，"重上市，轻改制"，在借壳上市成功后违规操作，无视监管，由于不能合法规范经营，重组后很快会变成新的壳公司③，"乌鸡变凤凰"赋予借壳上市的特殊性更容易引发内部交易④。如果借壳重组中涉及利益输送，还可能引发中小股东抵制等问题⑤。此外，中国目前规范企业借壳上市行为的法律法规尚存不足，并购立法滞后于并购现状，加之监管机构的执法力度有待提升，这会进一步加大借壳上市的风险。

（2）财务风险。因为人为干预和壳资源的稀缺性，借壳的成本

---

① 陈选娟，安郁强，林宏妹. 借壳预期与上市公司壳资源价值 [J]. 经济管理，2019（12）：140-157.

② 陈威，曹丽萍. 民营企业买壳上市风险分析 [J]. 财会通讯，2009（5）：141-142.

③ 朱三英. 民营企业买壳上市的法律风险及其防范 [D]. 广州：暨南大学硕士学位论文，2006.

④ 邵新建等. 借壳上市、内幕交易与股价异动——基于 ST 类公司的研究 [J]. 金融研究，2014（5）：126-142.

⑤ 周业安，韩梅. 上市公司内部资本市场研究——以华联超市借壳上市为例分析 [J]. 管理世界，2003（11）：118-125.

往往较高，而相对便宜的壳公司一般会拥有较高的负债率。较高的收购成本将增大公司投资的回收期，而新股东的加入也会降低每股净收益，导致股价下跌和原有股东收益的减少。除了收购时的高成本投入，收购后借壳方还要不断投入资金与资源以维持壳公司的运营，保持和提高业绩。如果存在剧烈的市场波动，没有足够资金实力的借壳方将难以承受与维持。此外，如果借壳引发了被借壳方的反收购或其他势力的觊觎，那么恶性的股价竞争将更大幅度地提升借壳成本。即使取得了公司的控制权，后续的重组同样需要付出大量成本。重组后的上市公司若经营业绩不佳，达不到再融资的要求，那么借壳方将很难实现通过上市进行融资（叶育甫、沈卫，2002）。

（3）信息风险。借壳上市能否最终成功在很大程度上取决于借壳双方掌握信息的充分程度。孙军和刘莉（2008）指出，借壳上市中存在着信息风险，信息的不对称将增加交易成本和不确定性[1]。一方面，目前的国内资本市场仍存在着较为严重的信息不对称问题，投资者难以知晓壳公司真实的经营和发展情况，从而给予正确的定位与估值。壳公司还可能通过有目的的包装，以提高壳价值。若目标公司故意隐瞒问题或收购方自身判断能力不足，则在未探明目标公司生产、管理、市场等情况下，收购方很可能做出错误的并购判断[2]。另一方面，借壳方为了成功借壳，也可能夸大自身的实力与业绩。由此，双方信息的披露都可能不充分或者失真，这会为之后的重组埋下巨大的隐患。另外，借壳上市还会涉及保密风险：如果借壳上市的消息提前泄漏，将导致壳公司股价大幅上扬，增大

---

[1] 孙军，刘莉. 民营企业买壳上市要规避风险 [J]. 经营与管理，2008（8）：34-35.
[2] Bruner, R. F. Does M&A Pay? A Survey of Evidence for the Decision-Maker [J]. Journal of Applied Finance, 2002, 12 (1): 48-68.

收购成本,甚至导致借壳失败①。

(4)整合风险。叶育甫和沈卫(2002)指出,如果壳公司重组后仍未形成核心竞争力,业绩和效益未能取得提升,以至于无法达到公司配股、增发等再融资的规定要求,则意味着重组失败②。此外,王芳(2001)提出壳公司一般经营困难,借壳后买壳方往往需要承担改良原壳公司资产的责任,短期内非但不能融资,反而可能需要承担原不良资产处置形成的损失③,甚至应对潜藏的法律诉讼风险。由于借壳公司和壳公司通常存在着差异化的技术优势、管理风格和文化理念,若重组方式和整合策略不当,或注入资产的质量不符合壳公司改善业绩的要求、作价过高、支付方式不当,便会不可避免地引发各种冲突,直接影响重组后的绩效④,甚至跌入重组失败的深渊。

邓路和周宁(2015)通过对山煤国际反向收购的案例分析,发现企业会利用市场择时来降低借壳上市的成本,从而提出了基于市场时机视角的公司反向收购的理论分析框架。邵新建等(2014)通过对56个ST公司的借壳上市样本分析发现,借壳上市中存在明显的消息泄露和内幕交易行为,证监会针对内幕交易的行政执法越严格,越有助于抑制内幕信息的提前泄露⑤。李佳璐和徐凤菊(2017)利用71个借壳上市样本对借壳上市的公告效应进行了检验,也证实

---

① 徐超.企业买壳上市的风险控制[J].企业活力,1999(1):26-27.
② 叶育甫,沈卫.借壳上市与风险控制[J].学术论坛,2002(5):88-90.
③ 王芳.风险资本的六种退出渠道[J].经济纵横,2001(2):24-27.
④ 陈小林.公司控制权的频繁转移、企业业绩与投机性并购[J].南开管理评论,2005(4):103-108.
⑤ 邵新建,贾中正,赵映雪,江萍,薛熠.借壳上市、内幕交易与股价异动——基于ST类公司的研究[J].金融研究,2014(5):126-142.

借壳交易中存在信息泄露现象①。陈冬等（2016）发现，在借壳上市中存在地方保护主义，壳公司所在地的地方保护程度越高，壳公司越可能被本地的公司收购，壳公司被收购后越有可能保持国有性质②。屈源育等（2018）发现借壳上市中非上市公司以让渡部分股权的方式向上市公司支付壳价值，我国 A 股市场的平均壳价值达到 40 亿元。梁上坤等（2018）的案例研究发现，在我国股票市场系统性风险较高、壳公司股价异常、借壳方资金短缺的情况下，以杠杆增持这种方式获取壳公司的控制权会增大借壳方的成本与风险，并可能带来多方不利的结果③。陈选娟等（2019）在将借壳预期引入传统的现金流贴现模型理论上估计上市公司借壳总溢价以及股价中因借壳预期引起的溢价占比的基础上，利用手工搜集我国 2008~2017 年 A 股市场借壳上市数据进行测算，得出借壳总溢价平均为 64% 的结论，并且借壳预期引起的溢价占股价比例在 0.39%~5.3%，进一步研究发现，当增加（减小）借壳预期的事件发生后，被借壳概率越高的公司，其股价上涨（下跌）幅度越大④。

1.2.4 借壳上市与业绩承诺

鉴于借壳上市的特殊性质及交易中存在信息不对称等问题，中

---

① 李佳璐、徐凤菊. 借壳上市、股价波动与信息泄露 [J]. 财会通讯，2017（26）：34 - 36，129.
② 陈冬，范蕊，梁上坤. 谁动了上市公司的壳？——地方保护主义与上市公司壳交易 [J]. 金融研究，2016（7）：176 - 190.
③ 梁上坤，李丹，谷旭婷，马逸飞. 借壳上市与杠杆增持下的并购风险——基于上海斐讯借壳慧球科技的案例研究 [J]. 中国工业经济，2018（6）：136 - 155.
④ 陈选娟，安郁强，林宏妹. 借壳预期与上市公司壳资源价值 [J]. 经济管理，2019（12）：140 - 157.

国证监会出台了对此类重组活动中业绩承诺的规定：一方面，补偿金额要以拟购买资产的价格进行计算，相对于其他重组直接采用实际利润与承诺利润之差，借壳上市的业绩补偿金额往往更高；另一方面，补偿方式也更为严格，重组活动构成借壳上市的，若其未达到承诺业绩，应先以股份补偿，不足部分以现金补偿，并且股份补偿不低于交易发行股份数量的90%。借壳上市中严格的业绩承诺制度对保证上市公司的资产质量具有重要意义，它可以降低交易过程中的信息不对称程度，促进并购重组市场的健康发展。

在借壳业绩承诺的约定期限内，控股股东要承担较大的补偿压力和惩罚风险。首先，如果无法完成承诺利润，控股股东补偿的金额需按照购买资产的价格进行计算，并且上市公司有权以较低的约定价格回购其应补偿的股份，这可能会使控股股东遭受巨额财产损失。以2016年神州数码（000034）的重大资产购买（构成借壳上市）事项为例，交易报告书明确约定当标的资产未达承诺利润时，上市公司有权以1元的总价格回购控股股东应补偿的股份[①]。其次，借壳业绩承诺要优先采取股份补偿的方式，这可能会使控股股东在经历巨额财产损失的同时，丧失原有的持股优势，出现控制权转移的风险。最后，承诺利润与实际利润之间过大的差距有可能引起监管部门的重视，若涉嫌违规或造假，控股股东将会受到相应的行政处罚甚至法律制裁。

借壳业绩承诺给上市公司带来了沉重的业绩压力，强化了控股股东规避利润下滑的动机。在签订借壳业绩承诺协议之后，上市公

---

① 张海晴，文雯，宋建波. 借壳上市中的业绩补偿承诺与企业真实盈余管理[J]. 山西财经大学学报，2020（5）：99–111.

第1章 引　言

司的考核和评价指标变得更为直接。相对于没有签订业绩补偿协议的上市公司，预测利润就像借壳公司头上高悬的利刃，成为直接判断借壳上市公司经营状况和整合能力的明确标尺①。如果未实现承诺利润，控股股东将遭受较大损失，而且会对上市公司产生较大的负面影响。具体而言，一旦触发赔偿机制，重组公司的资源整合能力有限问题便会暴露出来，这也间接说明重组公司决策的失败②。资本市场会对公司前景产生较大的质疑，投资者的信心也会因此受到打击③，公司股价很可能大幅下跌。同时，公司管理层和员工的信心与士气也会受到打击④，正常的经营管理受到干扰，投资者的额外损失增大。此外，业绩承诺未达标还可能招致监管机构对企业重组活动的问询和日后更为严格的监管。因此，在业绩承诺签订期间，控股股东避免企业利润下滑和规避赔偿损失的动机要比未签订业绩承诺时更为强烈⑤。

目前，借壳中的业绩承诺仍是以会计利润为标尺，会计利润确认与计量中的自主裁量权为企业真实盈余管理提供了机会和借口，并且业绩承诺中约定的利润金额越大，控股股东需要应对的业绩承诺指标压力也越大，其也越有可能进行更多的盈余管理活动，以达

---

① 王竞达，范庆泉. 上市公司并购重组中的业绩承诺及政策影响研究 [J]. 会计研究，2017 (10)：71-77，97.
② 刘建勇，董晴. 资产重组中大股东承诺、现金补偿与中小股东利益保护——基于海润光伏的案例研究 [J]. 财贸研究，2014，25 (1)：136-142，156.
③ Ali A., Zhang W. CEO Tenure and Earnings Management [J]. Journal of Accounting & Economics, 2012, 59 (1): 60-79.
④ 龚启辉，吴联生，王亚平. 两类盈余管理之间的部分替代 [J]. 经济研究，2015 (6)：175-188，192.
⑤ 唐兵，田留文，曹锦周. 企业并购如何创造价值——基于东航和上航并购重组案例研究 [J]. 管理世界，2012 (11)：1-8，44.

到规避赔偿风险的目的①。业绩承诺呈现出高估值、高承诺、高溢价的特点,通过 Wind 数据库统计整理可以看到,近年来,重组事件业绩对赌完成率逐年下降,到 2018 年末报告期,对赌完成率仅 58.61%。以 2018 年报告期为准,在 894 份披露的对赌协议中,有 370 份没有完成业绩承诺。其中,有 78 家企业不仅没有完成对赌协议业绩,还出现了亏损情况。差额最大的为坚瑞消防定增收购沃特玛 100% 股权,标的资产 2018 年承诺净利润为 60 900 万元,但实际净利润为 -435 549 万元,相差将近 50 亿元。此外,还有 12 家企业对赌协议承诺净利润与 2018 年实际净利润差额超 10 亿元。尽管证监会在 2014 年 10 月取消了强制要求兼并非关联企业作出业绩承诺的规定,但业绩承诺制度仍广泛用于并购重组的实践,已经成为伴随并购重组事件的标志性特征②,备受理论界关注。

在我国,关于并购重组中业绩承诺经济后果的实证研究结论不一。吕长江和韩慧博(2014)、杨志强和曹鑫雨(2017)、潘爱玲等(2017)发现,业绩承诺能够通过传递正向信号显著提升并购交易和混合所有制改革的协同效应,而且对并购后目标企业业绩提升具有激励效应③④⑤;但王竞达和范庆泉(2017)却发现,被并购方为获得可观的并购溢价,存在针对"不良资产"的高业绩承诺行为,

---

① 张海晴,文雯,宋建波. 借壳上市中的业绩补偿承诺与企业真实盈余管理 [J]. 山西财经大学学报,2020 (5):99-111.
② 孔宁宁,吴蕾,侯瑞劼. 大股东参与定增并购、业绩承诺与利益输送——基于百润股份收购巴克斯酒业案例的研究 [J]. 国际商务——对外经济贸易大学学报,2020 (6):122-136.
③ 吕长江,韩慧博. 业绩补偿承诺、协同效应与并购收益分配 [J]. 审计与经济研究,2014 (6):3-13.
④ 杨志强,曹鑫雨. 业绩补偿承诺提高混合所有制改革的协同效应吗?——基于国有上市公司重大并购重组的经验证据 [J]. 华东经济管理,2017 (11):166-176.
⑤ 潘爱玲,邱金龙,杨洋. 业绩补偿承诺对标的企业的激励效应研究——来自中小板和创业板上市公司的实证检验 [J]. 会计研究,2017 (3):46-52.

管理层可能通过各种手段维持承诺期间业绩精准达标，但承诺期后往往出现业绩断崖式下滑，给投资者带来损失[1]；赵彦锋和张晓天（2019）发现，在设定业绩目标过高、单一股份补偿方式下，业绩承诺形成的较大压力会诱发标的企业管理层短视行为[2]，引发盈余管理[3]，最终导致重组后公司更高的股价崩盘风险[4]。

1.2.5 "类借壳"模式及其案例研究

在2016年重组上市新规严格借壳上市及构成借壳不能同步募集资金的背景下，"类借壳"案例频现，由此引发"类借壳"手段及案例研究热潮。何军（2014）结合中国资本市场借壳制度的发展历程，在剖析规避借壳安排的基础上，总结了四种常见的"类借壳"模式[5]。王建伟（2016）通过分析2016年度深市上市公司资产重组行为发现，2016年重组上市新规实施后，市场上主要存在两种规避借壳上市行为：一种是保持上市公司控制权不变，主要形式有实际控制人通过认购募集配套资金保持控制权不变，利用增资或突击分散拟收购资产股权及委托投票表决权或放弃投票表决权保持原控股股东的控制地位；另一种是在上市公司实控人发生变更的同时，向

---

[1] 王竞达，范庆泉. 上市公司并购重组中的业绩承诺及政策影响研究[J]. 会计研究，2017（10）：71-77.
[2] 赵彦锋，张晓天. 业绩补偿的压力效应研究——以天津壳木为例[J]. 财会通讯，2019（25）：37-41.
[3] 刘浩，杨尔稼，麻樟城. 业绩承诺与上市公司盈余管理——以股权分置改革中的管制为例[J]. 财经研究，2011（10）：58-69.
[4] 关静怡，刘娥平. 业绩承诺增长率、并购溢价与股价崩盘风险[J]. 证券市场导报，2019（2）：35-44.
[5] 何军. 新监管环境下A股借壳类重组生态研究[D]. 上海：上海交通大学，2014.

独立第三方收购大额资产,即"三方交易"①,施金晶和李梦飞(2017)也持有类似观点②。付蕙乔(2017)以哈工智能为案例,在介绍其以现金为支付手段的"三方交易"方案基础上,分析了其规避借壳的手段③。邱霖(2019)则以创业板首例以"三方交易"模式过会的南通锻压为例,指出其主要通过规避向收购人及其关联人购买资产这一手段规避借壳认定④。侯祺隆(2018)分析了南洋科技通过控制资产规模规避借壳⑤,杨俏文和黄思涵(2019)分析了三爱富与奥威亚"现金收购+现金回投"模式,指出该案例中首次将现金交易应用于"类借壳"交易中⑥。对于"类借壳"行为效果的研究,因研究对象的不同而不同⑦,廖青(2019)以坚瑞沃能为例,分析了"类借壳"模式影响商誉减值的路径⑧。童精明(2019)通过对文投集团"类借壳"松辽汽车案例分析后发现,松辽汽车短期市场效应十分显著,而且两者的整合产生较好的协同效应使得松辽汽车在资产注入后盈利能力与运营能力都得到了一定的提升⑨。刘见敏(2019)通过美年健康和二三四五双案例分析了借

---

① 王建伟. 2016 年深市公司"特殊"重组问题分析 [J]. 证券市场导报, 2017 (12): 39–44.

② 施金晶, 李梦飞. 类重组上市典型情形的监管逻辑与监管路径 [J]. 证券法苑, 2017, 22 (4): 381–396.

③ 付蕙乔. 类借壳的交易模式分析——以哈工智能为例 [J]. 科技经济市场, 2017 (8): 126–128.

④ 邱霖. 新监管环境下的"三方交易"模式及其经济后果——基于南通锻压重大资产重组的案例研究 [D]. 广州: 广州大学, 2019.

⑤ 侯祺隆. 基于借壳上市认定标准的类借壳模式研究——以南洋科技重组交易为例 [D]. 上海: 上海国家会计学院, 2019.

⑥ 杨俏文, 黄思涵. 上市公司并购重组"类借壳"模式应用案例研究 [J]. 中国注册会计师, 2019 (10): 117–122.

⑦ 方辉. 我爱我家"类借壳"资产注入行为探究 [D]. 南昌: 江西财经大学, 2020.

⑧ 廖青. 类借壳下商誉减值风险研究——以坚瑞沃能为例 [D]. 成都: 西南财经大学, 2019.

⑨ 童精明. 上市公司曲线借壳问题研究——以文投集团借壳松辽汽车为例 [J]. 财会通讯, 2019 (26): 42–48.

壳上市与"类借壳"两者之间财务绩效的差异，发现两类借壳重组无论在短期还是长期均能得到财务绩效的提升，但借壳上市所显现出来的提升效果优于"类借壳"①。

随着借壳类重组案例增加及其中潜在问题的暴露，特别是"类借壳"，近年来涌现不少借壳认定标准及监管制度方面的研究。马骁和刘力臻（2013）分析了我国内地、美国及中国香港借壳上市监管法规，并对其差异原因进行探讨，袁钰菲（2015）在剖析我国现行借壳上市认定标准基础上，从收购人的关联人及一致行动人、累计时间期限、净壳重组及主营业务变更、金融等特定行业等方面提出完善建议。实务界则针对失败或成功的重组上市案例，分析重组上市的主要模式及其效果②，这为堵塞监管中存在的漏洞提供参考。

综上所述，现有研究围绕并购重组已取得较为丰富的成果，仍然存在以下不足：（1）对借壳及"类借壳"上市的政策及其导向系统研究缺乏，我国上市方式选择明显受政策导向影响，梳理重组政策与上市方式选择的互动，能为企业选择恰当资本运作提供启示。（2）注重借壳或"类借壳"中会计处理规范问题，而对重组上市后续的商誉及其减值、公司治理、风险管理等整合关注有限，而这是决定并购能否实现提升上市公司业绩的关键。（3）"类借壳"模式研究主要以案例为抓手，分析其操作手段及经济后果，对于"类借壳"理论关注较少，导致该领域研究的系统性不足。

---

① 刘见敏. 借壳与类借壳上市企业的财务绩效及影响因素研究 [D]. 济南：山东大学，2019.
② 王薇，张刚. 供给侧改革背景下的上市公司并购重组模式研究 [J/OL]. (2020 - 12 - 09). 金融发展评论，https：//doi. org/10. 19895/j. cnki. fdr. 20201209. 001.

1.3 研究思路、方法与主要内容

1.3.1 研究思路与方法

本研究循着"制度背景—理论基础—案例分析—研究结论与启示"的思路展开，主要采用文献分析法、案例研究法以及比较分析法。文献分析法主要用于梳理文献、我国重大资产重组制度演进以及借壳与"类借壳"基础理论，案例分析法用于分析不同"类借壳"模式及其经济后果，运用比较分析法探究案例中"类借壳"上市模式的经济后果。

1.3.2 主要内容与创新

除引言与结论外，本研究的主要内容包括以下四个部分：首先阐述"类借壳"交易模式相关制度背景与理论基础，通过梳理我国重大资产重组制度演进，展现借壳上市认定监管态势，凸显"类借壳"模式的动因，并分析相关会计处理方法；其次，运用百润股份、迪康药业案例解读保持控制权不变的"类借壳"交易模式，并分析其经济后果与潜藏的风险；再次针对实务中常见的控制权变更而操纵购入资产规模实现"类借壳"的交易，使用西藏旅游与拉卡拉重组案例进行分析；最后针对为应对2016年重组上市新规严监管出现的三方交易模式进行分析，突出该"类借壳"模式中的风险，

第1章 引　言

尤其是形成的巨额商誉，本部分运用的案例包括昆百大A与我爱我家的重组、三爱富与奥威亚的重组。

　　本研究可能的创新包括以下三个方面：（1）首次较为系统的基于我国上市资格管制背景，研究我国资本市场的"类借壳"交易模式及其经济后果，提供了来自我国的经验证据。我国上市审核制决定了上市资格的稀缺性，由此形成"壳"资源价值，而借壳上市的快捷与严监管的特点，促使"类借壳"交易模式的发展，现有研究较多关注了借壳上市动因、会计处理与经济后果，而对"类借壳"交易模式研究有限，本书拓展了"类借壳"相关研究。（2）突出案例研究方法的运用。案例研究提供了在数据以及对象极其稀少的情况下考察对象典型性和复杂性的可能，并能够对研究对象进行深入分析和厚实的描述[①]。"类借壳"模式是监管层与上市公司、非上市主体之间互动、博弈的结果，具有鲜明的个性化特征，采用案例研究能够捕捉不同方案的差异，从而更细节化的呈现"类借壳"交易及其经济后果，为其他企业提供参考，也为监管层改进监管思路与方法提供启示。（3）探讨重组监管认定与会计处理分离的思路。针对实务中出现的企业合并会计处理方法与借壳监管认定可能出现的实质与形式偏离现象，探讨将两者分离的思路，以满足不同目的需要，既实现会计反映交易的实质，又能体现监管保护中小投资者的目的。我国现行企业合并会计处理按"同一控制"与"非同一控制"相对僵化分类规范的做法，难以适应实务灵活交易方式的需

---

① Weick, K. E. The Generative Properties of Richness [J]. Academy of Management Journal, 2007, 50 (1): 14–19.

求，需跟进国际会计准则变化①，适时启动我国《企业会计准则第20号——企业合并》修订，以反映交易实质。就证监会对上市公司的监管而言，基于我国特殊的制度背景，核心在于中小投资者的保护，即重组实施中能够公平、公正地对待中小投资者。

---

① 为了填补规范空白和提高会计信息的可比性和透明度，国际会计准则理事会（IASB）在2016年4月将"同一控制下企业合并"项目确定为研究项目，在全球范围内广泛研究有关国家或地区的会计实务，并积极听取财务报告编制者、使用者、审计师以及监管机构、准则制定机构等方面的意见。"同一控制下企业合并"项目自设立以来就引起了利益相关方的广泛关注和热烈讨论。自2017年至今，理事会在月度例会上先后开展20次讨论，会计准则咨询论坛（ASAF）先后开展6次讨论，全球报表编制者论坛（GPF）先后开展3次讨论，资本市场咨询委员会（CMAC）先后开展3次讨论，世界准则制定机构会议（WSS）先后开展2次讨论。2020年11月30日发布了《同一控制下企业合并（讨论稿）》。

第 2 章

制度背景与理论基础

30 年来,我国资本市场朝着市场化、法治化、国际化方向,伴随着我国经济的腾飞从无到有,从弱到强,在探索与创新中逐步成长为全球第二大资本市场,我国资本市场明显的政策导向性特征凸显制度建设的重要性[①],本部分首先回顾我国重大资产重组与退市制度,然后概述理论基础,为后面分析提供依据。

2.1 制度背景之我国重大资产重组制度演进

2.1.1 历史沿革

我国资本市场于 1990 年建立[②],在当年市场经济尚处于萌芽状

[①] 古朴,翟仕运. 监管不确定性与企业盈余质量——基于证监会换届的准自然实验[J]. 中国工业经济,2020(12):186-201.

[②] 以 1990 年 12 月 19 日上海证券交易所开业为起点,半年多以后的 1991 年 7 月 3 日,深圳证券交易所亦正式开业,我国资本市场砥砺前行 30 年。从单一市场到多层次资本市场,上市企业从"老八股"到如今涵盖国民经济全部 90 个行业逾 4 100 家公司,总市值接近 80 万亿元,已成为全球第二大资本市场。

态阶段，人们对于资本市场的认识也处于懵懂的状态，认为公司上市了之后保持原样即可，因此在最初的几年间，对于上市公司的监管尚没有"重组"这个概念。从监管的演进进程看，从第一份正式的书面文件出台到2021年，正好经历22年，上市公司"重组"的监管框架经历反复后日趋完善①。

中国证券监督管理委员会（以下简称证监会）对于上市公司重组业务的第一份监管性文件为1998年的《关于上市公司置换资产变更主营业务若干问题的通知》，也即俗称的"26号文"，该文件明确要求使得上市公司资格发生根本变化的资产置换行为需要重走新股发行程序，但并未对何为根本变化的资产置换进行界定。2000年，证监会发布《关于规范上市公司重大购买或出售资产行为的通知》，提出了50%的界定标准，同时对于量化指标达到70%的出售或者购买行为，要求按照首次公开发行股票的要求进行辅导；该文

---

① 此处指证监会的监管，是国务院直属正部级事业单位，依照法律、法规和国务院授权，统一监督管理全国证券期货市场。其监管涵盖了上市公司与资本市场相连接的各个环节。首先，证监会监管上市公司的重大资产交易行为，如重组上市与关联交易等；具体监管形式包括事前审查和否决并购重组方案、事后的现场专项与全面检查、年报专项检查，以及对违规上市公司采取行政监管措施或移送立案。其次，证监会监管上市公司的信息披露，证监会通过发布信息披露编报规则规范上市公司的信息披露行为，并对其年报进行抽样审查，关注准则执行情况，分析重要的会计政策与关键的会计判断。再次，证监会对上市公司的投资者关系，尤其是与中小投资者的关系进行监管，具体形式包括开展专项教育、完善诉讼和赔偿机制与建设诚信体系等。最后，证监会监管与上市公司密切相关的中介机构，具体形式包括出台分析报告、进行全面检查和专项检查、对违规机构和个人采取行政监管措施。证监会对上市公司的监管分为两种：制定修订法规政策与实施具体监管。就前者而言，证监会"研究和拟订股票市场的方针政策、发展规划；起草股票市场的有关法律、法规，提出制定和修改的建议；制定有关股票市场监管的规章、规则和办法"。就后者而言，证监会对上市公司及其股东、与上市公司密切相关的中介机构等进行监管，具体包括：（1）垂直领导全国证券监管机构，对证券市场实行集中统一监管；（2）监管股票发行、上市、交易和结算；（3）监管上市公司及其依法必须履行义务的股东的证券市场行为；（4）监管律师事务所、会计师事务所、资产评估机构及其成员从事证券业务的活动。因此，证监会对上市公司的影响是全方位、多角度的，既通过出台法规政策引导上市公司"应该怎么做"，又通过对上市公司及其股东和中介机构的行政监管来检查其"是否做到了"，二者的调整变化均会对资本市场产生重要影响（参考古朴，翟仕运．监管不确定性与企业盈余质量——基于证监会换届的准自然实验［J］．中国工业经济，2020（12）：186-201．）。

件也同时放松了对于该类行为的监管要求,表现为不再设置事前审批,只需要6个月后就规范运作情况上报证监会及派出机构备案即可。该市场化的指导意见,使得上市公司重组行为激增,导致各类重组乱象频发,中小投资者的权益难以得到保障。

为此,证监会于2001年公布《关于上市公司重大购买、出售、置换资产若干问题的通知》(以下简称105号文),重新要求上市公司对重大资产重组行为履行审批程序,并对70%以上以及其他条件的重组行为,要求报发审委(现重组委在当时尚未组建)审批,105号文也奠定了《重组办法》的基本框架。在此阶段,证监会对于上市公司重组业务的思路也处于探索阶段,监管方式采用的是运用较为灵活的规范性文件,这一局面持续到2008年。

《重组办法》于2008年正式实施,其先后在2011年、2014年、2016年以及2019年进行了四次修订。尤其是2011年的修订,基本奠定了目前为止的监管框架,堵住了市场操作中的重大漏洞,核心内容增加了借壳上市、发行股份购买资产以及配套融资的相关规定。其中,首次在部门规章层面明确借壳上市要求[①],即2016年后官方文件中的"重组上市";对于配套融资则明确参照上市公司非公开发行的相关规定执行。

2014年5月,国务院进一步发布《国务院关于进一步促进资本市场健康发展的若干意见》(以下简称国发17号文),要求充分发

---

① 当时规定的借壳上市条件包括:(1)重组标的必须为股份或有限公司;(2)必须持续经营三年以上;(3)且最近两个会计年度净利润均为正数且累计超过人民币2 000万元。对发行股份购买资产要求:(1)为促进行业或者产业整合,增强与现有主营业务的协同效应;(2)控制权不得发生变更;(3)不得向控股股东、实际控制人或者其控制的关联人发行;(4)发行占比不得低于发行后股份的5%,否则主板、中小板交易额不得低于1个亿,创业板不得低于5 000万元。

挥资本市场在企业并购重组过程中的主渠道作用，秉持"简政放权、将决策权更多地还给市场"的理念，证监会在此次修订中对于监管尺度进行了一定程度的限缩，包括：（1）明确只有借壳上市、发行股份购买资产和配套融资由证监会审核，其余均下放至交易所层面进行信息披露监管；（2）明确借壳上市标准参照IPO发行条件核准；（3）业绩承诺只针对大股东、实际控制人及其控制的关联方强制要求；（4）股份发行的定价机制更加完善；（5）取消对于发行股份购买资产设置的规模下限；（6）取消了原本需要向证监会以及派出机构进行报告的事项。

2016年修订则集中性的针对借壳上市进行了细化的监管，突出特点为对重组上市的"严监管"；与此形成鲜明对比的是2019年的修订，放松借壳上市的监管。

2.1.2 2016年最严借壳监管解读

2016年对重大重组管理办法的修订被解读为"史上最严借壳标准"，通过修改的要点如下，构筑借壳上市"全链条、全环节、全主体"的监管安排，以遏制刻意设计的"类借壳"。

1. 借壳上市认定标准的变化

重组上市新规坚持原重组办法认定标准的两个方面：控制权、购买资产规模，进一步细化具体认定标准。首先，对于上市公司控制权变更，由原来的持股比例标准，拓展为视具体情况从股本比例、表决权、管理层控制等来判断；其次，对于购买资产规模的判断指标，则由原先的购买资产总额指标扩充为资产总额、营业收入、净利润、资产净额、新增发新股五个指标，替换此前易被交易设计规避的"资产总额"这个单一指标，形成"5条定量+1条定性+终极兜底条款"的严格规模认定标准。

（1）多维度判断购买资产规模。

重组上市新规在原办法"资产总额"唯一规模条件之外，另外增加"营业收入、净利润、资产净额、新增发新股"四项，只要其中任何一个指标大于100%[①]，就符合借壳上市认定中的交易规模标准。这样一来，实质上的借壳交易，由于注入标的规模较大，很难绕过制度中规模条件的其中之一，就规模量化标准而言，扩大了借壳认定的范围。

（2）增加主营业务变化指标。

除"五大维度"的量化指标外，重组上市新规又增加了"上市公司向收购人及其关联人购买资产可能导致上市公司主营业务发生根本变化"这一定性标准。近年来流行的跨界并购，非上市的新兴产业标的资产注入上市公司，势必会改变法律上购买方的主营业务，而在这方面的认定监管部门裁量权相对较大，好的方面能严厉监管，不利的方面是会引发重组前上市公司主营业务先行变更。而且，其后还加入了"中国证监会认定的其他情形"作为兜底条款，这两项标准普遍被认为是"最具杀伤力"的标准，其意味着，不仅

---

① 2016版重组上市制度第13条规定的认定指标：（1）购买的资产总额占上市公司控制权发生变更的前一个会计年度经审计的合并财务报告期末资产总额的比例达到100%以上；（2）购买的资产在最近一个会计年度所产生的营业收入占控制权发生变更的前一个会计年度经审计的合并财务会计报告营业收入的比例达到100%以上；（3）购买的资产在最近一个会计年度所产生的净利润占控制权发生变更的前一个会计年度经审计的合并财务会计报告的净利润的比例达到100%以上；（4）购买的资产净额占控制权发生变更的前一个会计年度经审计的合并财务会计报告资产净额的比例达到100%以上；（5）为购买资产发行的股份占上市公司首次向收购人及其关联人购买资产的董事会决议前一个交易日的股份的比例达到100%以上。

常见的规避"控制权变更"或者"资产总额"标准的方案难逃新规,自由裁量权的引入,令一些广泛运用并且尚无定论的方案,也容易被监管层人为"定性"判断为借壳①。

(3)明确认定借壳的首次累计期限。

依据重组上市新规,"上市公司自控制权发生变更之日起60个月内"实施达到上述指标100%以上的重大资产重组行为,即构成借壳,超过60个月,即使达到购买资产规模的判断指标,仅按一般重大资产重组处理,也不再认定为借壳上市。而之前的重组办法只是笼统说自控制权发生变更之日起,未明确累计的时间。累计原则的要求是避免化整为零以规避监管,但是对于累计的时间长度有不同观点,主要集中在3年或5年,或者更长或更短的累计期,比如我国香港特区是24个月②,如果没有明确的时间限定,可能导致监管中追溯时间过长,如武昌鱼股份有限公司,控制权变更发生在2001年,11年后控股股东控股注入资产③,该交易应认定为大股东整体上市,还是借壳上市。值得探讨的是,重组上市新规中设定的追溯60个月,是否过长值得进一步讨论④。

(4)完善"控制权变更"的认定细则。

重组上市新规对借壳认定中热议的"控制权变更"标准进行细

---

① 从案例来看,该标准对重组后原上市业务加标的企业业务的双主业模式威力有限。

② 这样划分的理由,是对"突变"与"渐变"的区分。如果收购了上市公司后立即注入资产或短时间内注入资产,是对现有上市公司股权结构及资产结构的"突变"。而24个月以后才实施,这段时间里,新收购人控制上市公司已经长达2年,伴随收购行为新调整进来的董事、高级管理人员也运营上市公司长达2年,经过这样的"渐变",自治能力已得到大幅加强,接受其他股东和外部监管的时间也长达2年,无须再通过审核的方式对资产情况进行外部监管。

③ 资料来源于Wind数据库。

④ 2019的修改将累计时间从60个月调整为36个月,表明60个月追溯时间过长。

化,结合上市公司具体情况,从股本的比例、董事会成员构成、管理层控制主体情况等维度具体认定交易前后是否发生控制权变更。如投资者能够实际支配的上市公司的股份表决权达到一定比例足以对公司股东大会产生重大影响,如持股50%以上或实际支配股份表决权超过30%,或者投资者能够实际支配上市公司的股份表决权达到一定比例足以决定公司董事会半数以上成员人选的,或者按照重组上市新规的要求,上市公司股权分散,董事、高级管理人可以支配公司重大的财务和经营决策的,为拥有上市公司控制权。由此,仅依据原实际控制人参与配套募资、股权过于分散,而自行认定为"实际控制人不变"或"无实际控制人"的做法将难以满足监管要求。

2. 提高了对重组方实力的要求

(1)取消重组上市的配套融资。

按照重组上市新规,收购人及其关联人拟实施借壳上市行为的,上市公司不能同时募集配套资金;而不构成借壳的重大资产重组,仍可以同时募集部分配套资金。但是,《关于上市公司发行股份购买资产同时募集配套资金的相关问题与解答》限定了同次募集配套资金的用途,只可用于支付并购交易中的现金对价,投入标的资产在建项目建设,支付并购交易税费、人员安置费用等并购整合费用,而不能用于补充上市公司及标的资产流动资金与偿还债务。这是我国重大资产重组分道制审核的思路延伸,突破原办法不区分是否构成借壳,都能实施配套融资①,这强化了对重组方资金实力的

---

① 2015年4月24日发布修订后的《〈上市公司重大资产重组管理办法〉第十四条、第四十四条的适用意见——证券期货法律适用意见第12号》,上市公司发行股份购买资产募集配套资金的比例从25%扩大到100%,在该范围内由并购重组审核委员会进行审核;超过100%的,由发行委员会审核。

要求，能够起到遏制借壳方通过借壳方案中的高额融资牟利的效果①。

（2）延长部分新晋股东锁定期。

重组上市新规，保持原办法对上市公司控股股东、实际控制人或者其控制的关联人以及特定对象通过认购本次发行的股份取得上市公司的实际控制权的，36个月的锁定期；将其他新进入股东的锁定期从目前的12个月延长到24个月，督促其关注重组资产质量，形成新老股东相互约束的市场化机制，形成合力提高重组后公司质量。

3. 强化了对壳公司的要求

重组上市新规也从两个方面强化了对"壳"公司及其控股股东、实际控制人的要求。一方面是因涉嫌犯罪被立案侦查或涉嫌违法违规被立案调查的情形，或者这些行为终止满36个月；另一方面是最近12个月内未受到证券交易所公开谴责，不存在其他重大失信行为。这方面的变化在于重组上市新规不仅要求上市公司及现任董、监、高行为合法，也要求控股股东、实际控制人不存在涉嫌犯罪被立案侦查或违法违规被立案调查的情形；此外，上市公司及其控股股东、实际控制人12个月内受到证券交易所公开谴责，或存在其他重大失信行为的，不得实施借壳上市。

这样就把借壳上市与违规和失信行为挂钩。近年来，在各方资金推动下，壳公司奇货可居，甚至"越烂越光荣"成为市场的畸形

---

① 2015年以来，作为上市公司重组运作中核心部分的配套融资，因其确定的"暴利性"，成为各路资源方与资本方形成或明或暗"利益联盟"的天然平台。局内人低价参与配套融资、以股权为纽带在资产证券化中实现利益共享。

取向，戴星戴帽之后反而激发市场炒作热情；绩差公司浑水摸鱼，以重组名义反复炒作股价的现象频发，各种违规行为也随之伴生。但现实中，即使此类公司再有"前科"，换了实际控制人装入资产后"洗白"的案例屡见不鲜，尽管对于违规和失信公司都有相关处罚①，但无法切中其痛点。

受此新政影响，截至 2017 年末，成功过会的"类借壳"交易数量大幅降低，且这几起重组双方都为有实力的高质量交易方。由此可见，一方面，借壳新政有效地压缩了"炒壳"的牟利空间，封堵了部分上市交易的非理性扩张道路，强化升级了对并购重组的监管力度，使因炒壳而形成的高溢价壳资源的价值自然回归到理性价值；另一方面，借壳新政能够推动产业的升级和行业的长足发展，提高资产并购重组质量，规范资本市场的行为②。

2.1.3 2019 年放松借壳监管解读

随着经济形势发展变化，上市公司借助重组上市实现大股东"新陈代谢"、突破主业瓶颈、提升公司质量的需求日益凸显。修改重组办法也是落实全面深化资本市场改革总体方案的举措。《关于修改上市公司重大资产重组管理办法的决定》（以下简称《重组办

---

① 同花顺数据显示，2020 年内沪深市共有 394 家上市公司因各种违规行为，收到证监系统、沪深交易所的 560 张"罚单"；证券监管机构还对上市公司股东、高管等主体作出 329 次处罚，其中有 77 条涉事主体被处以罚款，金额共计 6.65 亿元。就处罚原因而言，半数涉及信披违规，其中，涉及信息披露虚假或严重误导性陈述的有 138 条，涉及未及时披露公司重大事项、未按时披露定期报告业绩的有 315 条。2020 年 3 月 31 日，证监会行政处罚汪耀元、汪玥珍父女内幕交易，开出最大单笔罚单，没收全部非法所得，同时处以非法所得 3 倍罚款的处罚，两项合计 36.25 亿元，创出 A 股单笔最大罚单。

② 侯祺隆. 基于借壳上市认定标准的类借壳模式研究——以南洋科技重组交易为例[D]. 上海：上海国家会计学院硕士学位论文，2019.

法》）于 2019 年 10 月 18 日正式发布，自发布之日起施行。

1. 取消借壳上市认定标准中的"净利润"指标

针对亏损、微利上市公司"保壳""养壳"乱象，2016 年修订重组办法时，证监会在重组上市认定标准中设定了总资产、净资产、营业收入、净利润等多项量化指标。规则执行中，多方意见反映，以净利润指标衡量，一方面，亏损公司注入任何盈利资产均可能构成重组上市，不利于推动以市场化方式"挽救"公司，维护投资者权益。另一方面，微利公司注入规模相对不大、盈利能力较强的资产，也极易触及净利润指标，不利于公司提高质量。在当前经济形势下，一些公司经营困难、业绩下滑，更需要通过并购重组吐故纳新、提升质量。鉴于此，为强化监管法规"包容度"和"适应性"，发挥并购重组功能，本次修改删除了净利润指标，支持上市公司资源整合和产业升级，加快质量提升速度。取消净利润指标，资产体量较大但盈利能力较差的公司进行较大体量的并购重组将不再构成重组上市（借壳），有利于公司通过并购重组转型升级做大做强。

2. "累计首次原则"计算期间缩至 36 个月

2016 年证监会修改《重组办法》时，将按"累计首次原则"计算是否构成重组上市的期间从"无限期"缩减至 60 个月。考虑到累计期过长不利于引导收购人及其关联人控制公司后加快注入优质资产，本次修改统筹市场需求与证监会抑制"炒壳"、遏制监管套利的一贯要求，将累计期限减至 36 个月，意味着在控制权变更的 3 年之后再注入新实控人资产不再构成重组上市，近 5 年内发生过控制权转让的壳公司将受益。相当于从时间维度对重大资产重组认定触发的难度增大，从而在一定程度上鼓励企业并购重组。

3. 放松创业板重组上市改革

考虑创业板市场定位和防范二级市场炒作等因素，2013年11月，证监会发布《关于在借壳上市审核中严格执行首次公开发行股票上市标准的通知》，禁止创业板公司实施重组上市。前述要求后被《重组办法》吸收并沿用至今。经过多年发展，创业板公司情况发生了分化，市场各方不断提出允许创业板公司重组上市的意见建议。为支持深圳建设中国特色社会主义先行示范区，服务科技创新企业发展，本次修改允许符合国家战略的高新技术产业和战略性新兴产业相关资产在创业板重组上市，其他资产不得在创业板重组上市。相关资产应符合《重组办法》规定的重组上市一般条件以及《首次公开发行股票并在创业板上市管理办法》规定的发行条件。

4. 恢复重组上市配套融资

为抑制投机和滥用融资便利，2016年《重组办法》取消了重组上市的配套融资。为多渠道支持上市公司和置入资产改善现金流、发挥协同效应，重点引导社会资金向具有自主创新能力的高科技企业集聚，本次修改结合当前市场环境，以及融资、减持监管体系日益完善的情况，取消前述限制。恢复重组上市的配套融资，一定程度上将提升资产方通过重组上市的积极性。恢复重组上市的配套融资也是再融资政策优化的一部分，整体再融资市场也有望回暖。不允许配套融资一定程度上抑制了企业重组积极性。恢复重组上市配套融资在为上市公司换血的同时改善企业现金流、为企业正常经营活动融资。特别对于引导社会资金支持具有自主创新能力的高科技企业有重要意义。

5. 加强重组业绩承诺监管

针对重组承诺履行中出现的各种问题，为加强监管，在《重组办法》第五十九条增加一款，明确重大资产重组的交易对方作出业绩补偿承诺的，应当严格履行补偿义务。超期未履行或违反业绩补偿承诺的，可以对其采取相应监管措施，从监管谈话直至认定为不适当人选。

需要注意的是，虽然《重组办法》在指标、累计期限等维度释放出放松的信号，但并不意味着"炒壳"的监管放松。修改后，证监会将继续完善"全链条"监管机制，支持优质资产注入上市公司。同时，将继续严格规范重组上市行为，持续从严监管并购重组"三高"问题，打击恶意炒壳、内幕交易、操纵市场等违法违规行为，遏制"忽悠式"重组，盲目跨界重组等乱象，促进上市公司质量提升和资本市场稳定健康发展。从短期看，重组新规有望提升投资者风险偏好，提振市场活力。监管部门拟放开创业板借壳上市的限制，同时恢复配套融资，相当于为创业板带来额外的制度红利。从长期看，重组新规有望促进产业转型升级，支持科技创新性企业发展。

2.1.4 发行股份购买资产

2008年的重组办法在第五章中首次对发行股份购买资产进行了一定的明确规定，允许上市公司在一定条件下进行发行股份购买资产，但发行股份购买资产应该满足可以提升上市公司财务质量与持续经营能力、标的资产权属清晰以及财务报表无保留意见的要求。

2011年的修订中,对于第三方(即向收购人及其关联方以外的特定对象)发行制度进行了明确的规定,要求第三方发行必须满足提升上市公司协同效应的条件,同时发行股份数量不少于发行后总股本的5%,或者主板(中小板)交易金额不低于1亿元,创业板不低于5 000万元。同时,此次修订首次明确发行股份购买资产允许进行配套融资。但事实上,对于配套融资行为与上市公司再融资后进行资产购买行为的边界,在实践中一直不甚明确。

2014年修订中,秉持着简政放权的原则与理念,对于前述条件进行了删除,也就极大地为第三方发行进行了松绑。2016年的修订中,明确将借壳上市排除在配套融资范围之外,而2019年的再次修订,则取消了这一限制。发行股份购买资产中股份锁定期、发行对象数量尤为重要。

1. 股份锁定期

2008~2014年的三版重组办法中,股份锁定期的基本规定都是获取控制权的特定对象、属于实际控制人关联方的特定对象或者用以认购资产标的时间不足12个月的特定对象,锁定24个月,其余情况下,特定对象锁定股份12个月。2016年修订中,对于借壳上市的情形,如果属于原控股股东、原实际控制人及其控制的关联人(包含从此三类主体获得股份的股东),则需要锁股36个月,其他情形则锁定24个月。通过延长锁定期,使参与重组的各方关注公司长期发展,提升企业价值。

2. 发行对象数量

在 2008 年重组办法刚刚制定时，发行股份购买资产的要求是符合非公开发行的相关规定①，发行对象人数不超过 10 个。在 2011 年增加了配套融资作为制度配套后，证监会在《关于修改上市公司重大资产重组与配套融资相关规定的决定的问题与解答》中明确，如果是采取询价方式进行配套融资证券发行的，购买资产与配套融资的发行对象各不得超过 10 人。但实践中，考虑到发行股份购买资产的标的通常为公司且为了避免同业竞争与关联交易的遗留，发行对象的股东数量较多且是既定的、无须询价，2012 年证监会在《上市公司实施并购重组中，向特定对象发行股份购买资产的发行对象数量是不超过 10 名还是不超过 200 名？》的问题与解答中，将人数上限放宽原则上不超过 200 人。随后，证监会在 2015 年 9 月 15 日的问题汇编中将其固定，并一直延续至今。

3. 配套融资

发行股份购买资产的制度首次出现于 2011 年修订的《重组办法》，当时对配套融资规定较为原则，仅"上市公司发行股份购买资产的，……，可以同时募集部分配套资金，其定价方式按照现行相关规定办理"。2017 年 2 月之前，非公开发行有询价与锁价两种定价方式，二者在定价逻辑方面差别不大，证监会一般要求锁价的价格二者保持一致。2017 年 2 月 18 日证监会答记者问明确，配套

---

① 非公开发行股票是指上市公司采用非公开方式，向特定对象发行股票的行为。有两个特点：募集对象的特定性与发售方式的限制性。应当符合下列规定：（1）发行价格不低于定价基准日前 20 个交易日公司股票均价的 90%；（2）本次发行的股份自发行结束之日起，12 个月内不得转让；控股股东、实际控制人及其控制的企业认购的股份，36 个月内不得转让；（3）募集资金使用符合规定；（4）本次发行将导致上市公司控制权发生变化的，还应当符合中国证监会的其他规定。

融资在定价、融资规模等方面需符合证监会关于上市公司再融资的新规，即基准日只能是发行期首日且不得超过现有股本的20%，但融资间隔不受冷却期的影响。较为关键的是配套融资比例的计算方式以及配套融资的用途规定，二者均经历了一定的变化：（1）融资比例计算方面，根据《证券期货法律使用意见12号》的规定，配套融资占交易金额比例达到一定标准的，由发审委审核（2011年该比例为占交易金额的25%，2015年该比例提升至占购买资产交易价格的100%）。所以，该比例的计算尤为重要。但是在制度建设的前期，证监会并未对分母（交易金额或资产交易价格）进行明确，市场上的执行方式也不一致。前期，为扩大基准，尽可能地多募资，市场的计算方式多为"交易金额=资产购买价格+募集资金"，考虑到事实上，募集资金中有部分是用来支付购买价格的，如此计算存在重复计算的问题，证监会于2014年11月将计算公式明确为"交易总金额=本次交易金额+募集配套资金金额－募集配套资金中用于支付现金对价部分"。2015年，《证券期货法律适用意见12号》修订后，证监会将分母调整为资产交易价格，但是该资产交易价格是否为股份对价与现金对价之和也造成了一定的困惑，如果包含现金对价的话，同样存在上述问题。2016年，证监会通过监管问答将交易价格界定为股份对价的价格。（2）募集资金使用方面，证监会规则改变的主要部分是对于募集资金可否用于补充流动资金、偿还债务方面。截至目前，证监会的规则中，2018年10月的监管问答允许上市公司使用不高于配套融资的50%或交易作价25%孰高的募集资金用于补充流动资金、偿还债务。

就重大资产重组中的配套融资监管政策变化来看,与借壳上市监管动态基本一致,经历了"未明确—放开—收紧—进一步收紧—禁止—有限制放开"的过程。

2.1.5 业绩承诺

业绩承诺实质是建立在以目标公司未来价值为基准的约束与激励性的契约①。我国重大资产重组的业绩承诺始于2008年证监会公布的《上市公司重大资产重组管理办法》,规定上市公司在重大资产并购重组中,应披露重组完成后3年内的利润预测,如果无法实现预测,则需要由交易对手方对上市公司进行补偿。该项制度在2005年的股改中首次出现②,在2008年被引入资产并购重组中,随后在2014年针对制度运行中的凸显的问题,新版的《上市公司重大资产重组管理办法》以及相关的监管问答对该制度进行了细化规定,业绩承诺基本特征如表2-1所示。

---

① 刘向强,李沁洋. 会计师事务所声誉与并购业绩补偿承诺 [J]. 审计研究,2019 (6):79-86.

② 指2005年的股权分置改革。股权分置是指上市公司的一部分股份上市流通,另一部分暂不上市流通。股权分置问题是由于我国证券市场建立初期,改革不配套和制度设计上的局限所形成的制度性缺陷。截至2004年底,我国上市公司总股本为7 149亿股,其中非流通股份4 543亿股,占上市公司总股本的63.55%;国有股份占非流通股份的74%,占总股本的47%。股权分置造成上市公司的股权结构极不合理、不规范,表现为:上市公司股权被人为地割裂为非流通股和流通股两部分,非流通股股东持股比例较高,约为2/3,并且通常处于控股地位。其结果是,同股不同权,上市公司治理结构存在严重缺陷,容易产生一股独大、甚至一股独霸现象,使流通股股东特别是中小股东的合法权益遭受损害。为此,2005年4月29日傍晚,证监会发布《关于上市公司股权分置改革试点的有关问题的通知》,股权分置改革铺开,截至2006年底,沪深两市已完成或者进入改革程序的上市公司共1 301家,占应改革上市公司的97%,对应市值占比98%,未进入改革程序的上市公司仅40家。股权分置改革任务基本完成。

表 2–1　　　　　　　业绩承诺基本内容及其规则

要求	规定	规定方式	备注
适用情形	与控股股东、实际控制人或者其控制的关联人发生交易且采用了收益现值法、未来开发法等方式进行估值的	《重组办法》	如果是部分资产采用该方式进行,也应该进行补偿
承诺期限	一般为3年	《监管问答汇编》	
补偿方式	现金和股份,优先使用股份补偿	《监管问答汇编》	
补偿计算方式	即及累计未实现的利润扣除已经补偿的利润部分。如果是进行股份补偿,则根据本次股份发行的价格进行换算	《监管问答汇编》	如果在补偿期终了依旧存在未补偿部分,则对于未实现且未补偿部分一次性补偿
惩罚措施	1. 业绩未达到预测金额的80%,上市公司及中介机构解释原因、公开道歉;业绩未达到预测金额的50%,监管机构有权采取监管谈话、出具警示函、责令定期报告 2. 交易对方超期未履行或者违反业绩补偿协议、承诺的,监管结构有权责令改正,并可以采取监管谈话、出具警示函、责令公开说明、认定为不适当人选等监管措施,将相关情况记入诚信档案	《重组办法》	
能否变更	不能	2016年6月监管问答	
其他要求	如果构成借壳上市,则股份补偿占比高于90%	《监管问答汇编》	

资料来源:作者根据证监会文件整理,来自证监会官方网站。

2014年重组办法修订后,根据交易对手方的性质,对业绩承诺进行了区分。如果是与上市公司的控股股东、实际控制人及其控制关联方进行交易或者控制权发生变更时,因担心出现利益输送的问题,监管层强制要求交易对手方进行业绩承诺;但是对于其他情况,因为是市场博弈的后果,所以并不强制要求进行业绩承诺。需要注意的是,2016年1月15日,证监会发布监管问答称,对于实践中存在的大股东过桥收购等情形,无论其是否控制标的资产,均需进行业绩承诺。制定业绩承诺制度的目的在于降低并购双方的信息不对称程度,促进对标的公司的公平定价,进而保护购买方中小股东利益[①]。

然而随着市场化产业并购的升温,强制性业绩补偿扭曲交易定价的弊端凸显,实际应用中呈现业绩承诺推高估值溢价率、业绩承诺兑现率下降或精准兑现明显的特征。2013~2015年,经证监会核准的重大资产重组共计570单,其中共有248单签订了业绩补偿协议,占比高达43.5%。

2.2 制度背景之我国退市制度演进

持续压缩已上市公司的"壳资源"价值,最终减小退市实施的

---

① 孔宁宁,吴蕾,侯瑞劼. 大股东参与定增并购、业绩承诺与利益输送——基于百润股份收购巴克斯酒业案例的研究[J]. 对外经济贸易大学学报,2020(6):122-136.

第 2 章 制度背景与理论基础

阻力，畅通多元退出渠道①，建立常态化退市机制，降低"壳资源"价值，提高直接融资比例，这也是抑制借壳与"类借壳"上市的重要制度安排。而我国长期以来退市难。2001 年连续 4 年亏损的 PT 水仙被要求终止上市，成为我国第一家退市的公司。针对创业板公司的风险特征，引入财务退市标准，以及市场类指标，从法律层面赋予了交易所暂停、恢复、终止上市权利，但创业板至今为止仅有欣泰电气被终止上市。2012 年第一次史上最严退市新规，完善了主动退市制度，明确实施重大违法公司强制退市制度，2015 年 A 股退市 10 家公司。2018 年第二次史上最严退市制度，细化了 4 种重大违法退市情形，新增社会公众安全类重大违法强制退市情形，2019 年 A 股退市 10 家公司②。2020 年 3 月 1 日生效实施的新《中华人民共和国证券法》（以下简称《证券法》），对退市有关条款进行了修改，根据新《证券法》的要求，退市制度开启了 8 年以来力

---

① 与退市制度改革同样重要的"入市"制度改革也在紧锣密鼓推进，过去 30 年，A 股发行制度经历了多次改革，市场化特征愈发明显。在创建初期，中国资本市场采取了额度指标管理的股票发行审批制度，即将额度指标下达至省级政府或行业主管部门，由其在指标限度内推荐企业，再由证监会审批企业发行股票。2001 年 3 月起，A 股全面实施证券发行主承销商推荐及核准制。其中，在 2001～2004 年，实行新股发行上市主承销商推荐制，对推荐数量进行通道限制，2004 年 2 月过渡到保荐制度，建立了保荐机构和保荐代表人问责机制，并在同年底取消了发审委委员身份保密的规定，实现了发行制度市场化改革目标的第一步。2013 年，党的十八届三中全会提出要"推进股票发行注册制改革"。不同于审批制和核准制，注册制的基本特点是以信息披露为中心，通过要求证券发行人真实、准确、完整地披露公司信息，使投资者可以获得必要的信息对证券价值进行判断并作出是否投资的决策。2019 年，注册制率先在科创板试点。进入到 2020 年 4 月，证监会正式提出实施创业板注册制改革。8 月 24 日，创业板注册制落地，首批 18 家创业板试点注册制企业上市交易，A 股发行制度向着市场化的方向又迈进了一大步。10 月，国务院印发《关于进一步提高上市公司质量的意见》，提出"全面推行、分步实施证券发行注册制"。

② 2015～2020 年，我国 A 股退市企业数量分别为 7 家、1 家、5 家、5 家、10 家、16 家。2019 年退市的 16 家公司，因面值原因而退市的公司达 9 家，占比高达 56.25%。其他 7 家公司中，千山药机、金亚科技、乐视网、龙力生物、凯迪生态、保千里 6 家是因暂停上市后首个会计年度继续亏损被交易所采取终止上市措施，而暴风集团则是因无法按期披露年报而退市（根据 Wind 数据库整理）。

· 45 ·

度最大、层次最高的一次改革①，2020年12月14日，沪深交易所发布了改革后的退市制度征求意见稿，主要变化包括以下五个方面，与之前相比，具体情况见表2-2。

表2-2　　　　　新旧退市标准比较

分类	现标准	新标准
财务类	连续3年或4年亏损等	连续两年净利润亏损（扣非前后）且应收低于1亿元
交易类	面值退市	1元退市
规范类		新增：20个交易日市值低于3亿元；信披、运作存在重大缺陷；半数董事对年报、半年报不保真。
违法类	IPO造假、财务造假等	明确财务造假判断标准
退市流程	连续3年亏损暂停上市，如次年转盈可恢复上市	取消暂停上市/恢复上市，连续两年触发财务类标准即退市
退市整理期	退市整理期为30个交易日	缩减至15个交易日，整理期首日不设涨停板，交易类退市不设整理期
风险警示		1年触及财务类指标即ST，适度扩大其他风险警示适用情形，深交所设"风险警示板"，单日买入不得超过50万股

资料来源：作者根据文件整理。

---

① 2020年，新一轮退市制度改革启动。10月31日，国务院金融稳定发展委员会召开专题会议指出，要增强资本市场枢纽功能，全面实行股票发行注册制，建立常态化退市机制，提高直接融资比重。11月2日，中央全面深化改革委员会第十六次会议审议通过了《健全上市公司退市机制实施方案》。12月14日，沪深交易所发布退市新规的征求意见稿，对退市指标、退市流程、风险警示情形及退市相关交易安排等进一步完善优化。

2.2.1 退市指标变化

近年来,沪深交易所已建立起财务类、交易类、规范类和重大违法类四类强制退市指标体系和主动退市情形,本次改革进一步完善和优化退市指标。

财务类退市指标方面,沪深交易所新增"扣非前后净利润为负且营业收入低于1亿元"的组合财务指标,取消单一净利润为负值和营业收入低于1 000万元的指标,并对实施退市风险警示后的下一年度财务指标进行交叉适用。同时,还对营业收入的认定作进一步严格要求,在计算"营业收入"时,需要扣除与主营业务无关的收入和不具备商业实质的关联交易收入。

此外,沪深交易所还将审计意见退市指标纳入财务类退市类型,并和其他财务指标交叉适用,进一步严格退市标准,例如,上市公司如第一年触及净资产为负、净利润和营业收入的组合指标或审计意见类型任一指标,其股票被实施退市风险警示,第二年如再次触及净资产为负、净利润和营业收入的组合指标之一,或者年报被出具保留意见、无法表示意见或否定意见,其股票将直接终止上市。

修订后的财务类退市指标包括:净利润加营业收入的组合指标、净资产和审计意见类型;交易类退市指标方面,沪深交易所将原来的面值退市指标修改为"1元退市"指标,同时新增"连续20个交易日的每日股票收盘总市值均低于3亿元"的市值指标;规范类退市指标方面,新增"信息披露、规范运作存在重大缺陷且拒不改正和半数以上董事对于半年报或年报不保真"两类情形,并细化具体标准。信息披露、规范运作存在重大缺陷的具体情形包括：证券交易所失去公司有效信息来源；公司拒不披露应当披露的重大信息，严重扰乱信息披露秩序，并造成恶劣影响等。重大违法类指标方面，新增造假金额加造假比例的量化指标。在原来信息披露重大违法退市子类型的基础上，进一步明确财务造假退市判定标准，"根据中国证监会行政处罚决定认定的事实，公司披露的年度报告存在虚假记载、误导性陈述或者重大遗漏，上市公司连续 3 年虚增净利润金额每年均超过当年年度报告对外披露净利润金额的 100%，且 3 年合计虚增净利润金额达到 10 亿元以上；或连续 3 年虚增利润总额金额每年均超过当年年度报告对外披露利润总额金额的 100%，且 3 年合计虚增利润总额金额达到 10 亿元以上；或连续 3 年资产负债表各科目虚假记载金额合计数每年均超过当年年度报告对外披露净资产金额的 50%，且 3 年累计虚假记载金额合计数达到 10 亿元以上（前述指标涉及的数据如为负值，取其绝对值计算）"。

2.2.2 简化退市流程

整理期缩短至 15 个交易日。此前，退市效率一直被诟病。本次退市制度改革，沪深交易所均在退市流程上作出调整。一是取消暂停上市和恢复上市环节，明确上市公司连续两年触及财务类指标即终止上市，缩短了退市流程，即公司触及退市指标，其股票被实施退市风险警示，次年再次触及退市指标的，其股票终止上市。二是取消交易类退市情形的退市整理期设置，退市整理期首日不设涨跌幅限制，将退市整理期交易时限从 30 个交易日缩短为 15 个交易日。

三是停牌时点后移,将重大违法类退市连续停牌时点从收到行政处罚事先告知书或法院判决之日,延后到收到行政处罚决定书或法院生效判决之日。此外,沪深交易所均取消可转债暂停上市安排,不再对可转债另行规定终止上市条件,明确公司股票终止上市的,可转债同步终止上市。

2.2.3 强化风险警示

为进一步精准揭示部分长期通过非经常性损益等方式实现盈利①,但持续经营能力薄弱公司的风险,沪深交易所均适度扩大其他风险警示的适用情形。

沪深交易所新增"最近连续三个会计年度扣除非经常性损益前后净利润孰低者均为负值,且最近一个会计年度财务会计报告的审计报告显示公司持续经营能力存在不确定性"和"最近一个会计年度内部控制被出具否定意见或无法表示意见审计报告,或未按照规定披露内部控制审计报告"其他风险警示(ST)情形。

此外,深交所调整违规担保其他风险警示情形标准,调整为"上市公司违反规定程序对外提供担保的余额(担保对象为上市公司合并报表范围内子公司的除外)在1 000万元以上,或占上市公

---

① 非经常性损益这一概念是证监会在1999年首次提出的,当时将其定义为:公司正常经营损益之外的一次性或偶发性损益。在《公开发行证券的公司信息披露规范问答第1号——非经营性损益》中特别指出,注册会计师应单独对非经常性损益项目予以充分关注,对公司在财务报告附注中所披露的非经常性损益的真实性、准确性与完整性进行核实。中国证监会将扣除非经常性损益后的盈利作为发行新股、再融资及S公司摘帽的考核标准,该指标俗称扣非净利润。

最近一期经审计净资产的 5% 以上"。完善资金占用其他风险警示情形的主体范围，为避免无控股股东、实际控制人公司的第一大股东或第一大股东关联人占用资金，明确了公司无控股股东、实际控制人的，其向第一大股东或第一大股东关联人提供资金且达到相关数量标准的，公司股票将被实施其他风险警示。

上交所于 2013 年设立风险警示板，主要目的是向投资者提示重大风险。根据风险警示的需要，风险警示板股票在交易安排、市场监控措施、投资者适当性管理、行情显示及交易信息公开等方面与普通股票有所区分。

此次，深市设立包含风险警示股票和退市整理股票在内的风险警示板，对风险警示股票予以"另板揭示"，同时优化风险警示股票的适当性管理和交易机制安排。在投资者适当性管理方面，新增普通投资者首次买入风险警示股票签署风险揭示书的要求。在交易机制方面，对风险警示股票设置交易量上限，投资者每日通过集中竞价、大宗交易和盘后定价交易累计买入单只风险警示股票的数量不得超过 50 万股。

2.2.4 过渡期安排

每当新规出炉，新老划断都是备受关注的问题。沪深交易所明确，对于股票已暂停上市的公司，在 2020 年年报披露后，仍按照此前股票上市规则相关规定判断其股票是否符合恢复上市条件或触及终止上市标准，并按照前述规则规定的程序实施恢复上市、终止上市。

对于股票已被实施退市风险警示或其他风险警示的公司，在2020年度报告披露前，其股票继续实施退市风险警示或其他风险警示；根据2020年年报披露情况有以下四种处理方式：一是触及新规退市风险警示或其他风险警示情形的，按照新规对其股票实施退市风险警示或其他风险警示；二是未触及新规退市风险警示情形但触及股票上市规则暂停上市标准的，不实施暂停上市，对其股票实施其他风险警示，并在2021年年报披露后按照新规执行，未触及新规其他风险警示情形的，撤销其他风险警示；三是未触及新规退市风险警示情形且未触及股票上市规则暂停上市标准的，撤销退市风险警示；四是未触及新规其他风险警示情形的，撤销其他风险警示。

2.2.5 科创板与创业板同步优化退市指标

虽然本次退市制度修改主要针对主板和中小板，但对于科创板和创业板，两大交易所也作出相应的制度优化。

科创板方面①，上交所表示，科创板在前期制度探索的基础上，结合此次退市制度改革的总体要求，同步优化退市指标和程序。一是进一步完善重大违法类退市指标，引入量化判断标准；二是同样

---

① 科创板是由国家主席习近平于2018年11月5日在首届中国国际进口博览会开幕式上宣布设立，是独立于现有主板市场的新设板块，并在该板块内进行注册制试点，主要服务于符合国家战略、突破关键核心技术、市场认可度高的科技创新企业。重点支持新一代信息技术、高端装备、新材料、新能源、节能环保以及生物医药等高新技术产业和战略性新兴产业，推动互联网、大数据、云计算、人工智能和制造业深度融合，引领中高端消费，推动质量变革、效率变革、动力变革。2019年7月22日，科创板正式开市，科创板首批上市25家公司；2019年8月8日，第二批科创板公司挂牌上市；2020年8月24日创业板改革并试点注册制正式落地。

实施财务类指标和审计意见类型指标的交叉适用,严格退市标准;三是取消因触及交易类指标的退市整理期,压缩退市时间;四是衔接上市条件,补充红筹上市企业的退市标准。

创业板方面①,深交所表示,本次修订进一步细化完善创业板有关退市指标,优化退市程序。在退市指标方面,第一,新增依据行政处罚决定书认定的财务类退市风险警示情形,进一步优化营业收入的认定扣除机制;第二,新增重大违法财务造假组合标准,从净利润、利润总额和资产三方面对公司是否触及重大违法退市进行判定;第三,新增半数以上董事无法对年报或半年报保真的规范类退市指标;第四,完善面值退市指标有关表述。

在退市程序方面,将重大违法终止上市程序中上市委员会两次审核调整为一次审核,退市整理期同步缩减至 15 个交易日。同时,将风险警示股票和退市整理期股票纳入风险警示板交易。改革完成后,创业板与主板(含中小企业板)在主要退市指标、退市流程等安排上基本保持一致。

---

① 创业板是对主板市场的重要补充,与主板市场相比,创业板上市要求往往更加宽松,主要体现在成立时间,资本规模,中长期业绩等的要求上,可以说,创业板是一个门槛低、风险大、监管严的股票市场,2009 年 10 月 30 日,中国创业板正式上市。创业板积极服务国家创新驱动发展战略,支持创新型、成长型企业发展,6 成以上公司属于战略新兴产业,8 成以上拥有自主研发核心能力,9 成以上为高新技术企业,是全球成长最快的服务创业创新的市场,创业板市值及成交金额在全球创业板市场居领先地位。截至 2017 年 12 月 31 日,创业板上市公司 710 家,市价总值 51 289 亿元。2020 年 4 月 27 日,中央全面深化改革委员会第十三次会议审议通过了《创业板改革并试点注册制总体实施方案》,会议指出,推进创业板改革并试点注册制,是深化资本市场改革、完善资本市场基础制度、提升资本市场功能的重要安排。2020 年 8 月 24 日,创业板注册制首批企业挂牌上市。

2.3 理论基础

2.3.1 并购动因理论

企业出于各种不同的原因发起并购,经济学家从多个角度进行解释,形成了多种并购动因理论,最具代表性的有协同效应理论、市场势力理论以及资源依赖理论。

1. 协同效应理论

协同效应,是指两个企业并购后的业绩比并购前两个企业单独的业绩之和要大,即实现"1+1>2"。并购的协同效应有多种类型,主要体现在经营、财务、管理等方面。

经营协同效应主要来源于规模经济、资源互补等方面。规模经济是指企业在一个特定时期内,产品的绝对产量增加,单位产品承担的固定费用降低从而降低单位成本,即通过扩大经营规模,降低成本,增加利润。并购是企业实现生产规模扩张的重要手段,可以加快实现规模经济,降低生产成本。并且,并购可以对本企业的现有资源进行补充和调整,资源配置进一步优化,例如纵向并购可以加强采购、生产、销售各个环节的协作配合,减少商品流转的中间环节,节约不必要的交易成本和营销费用,进一步降低产品成本。

财务协同效应主要来源于财务能力的提高,包括内部充足的现金流和较低外部融资成本。并购后,企业的规模扩大,现金流入的来源更多元、充足，除了经营利润，还可以利用闲置资金投资良好的投资机会，获得丰富的投资回报，为企业带来更多的资金收益，形成良性循环，提高企业的资金利用率和投资报酬率。企业的资本扩大，降低破产风险、提高偿债能力和信用等级，举债能力也随之提高，减少外部融资障碍和成本。

管理协同效应主要是指企业管理能力的改善和效率提高带来的收益。人力资源是企业不可复制的独特资源，在管理能力水平有差别的企业中，实施并购后，高效率的公司可以帮助低效率的公司提高管理水平，建立高效的管理团队，进而提高运营效率，形成持续竞争力。此外，通过资源重组、业务板块重整，也有利于节省管理费用、合理利用管理资源，创造更多价值。

2. 市场势力理论

市场势力理论认为，对经营环境的控制是企业进行并购的动机，原因在于并购可以整合行业资源减少竞争对手，扩大市场份额，获取超额收益。企业进行横向并购可以增强实力、提高市场占有率、减少竞争对手，获取竞争优势。市场势力的核心观点：随着企业市场规模增加，其市场影响力相应增加。以下三种情况会促使企业基于扩大市场势力而实施并购：（1）当市场的需求能力下降导致生产能力过剩；（2）通过并购形成规模优势以应对外国竞争；（3）受法律政策限制，需通过并购关联企业获取合法控制权。

3. 资源依赖理论

为了降低获取资源的不确定性，企业会采取不同的行动管理依赖，而并购是企业管理依赖时最常用的策略，资源依赖理论也因此成为企业并购的重要理论基础。资源依赖理论认为组织间关系即为资源依赖关系，资源依赖理论强调组织体的生存需要从周围环境中吸取资源，需要与周围环境相互依存、相互作用，通过资源替代或相互合作降低这种依赖①。卡夏罗和皮斯科尔斯基（Casciaro and Piskorski，2005）将资源依赖划分为两个不同的维度，即权力不均衡（power imbalance）和相互依赖（mutual dependence），通过对美国行业间并购的分析，他们发现相互依赖是并购的重要驱动力，权力不均衡反而会成为并购的阻碍②。进一步地，古拉蒂和瑟奇（Gulati and Sytch，2007）将组织依赖分为依赖不对称（dependence asymmetry）和联合依赖（joint dependence），前者通过权力的逻辑对组织间关系产生影响，后者则通过嵌入的逻辑发挥作用③。从权力的逻辑看，拥有依赖优势的一方会增加其采用对抗行动的可能性，即以牺牲对方利益为代价，获取更多的价值。从嵌入的逻辑看，联合依赖会促进情感承诺的投入，而相互依赖的双方之间良好的互动可以提升价值产生的可能性。与以往仅强调依赖优势的观点相比，联合依赖所强调的关系嵌入和治理机制在降低不确定性和提升企业绩效方面同样有效④。

---

① 王琳，陈志军. 价值共创如何影响创新型企业的即兴能力？ [J]. 管理世界，2020（11）：96-110，131.

② Casciaro, T., Piskorski, C. M. J. Power Imbalance, Mutual Dependence, and Constraint Absorption: A Closer Look at Resource Dependence Theory [J]. Administrative Science Quarterly, 2005, 50（2）: 167-199.

③ Gulati, R., Sytch, M. Dependence Asymmetry and Joint Dependence in Interorganizational Relationships: Effects of Embeddedness on a Manufacturer's Performance in Procurement Relationships [J]. Administrative Science Quarterly, 2007, 52（1）: 32-69.

④ 杜健，郑秋霞，郭斌. 坚持独立或寻求依赖？"蛇吞象"式跨国并购的整合策略研究 [J]. 南开管理评论. 2020（6）：25-36.

2.3.2 企业合并会计处理方法演进

当一个公司取得对另一公司的控制权时,取得控制权(control)的一方就需要将各方的财务数据编制成合并财务报表(consolidated financial statements),这就是财务会计应对主体变化的合并会计处理方法。其基本思路是:将母子公司组成的集团(group)作为单一的经济实体(single economic entity),据此在将各独立公司的资产、负债、收入、费用报表项目简单相加,然后调整与抵销相互往来账户和内部交易,以保证报告的金额真实地代表合并主体。依据不同的理论,企业合并会计处理方法经历两次大变迁,随着企业合并对全球经济影响的日益增强,全球范围内的企业合并会计处理面临着新的挑战与发展机遇。

1. 从权益结合法到购买法

合理的会计方法应能刻画交易实质,合并的会计方法也不例外,然而合并的动机多样,并且其过程的结构化增加了会计处理的难度,为公允反映合并实质,理应有不同的会计方法应对差异化的合并交易。

(1)权益结合法(pooling of interests method)。

通过原所有者之间交换表决权股份,继而成为新合并企业的所有者的合并称为权益结合,其特征是合并前后所有者的权益是延续的,为反映该情况,权益结合法有两个重要步骤:①两个公司资产和负债的账面价值成为合并财务表的账面价值;②因为所有权的延续允许所有者确认企业合并之前及之后取得的收益,被合并方的收入和费用项目在合并日之前和之后都合并入合并报表。该方法可追溯到20世纪20年代的美国,当时合并主要在关联关系很强的企业之间进行,合并后不改变原有资产用途,所有权也没有转移。1943年,美国联邦能源委员会正式提出"权益结合法"。该方法反映了合并中权益的结合的实质。

2001年,美国颁布了《财务会计准则第141号》正式取消权益结合法,要求2001年6月30日之后发生的所有企业合并均采用购买法。对于取消权益结合法,准则提供了充分的理由。

首先,准则认为资本市场需要可比、相关、可靠和中立的财务信息。而无论采用何种会计政策,企业合并后产生的现金流量相同,因此两种合并方式不存在实质上的差别。如果对于相似的业务采用不同的会计政策将损害财务报告的一贯性及有用性。例如,1998年世界通讯公司(WorldCom)兼并美国电话公司(MCI),成为全球通讯巨头;同年夏洛特(Charlotte)国家银行、北卡罗来纳银行、旧金山美洲银行合并成美洲银行,成为美国最大的银行。上述两个合并案例都涉及两个公司的换股合并,但是却采用了不同的会计政策:MCI与WorldCom的合并公告中指出"该合并应视作一项购买活动",而美洲银行的兼并活动实质上"代表公司力量的联合"则采用权益结合法来计量。

其次,在权益结合法下,合并公司往往能将收购成本隐藏于资产负债表之外,未能以公允市价计量被并公司的资产和负债,也不确认商誉,因而不能为投资者提供必要的信息来判断一个公司收购另一个公司的真实成本,作为评判投资收益的合理基础。例如美国在线支付1 470亿美元收购时代华纳,但账面上只需确认510亿美元的收购成本。相比之下,在购买法下,被并企业所有的资产和负债都以公允价值记录。同时,美国财务会计准则委员会(FASB)也考虑到与国际会计准则接轨、防止权益法的滥用等原因,最终决定取消权益结合法。

取消权益结合法的理由虽然言之凿凿,但是翻开历史,不难发现支持权益结合法的证据也比比皆是。要想辩明事实真相,需要回到问题的本源、争论的起点。权益结合法与购买法之争的逻辑起点在于:联合经营与购买关系两类合并是否存在"经济内容"上的差别,权益结合法针对的企业合并是否具有独特的性质。

(2)购买法(purchase method)。

随着经济环境的复杂化,合并形式与内涵有了很大变化,特别是,参与合并的企业之间不再存在密切关系,合并实质不再表现为权益结合。为真实反映该种交易,人们提出购买法合并会计。购买法将企业合并视作与购置普通资产相同的交易,坚持成本原则,其关键在于确定合并成本、确定被合并企业可辨认净资产公允价值及商誉的处理。该法具有以下特点:①对被合并方的资产和负债按合并日的公允价值重新估价后,再与购买方的资产和负债的账面价值进行合并(折价购买除外)。②计算并确认合并过程中所形成的商誉(或负商誉)及资产增值(或贬值)。合并成本大于所取得被合并方的净资产公允价值时,确认商誉;合并成本小于所取得被合并方的净资产公允价值时,首先降低长期资产的公允价值,有关资产价值降为零后,仍有差额的才确认合并收益,这种情况极少见。③被合并企业合并之前的留存收益不并入购买方留存收益中,只有合并之后的被购买企业净收益才纳入合并。

（3）两种方法的抉择。

1950年，美国会计程序委员会（CAP）发布了第40号会计研究公报（ARB40），提出了权益结合法的四个应用条件。结果是，企业合并可在权益结合法与购买法之间进行选择。随后，在权益结合法被广泛应用的同时，也招致了很多批评，因此其运用条件不断被修改。其焦点在于：该法提供了利润操纵空间以及其提供的会计信息是否有用。为此，1970年，会计原则委员会（APB）在第16号意见书《企业合并》中规定，完全符合12项条件才能使用权益结合法，否则，应采用购买法。该规定虽然遏制了权益结合法的滥用，但是并没有解决所有问题，该状况被美国财务会计准则委员会发布财务会计准则公告第141号《企业合并》（2001）改变，禁止采用权益结合法，必须采用购买法。

2. 从购买法到购并法（acquisition method）

所有权的转移是任何资产购买的基本特征——不论是单一资产项目还是价值几十亿元的公司。企业合并后，财务会计报告要求新的所有者（购买方）恰当记录交易中获得的各个项目的价值。购买法的成本计价原则未能反映商业合并这一重要交易的实质对购买方的影响，特别是折价购买（付出购买方支付的对价低于享有的被购买方可辨认净资产公允价值）。为此，美国2007年对第141号准则《企业合并》进行修订，要求对企业合并用购并法取代购买法，该次合并方法变更在2009年之后的财务报告中采用未来使用法（prospective application）。基于所有权转移的合并实质，购并法强调对被合并企业作价的公允价值计量属性,主要体现在以下项目的确认和计量中:(1)支付给被合并方的对价;(2)需单独识别的合并中取得的资产、承担的负债及任何非控制性权益(non-controlling interest);(3)商誉(goodwill)或折价购买中产生的利得(gain on bargain purchase)。

购并法与购买法相比,有以下四方面差异:(1)合并资产、负债公允价值的分配,主要表现在折价购买(bargain purchase)情况下,购并法以被合并方资产在合并日的公允价值为基础,确认合并利得,而购买法坚持历史成本原则,降低被合并方长期资产的公允价值,只有有关资产价值减到零时,才可能确认重组利得;(2)合并直接成本,购并法下发生时直接费用化,而购买法将其计入合并成本;(3)或有对价,购并法下按其公允价值计入合并成本,而购买法不计入合并对价而进行后续调整;(4)合并中取得的正在进行的研发项目(in process R&D),在购并法下予以资本化,而购买法将其费用化。整体来看,购并法更符合资本市场中商业化原则,因此,成为美国现行准则及国际财务报告准则中唯一保留的方法,也是国际财务报告准则中标准做法。

3. 三种合并会计处理方法的比较:基于实例

为比较上述三种合并会计处理方法,现举例进行说明。A 公司于 2013 年 1 月 1 日,发行股票 10 000 股(面值,1 美元/股,公允价值 120 美元/股)对 B 公司进行合并,支付法律及会计服务费 25 000 美元。同时,A 公司同意在 B 公司完成规定利润目标时,额外支付或有对价,其公允价值为 150 000 美元。表 2-3 是合并日 B 公司净资产的账面价值与公允价值。

表 2-3　　　合并日 B 公司净资产账面价值与公允价值　　　单位：美元

1月1日	账面价值	公允价值
流动资产	30 000	30 000
互联网域名	160 000	300 000
许可协议	0	500 000
正在进行的研发项目	0	200 000
应付票据	(25 000)	(25 000)
净资产合计	165 000	1 005 000

按照上述三种方法，合并日 A 公司编制的合并财务报表的主要项目如表 2-4 所示。

表 2-4　　　　　三种方法合并报表数据比较　　　　　单位：美元

1月1日	权益结合法	购买法	购并法
流动资产	30 000	30 000	30 000
互联网域名	160 000	300 000	300 000
许可协议	0	500 000	500 000
正在进行的研发项目	0	0	200 000
商誉	0	220 000	345 000
应付票据	(25 000)	(25 000)	(25 000)
或有对价	0	0	(150 000)
净资产合计	165 000	1 005 000	1 005 000

由表 2-4 可以看出：(1) 购买法与购并法都是按公允价值合

并被合并方的资产与负债，而权益结合法是按账面价值合并，结果是，尽管合并交易金额为 1 350 000 美元，而权益结合法反映的只有 1 650 000 美元净资产交易。随之而来的是，权益结合法反映较低的折旧与摊销费用，因此会有较高的未来利润，进而严重夸大净资产收益率等财务比率。（2）购并法将或有对价公允价值计入合并成本，而该成本远远大于服务费用等直接合并成本，使得该方法下的商誉大于购买法下的商誉。（3）购并法中公允价值的一致运用，体现了准则制定机构加大管理层对合并后集团受托责任的要求。整体来看，购并法更能体现并购交易中的市场化特点。

4. 借壳上市会计处理方法

借壳上市分为构成业务和不构成业务两个类别，因而借壳上市企业在甄选会计处理方法编制合并财务报表时，应先行厘清借壳资产重组交易可否形成业务。由于现行会计准则只要求企业在附注中载明判断借壳上市业务是否构成业务的缘由，准则规范的模糊性造成了会计处理的可操作性空间较大[①]。借壳上市会计处理规范中的"业务"特指企业内部具备投入、加工处理过程和产出能力的资产组合，可以独立核算其成本费用或收入所得，但不具备独立法人资格的部分。由此广义的借壳上市因判断的结果差异而会有四种会计处理方法：购买法、权益结合法、反向购买法以及权益性交易[②]，前两种方法不再赘述，重点介绍后两种方法。

（1）反向购买法。

非同一控制下的企业以发行权益性证券换股的方式实现合并后，

---

① 郭毅飞. 借壳上市业务判断及会计处理探析[J]. 财会通讯, 2018 (25): 54-57.
② 反向购买会计处理过程中，商誉的确认额会因"壳"资源价值的确认原则不同而产生明显的差异，并且会进一步影响企业价值（廖晓玲，杨智灵，2020）。

当法律层面上的子公司成为了会计主体中的购买方,法律层面上的母公司却成为了会计主体中的被购买方时,即被视为反向购买。与之相对应的反向购买法会计处理在编制合并报表时,应按照合并前的账面价值对法律上的子公司的资产负债予以确认计量,对子公司留存收益和其他权益余额的反映也应作同样处理;合并报表应以母公司主体名义发布,比较信息自当是子公司的比较信息,且应在附注中载明相关信息是子公司之前财务报表的合理延续。

(2) 权益性交易原则。

我国现行会计准则只提出了权益性交易的概念而并未对其作出明确定义,考虑到权益性交易主体是会计主体与其所有者,客体是资本或权益,权益变动是交易后的必然结果,可将其视同于企业与资本提供者之间的资本性交易。该原则下,交易差额在会计处理上既不确认商誉,也不计入借壳方的当期损益。编制合并报表以资产与负债的公允价值作为计量基础,合并对价与可辨净资产公允价值的差价应调整"资本公积",资本公积不足冲减时,调整留存收益。

曹舒芳和苏俊(2014)分别以合力泰借壳联合化工、长城影视借壳江苏宏宝两个案例阐述了不同交易结构下借壳上市会计处理。前者为构成业务的借壳,因此确认巨额商誉;而后者是不构成业务的借壳,按权益性交易处理。对重组后公司的后续业绩会产生截然不同的影响[①],通常体现为权益性交易下因较低的资产规模而具有相对较好的业绩,对后续发展更有利而构成业务的合并,则因确认巨额商誉及公允价值计量资产而具有较大的不确定性甚至较差的业

---

① 曹舒芳,苏俊. 不同交易结构下的借壳上市会计处理分析——基于联合化工、江苏宏宝重组案例[J]. 中国注册会计师, 2014 (12): 96—100.

绩表现。

2.3.3 借壳上市概念及其动态

1. 借壳上市相关概念

对于借壳上市的概念，理论界目前还没有统一的界定，一些学者认为，借壳上市是指那些未上市公司，通过先获取上市公司的控制权，再向上市公司注入资产和业务的行为来达到上市的目的，并最终使该上市公司改头换面。也有一些学者认为，借壳上市就是上市公司的控股公司，通过向已经上市的子公司注入资产和业务的行为，来实现集团公司的上市，集团可以通过一系列经营管理，推动整体的盈利能力，进而使得股价上升，获取更多的配股权和发行新股募集资金的权利，最终实现母公司的长期发展目标。为了更好地了解借壳上市的概念，本书对借壳上市、买壳上市和反向收购等进行如下对比分析，所称借壳上市包括买壳上市与反向收购。

（1）买壳上市。

买壳上市是借壳公司作为收购方，先通过股权转让或其他方式获取到一家壳公司的控股权，然后再对其进行资产重组，剥离其原有的不良资产，注入自己或者子公司的优质资产和业务。这些上市公司主要是一些盈利较差、能力比较弱的壳公司，其中的关键是获得上市资格，因为上市资格本身就附带了各种好处和利益，收购方其实并不太在意上市公司的业绩及能力，看中的是其"壳"资源。

买壳上市和借壳上市都是间接上市的方式，在我国并没有严格区分，统一归为借壳上市，属于借壳上市的两种不同模式类型，认定标准和审核流程都是一样的，其本质区别在于，买壳上市需要取得上市公司的控股权，而借壳上市则已经获取到了这种控股权。

（2）同一控制下企业合并。

我国现行《企业会计准则 20 号——企业合并》明确界定了同一控制下企业合并[①]，其强调该类合并的两个特征：一是合并前后双方之间的关系，有相同的最终控制方，无论是一方或者多方；二是这种关系的非暂时性，一般要求在一年以上。

同一控制下企业合并包含的范围比较广泛，不仅包括一些重大资产重组形成的企业合并，还包括一些非重大并购交易，根据对以上借壳和买壳的概念界定可以发现，买壳上市一般都是同一控制下的企业合并，因为其获取的上市公司控制权比较早，而借壳上市过程中一般获取控制权和重大资产重组交易是同时进行的，所以一般属于非同一控制下企业合并。

（3）反向收购。

反向收购是一个比较特别的并购交易形式，通常由上市公司发行股份购买借壳公司，但是实际上被购买公司往往凭借股份互换反向获取了上市公司的控股权。本来发行股份的是母公司，被购买方是子公司，但是由于反向购买，所以被购买方有控制母公司经营管理之权利，因此，一般将借壳公司作为实质上的购买方（会计上），导致会计与法律角色反转，这样构成会计意义上的控股合并。

2. 我国借壳重组方式及发展趋势

自 2013 年，自我国经济转型大背景下，国家出台的兼并重组政

---

① 《企业会计准则第 20 号——企业合并》中第五条："参与合并的企业在合并前后均受同一方或相同的多方最终控制且该控制并非暂时性的，为同一控制下企业合并。"

策推动,资本市场成为主阵地,2015年我国A股并购重组异常火爆,引人注目的是交易方案复杂多样,在监管不完善的情况下,难免潜藏风险。在复杂的重组方案中,刻意规避监管、无视投资者利益的案例层出不穷。然而,并购重组催生了诸多制度套利,暴利又诱发了野蛮繁荣,并对监管机制提出挑战。特别是我国2015年的股市异常波动后,资本市场凸显了不少新的问题:部分公司试图规避借壳上市认定标准;由于IPO排队时间较长,一批"红筹"企业谋求从境外退市后回归A股市场,"壳"资源稀缺,炒作升温,再度引起市场热议。为促进企业估值体系理性修复,使"炒壳"降温,监管机构日趋严厉借壳上市监管规则,在通过并购重组提高公司质量主导思想不变的前提下,通过市场化手段让更多资金流向实体经济。

根据Wind数据统计,2008~2016年证监会审核的有条件、无条件通过的937个上市公司重大资产重组案例,涉及借壳的重组达154例,占所有审核通过案例的16.44%,可见借壳已成为上市的重要途径。如果把那些回避借壳的交易方案也包括在内,广义的重组上市比例高达30%,当然,由于借壳上市认定中的争议,这方面的统计是不完全的,不过也从侧面说明该上市方式的重要性。

(1)借壳上市方式。

从广义上来说,借壳上市有两类:一是在保持上市主体控制权不变的情况下,非上市主体的资产或业务注入上市主体,通常属于同一控制下的企业合并,例如,整体上市中的"母"借"子"壳,当然也有非关联方之间试图通过回避控制权变更引发被监管层认定为借壳的变通做法;二是上市公司控制权变更的借壳,常见于非同一控制人的企业之间,这是监管层所界定的狭义借壳上市。

①"母"借"子"壳的整体上市。"母"借"子"壳上市,是通过定向增发收购实现的,即已上市的子公司按照向集团公司定向发行一定数量的股票,换取集团公司拥有的经营性资产或股权,从而一次或分次实现整体上市。交易完成后,母公司原有的非上市资产注入原上市公司,而母公司继续持有上市公司股份。这种方式实质上并没有改变上市公司的控制权,也可以扩展到同一控制人控制下非上市主体的上市,所以不属于监管部门认定的借壳上市,主要用于国有企业,当然民营企业也在使用。

②重大资产重组。通过重大资产重组实现借壳上市交易结构一般包括三部分:壳公司原资产与业务的处置、发行股份购买标的资产、配套融资。经过整体或重大资产处置后,作为壳公司的上市公司基本上只有现金及其他不构成业务的资产;或者对资不抵债的壳公司而言,其控股股东以承担其债务为对价,接收壳公司资产(包括业务与员工),在这两种情况下,合并日法律上的购买方——壳公司均可被认为是不构成业务的净"壳"①。同时,壳公司接纳借壳企业的资产、负债、权利、义务、职工、资质及许可,使借壳企业资产进入上市板块。对于原上市公司资产的置换或资产出售至关重要,置换资产间的差额与出售资产后注入资产的大多以股份支付。然而,如果拟借壳方愿意接受被借壳方的资产,则无须对原资产进行置换或出售,交易中仅向借壳方通过股份支付收购标的购买资产与业务,这样,重组后的上市公司实现双主业或多主业。有研究表

---

① 业务是指企业内部某些生产经营活动或资产负债的组合,该组合具有投入,加工处理和产出能力,能够独立计算其成本费用或所产生的收入。

明，重组方对重组模式并无特别偏好，在一定程度上受监管政策影响。通过多年统计数据分析发现，各年选用重组方式的情况较为一致，以资产置换、出售+发行股份购买资产或直接发行股份购买资产为主①。

（2）并购重组借壳趋势。

在相关政策的引导与推动下，我国资本市场从2014年开始并购重组迸发；2015年以来的中概股回归引人注目；2016年初的熔断事件②，导致证监会推迟注册制实施，虽然IPO开闸，但是审核缓慢，形成"堰塞湖"。由此，我们能够想象到，借壳仍是今后一段时期内部分企业上市的选择。虽然监管层不断加强对中概股回归及借壳的监管，但是借壳本身并没错，禁止的不是借壳，而是"类借壳"及借壳中的违规，因此拟借壳的企业，在满足IPO审核标准的条件下仍能通过借壳实现上市。2016年以来，借壳上市仍保持爆发势态，特别在重组上市新规征求意见期间，仍是预案频发，不乏忽悠式并购③。

资产置换、出售+发行股份购买资产、直接发行股份购买资产仍将是主要的重组上市方式。从上市公司业绩提升来说，具体选择这三种方式的哪一种，取决于重组各方业务的融合情况。然而从借

---

① 崔李雪（2019）将并购重组交易模式概括为三方交易模式、杠杆并购、"上市公司+PE"模式三种。

② 熔断指的是当股票价格的涨跌幅达到一个点数时，交易随之停止一段时间或者直接收市的机制。自2016年1月1日开始我国A股市场正式实施熔断。在开市两天里，市场发生了4次熔断，导致两次提前休市。第一次1月4日当天仅交易了140分钟，第二次1月7日全天仅交易了15分钟。A股蒸发市值逾6万亿元，按持仓投资者5 026.28万人计算，每人亏损额达10.53万元，整个市场千股跌停，哀鸿遍野，满目疮痍。这种情况下，1月7日晚证监会紧急发文暂停熔断机制，熔断只维持了4天。

③ 蒋大兴. 金融"脱实向虚"之规制逻辑——以上市公司并购重组规制为例[J]. 现代法学，2018（5）：79-94.

壳上市会计处理角度来看①，大多数案例为避免构成业务购买法运用带来巨额商誉的潜在不确定影响，喜欢将壳公司原资产置出，以实现按不构成业务的空壳进行会计处理。然而其具体形成空壳的过程值得探讨，特别是为空壳而空壳的将原上市公司业务处置给借壳方及其关联方的现象。

根据 Wind 数据统计，2019 年 A 股重大重组事件共有 379 起，其中，重组完成的有 151 起，失败的 72 起，全年实际完成的交易总价值达 6 178 亿元，远超 IPO 融资情况。如图 2-1 所示，据 Wind 统计，2019 年重组委审核的 118 起重组交易中，有 99 起通过审核，19 起未通过审核，通过率为 83.90%。2019 年有条件通过 63 单，无条件通过 36 单，有条件通过占比 53%。对比 2018 年，有条件通过 54 单，无条件通过 69 单，有条件通过数占通过总数的 38.57%，并购重组委对并购重组通过的条件审核意见有所增加。

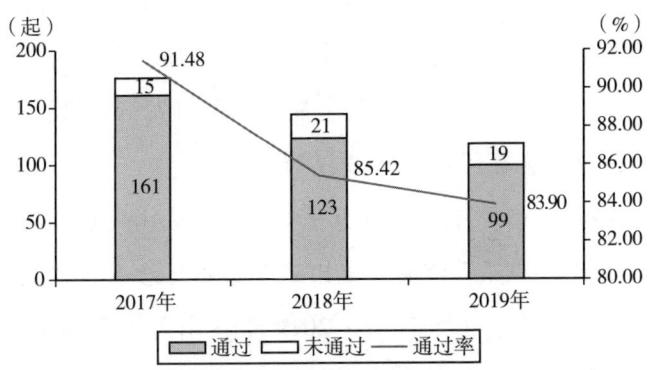

图 2-1　2017~2019 年并购重组审核通过率情况

资料来源：作者根据 Wind 数据库整理。

---

① 《财政部关于做好执行会计准则企业 2008 年年报工作通知》（下称财会函 [2008] 60 号）中第 5 条规定："企业购买上市公司，被购买的上市公司不构成业务的，购买企业应按照权益性交易的原则进行处理，不得确认商誉或确认计入当期损益。"

从重组形式上看，2019年239起重组事件均为发行股份购买资产，100起为协议收购、12起为二级市场收购、9起为增资、9起为吸收合并、5起为资产置换。要约收购、取得上市公司发行的新股就回购方式各1起。2019年40%的重组项目为横向整合，即多数重组案计划利用现有生产设备，增加产量，提高市场占有率。这一部分重组案中，化工、机械、电子行业仍然是大头。而拓展产业链的纵向并购仅占4%，与去年同期相比占比大幅下降。虽然近几年倡导创新支付方式，但从案例中看，全现金支付仍然占主导，而股权+现金、股权支付的形式分别占26%和25%。从创新支付方式来看，2019年公告了重组计划的项目中，采用可转债支付的企业也有多家。包括，雷科防务拟通过发行可转换债券、股份及支付现金相结合的方式以6.25亿元的对价购买西安恒达及江苏恒达100%股权；华昌达采用发行股份、可转换债券及支付现金的方式，购买珠海建驰、联维达臣、楚研擎众及赢达智合计持有的东研科技100%股权，购买中融鼎新、陈泽、鼎诚资本持有的成兴智能不低于85%的合伙企业份额；长春高新拟向金磊、林殿海发行股份及可转换债券购买其持有的金赛药业30%股权等①。

据同花顺iFinD数据，梳理近9年来的借壳上市成功案例可知，2014~2016年，沪深两市借壳上市成功案例延续3年的高峰期后，借壳上市在最近3年（即2017~2019年）出现了大幅回落，历年成功案例均仅为个位数。2011~2019年间成功的借壳上市案例分别

---

① 根据雷科防务、华昌达以及长春高新披露的重组交易方案整理，具体来自Wind数据库。

是4起、15起、16起、24起、34起、29起、8起、5起、9起①。原因在于：证券市场改革一方面大幅提高了借壳的难度，特别是比照IPO的标准，降低了很多借壳方的意愿；另一方面加快了IPO审核的速度，减少排队等候的周期。加上借壳重组在清理资产、规定时限等方面的难度加大，特别是注册制的循序推出，都明显抑制了壳资源的交易。此外，借壳上市的过程中，高额的借壳成本"劝退"了很多想借壳的优质资产，徐硕正和张兵（2020）测算出2017年的壳资源综合可实现价值约为31亿元②，"洗壳"的成本也比较高，除了资产置换或处理的成本外，还有很多隐性成本，例如一些表面看无伤大雅，但换了实际控制人问题就会暴露出来。

需要指出的是，2019年修订后的重大资产重组管理办法放宽创业板借壳上市后，创业板有11起以买壳上市为目的的重组上市，其中6家已完成，其余5家处于发审委通过、证监会已反馈或核准等阶段。最先抛出的吉药控股收购修正药业方案，筹划仅十多天就宣告结束。其后的山鼎设计、达志科技也曾竞速创业板"借壳第一股"，但迄今仍未能实施。

3. 境外借壳上市认定标准

美国与中国香港地区是我国内地企业借壳上市的主阵地，我国

---

① 与之相对应，从2020年全年来看，我国A股IPO呈现爆发的态势，尤其是，创业板注册制改革后，中小企业申报IPO热情高涨。Wind数据显示，截至2020年11月30日，已预披露且处于正常排队状态的IPO企业数量高达578家，其中注册制下排队企业合计433家，核准制下排队的企业145家。另外，目前A股市场上市公司数量已经突破4 087家，其中2020年上市的企业突破369家，首发融资额合计3 996.75亿元。分板块来看，注册制为科创企业提供了有力的直接融资支持，科创板和创业板分别有123家、91家企业上市，两个板块分别为中小企业提供融资1 996.12亿元、796.31亿元，占A股总融资额的比例分别达到了49.94%和20%（根据Wind数据库统计整理）。

② 徐硕正，张兵. 中国A股市场的借壳上市与壳资源——一种度量上市公司壳价值的方法［J］. 山西财经大学学报，2020（5）：31-45.

内地借壳上市认定更多借鉴了香港做法，但是由于市场环境的不同，标准之间还存在较大差异，其具体差异见表2-5。

表2-5　　中国、中国香港与美国借壳上市认定标准对比

项目	中国	中国香港	美国
借壳上市认定标准	从上市公司控制权发生变更日起，其向收购人及其关联人购买的资产总额，占其控制权发生变更之前一个年度经审计的资产总额的100%以上	一是上市公司购买的资产规模非常重大，以致改变其控制权；二是在上市公司控制权发生变更后的24个月内，变更后的实际控制人向上市公司注入的资产合并计算形成的非常重大购买	一家企业通过反向并购、换股发行或其他方式直接或间接收购壳公司从而成为具备向美国证监会报告资格公司的行为
审核部门	证监会	交易所	交易所
对标的资产要求	持续经营时间在3年以上；最近两个会计年度的净利润（扣除非经常性损益后）都为正，且累计金额超过2 000万元人民币。其他参照IPO标准	同IPO要求*	借壳完成后的企业必须分别满足最低交易时间、最低股价、财务报表披露三方面的要求；同时参照IPO标准

注：*具备不少于三个会计年度的营业记录且管理层维持不变；最近一个会计年度的控制权维持不变；扣除非经常性损益新申请人最近一年的股东应占盈利不低于2 000万港元，及其前两年累计的股东应占盈利也不得低于3 000万港元。

资料来源：马骁，刘力臻．中国、美国及中国香港证券市场借壳上市监管制度比较[J]．证券市场导报，2013（3）：67-72．

（1）美国。

根据纽交所2011年新修订的上市规则，借壳上市在美国是指反向收购，是拟上市的公司，采用反向购买、换股合并或其他方式收购壳公司，然后变成上市公司的交易行为。在美国，壳公司是名副其实的空壳公司。但是根据美国三大交易所持续上市的条件，美国的三大主板市场不可能出现空壳公司，只有挂牌在美国场外交易市

场的公司才能满足壳公司的条件。据此,在美国实施借壳上市需要两个步骤:第一步是采取反向购买,获得一家场外交易市场(over-the-counter market,又称柜台交易市场)的壳公司的控制权;第二步是在场外经营一段时间,申请在主板上市。另外,根据借壳上市的规则,借壳交易完成后,企业需要同时满足三大交易所对首次上市及2011年新增的借壳上市要求后,才能申请主板上市。所以,在美国,就监管而言,借壳上市和IPO并没有什么区别。

(2)中国香港。

我国香港地区亦称借壳上市是"反收购行为"。根据港交所《证券上市规则》其认定的反收购行动包括两种情况:一是导致上市发行人控制权变动的非常重大资产收购(包括一项或一连串);二是上市发行人控制权转移后24个月内,向取得控制权的人士收购资产,该收购构成非常重大的收购事项,这里对重大收购的界定是,收购计算的任何百分率,包括资产、盈利、收益、代价、股本任何一个为100%或以上。这实际上是,控制权变更与交易导致的对壳公司影响的两个条件二选一,扩大了借壳上市的认定范围。更为严格的是,其把"拟将收购资产上市,同时规避新申请人的交易"也界定为借壳,这就堵死了"类借壳",修订认定标准时,我国监管层可以借鉴该做法。

4. 我国借壳上市认定标准

虽然我国资本市场起步较晚,但是发展迅速,在短短的20几年时间,截至2016年5月4日,沪、深股两市共有2 845家上市公司,2015年A股总市值最高达到了79.41万亿元[①]。同时,随着经

---

① 根据Wind数据库统计。

济转型，上市公司已出现"老龄化"现象，为改善资产质量，上市公司实施的重大资产的交易逐年增多，在相关政策的推动下，交易方式日趋灵活、多样，暴露出来的问题也越来越多，其中借壳上市与规避借壳是不容回避的，由于这类交易是重大资产重组的特殊形式，所以相关规范通过《上市公司重大资产重组管理办法》体现。

我国证监会对借壳上市的界定首次出现于2011年《上市公司重大资产重组管理办法》中，3年后在修订该方法时进一步完善了其认定标准，即目前的标准，构成借壳上市是指自上市公司控制权发生变更日起，其向收购人以及关联人购买的资产总额，占其控制权发生变更前一个会计年度经审计的合并财务会计报告期末资产总额的比例达到100%以上的交易。由此，我国对于借壳上市的认定是同时满足以下两个条件：一是上市公司控制权发生变更；二是购买资产总额占上市公司控制权未变更前1年资产总额的比例达100%以上。本次修订核心针对原办法中借壳方不明确的问题，结合重组实务，将其明确为"收购人以及关联人"[①]，更具有实务上的可操作性。

对于控制权变更的界定，借鉴中国香港做法而采用"累计首次"原则，即从上市公司控制权发生变更之日起，上市公司在重大并购交易中累计向收购人购买的资产总额，占上市公司控制权未变更前一年资产总额的比例达到100%以上。根据这一标准，在认定一项重大资产重组是否为借壳时，需将其取得该公司控制权之后，

---

① 从近年的借壳案例看，购买资产并不仅仅是向收购人，有65%的案例是向收购人及其关联人一同购买，虽然实践中已将关联人一并视为借壳方，但规则上没有明确，存在模糊地带，为此，本次修订中予以明确（中国证券监督管理委员会：《上市公司重大资产重组管理办法》，2014）。

向标的公司注入的资产合并计算,如果累计购买资产总额达到控制权变更之前的100%以上①,即为借壳上市。预期合并原则:即收购人申报重大资产重组方案时,如存在同业竞争和非正常关联交易,则对于收购人解决同业竞争和关联交易问题所制定的承诺方案,涉及未来向上市公司注入资产的,也将合并计算。"累计首次""预期合并"原则有利于防止一些企业通过将购买资产分两次或多次完成,来规避借壳上市,体现了对借壳上市实质的重视。

在确定购买标的资产规模时,采用以下两者的较高金额:(1)标的公司资产总额与购买股权比例之乘积,依据交易时的被购买方的会计记录,表现为账面价值;(2)交易价格,双方以评估为依据,谈判确定的金额,可为公允价值。在现实并购交易中,标的公司的资产评估价值一般都会比账面价值高出许多,而交易价格又是依据评估值而定,所以该项认定标准的资产总额一般为交易价格,也就是说,只要交易价格超过上市公司控制权未变更前一年资产总额的比例达100%以上,就满足该条件。

由于借壳方包括收购人及其关联人,在确定购买标的资产范围时,如果收购人为两个及两个以上的,要认定其是否属于一致行动人,在实际并购交易中,若收购人为两个及以上,并且构成一致行动人,那么他们的持股比例要加总计算,若加总计算后的累计持股比例超过上市公司原来控股股东,则上市公司的控制权就发生了变更,就可以界定为借壳上市。这里"一致行动人的认定"尤为关键,虽然《上市公司收购管理办法》中通过列举的形式,提到可以

---

① 如何累计计算没有明确,比如是按每次原来的交易价格,还是按最后一次交易价格,重新认定以前的交易价格。

认定为"一致行动人"的12种情形①，然而，实务中具体交易情况复杂多样，难以穷尽，对于有嫌疑的，需要收购方能够证明其独立性，否则，监管部门就可以将其认定为一致行动人，将其持有的标的资产合并计算在购买范围。

为了监管借壳上市行为，2011年证监会颁布的《关于修改上市公司重大资产重组与配套融资相关规定的决定》，正式的通过对借壳上市概念的明确和严格的监管来对借壳上市进行引导，借壳上市的认定标准也从和IPO趋同到等同过度。2013年11月，随着《关于在借壳上市审核中严格执行首次公开发行股票上市标准的通知》实施，对借壳上市的审核由与IPO"趋同"提升至"等同"。2014年10月，再次发布了重新修订后的《重大资产重组管理办法》，进一步强调了对借壳上市的审核。在2016年第一届保荐代表人培训会上，监管层提出通过严格业绩补偿形式，即明确了股份补偿比例，传递强化对借壳上市之后监管的信号②。

---

① 在上市公司的收购及相关股份权益变动活动中有一致行动情形的投资者，互为一致行动人。如无相反证据，投资者有下列情形之一的，为一致行动人：（1）投资者之间有股权控制关系；（2）投资者受同一主体控制；（3）投资者的董事、监事或者高级管理人员中的主要成员，同时在另一个投资者担任董事、监事或者高级管理人员；（4）投资者参股另一投资者，可以对参股公司的重大决策产生影响；（5）银行以外的其他法人、其他组织和自然人为投资者取得相关股份提供融资安排；（6）投资者之间存在合伙、合作、联营等其它经济利益关系；（7）持有投资者30%以上股份的自然人，与投资者持有同一上市公司股份；（8）在投资者任职的董事、监事及高级管理人员，与投资者持有同一上市公司股份；（9）持有投资者30%以上股份的自然人和在投资者中任职的董事、监事及高级管理人员，其父母、配偶、子女及其配偶、配偶的父母、兄弟姐妹及其配偶、配偶的兄弟姐妹及其配偶等亲属，与投资者持有同一上市公司股份；（10）在上市公司任职的董事、监事、高级管理人员及其前项所述亲属同时持有本公司股份的，或者与自己或者前项所述亲属直接或者间接控制的企业同时持有本公司股份的；（11）上市公司董事、监事、高级管理人员和员工与其所控制或者委托的法人或者其他组织持有本公司股份；（12）投资者之间具有其他关联关系。
② 构成借壳上市时，上市公司控股股东、实际控制人及其关联人以其股份进行业绩补偿的比例至少为90%，这意味着，如果标的资产未能达到盈利预测数，控股股东、实际控制人及其关联人需以其股份进行补偿，其差距过大，就会因股份补偿而丧失重组后的公司的控制权。

上述三地借壳上市认定标准与监管上的差异，与资本市场有关的法律体系、监管体制以及发展阶段都有关系，例如，美国的资本市场已经过 200 余年发展，形成了受法律保护的灵活包容的多层次市场，实行发行与上市分离的审核模式，上市审核由交易所负责，资本市场较为成熟，无须额外关注借壳上市审核。而我国相关法律体系不完善，市场投机情绪浓，该类重组中交易各方、中介的利益链条可能会损害中小投资者利益，这需监管层根据动态，严格从交易认定、过程审核以及事后监管的全过程规范。

为规范上市公司的重大资产重组行为，我国证监会在 1998～2013 年期间，先后发布了六个规范性的通知，上市公司重大购买、出售、置换资产审核工作委员会、上市公司并购重组审核委员会分别于 2002 年 3 月、2007 年 9 月设立，专门监管相关资产重组问题。就与借壳上市相关的监管来看，2013 年以前，监管层对借壳上市的审核态度为借壳上市审核标准与 IPO 趋同，而随着借壳数量的增加以及各种规避借壳的手段出现，监管层提高了对借壳上市的审核，将审核标准趋同转为与 IPO 等同。进入 2016 年，借壳监管与借壳规避的博弈依旧是一个主旋律，但是可以预测到的是，未来监管层必然会继续加大对借壳上市的监管力度，那些通过各种各样复杂的资产重组方设计达到规避借壳的行为将会受到严格控制。

2.3.4 规避借壳上市的动因及操作手段

与借壳上市审核这一后续监管相比，监管层更应关注该类交易之前的规避借壳及其动因，原因在于：实务中的"类借壳"方案是对监管部门"借壳认定标准"的操纵①,通过人为设计交易结构规避控制权变更或控制交易规模,因此"类借壳"被认为诞生于与监管层的博弈中,处于重大资产重组与借壳上市之间的灰色地带②。

1. 规避借壳的动因

借壳上市审核趋严、金融业及创业板公司不允许借壳的政策背景下,规避借壳成为部分企业的不二选择。

(1) 标的企业所在行业受限不能借壳。

金融行业属于资本密集型,其发展天然需要资本的支持,现在越来越多的金融资本,特别是类金融企业,急切地需要通过资本市场实现快速发展,然而其行业特点决定的特殊资本结构,很难符合我国目前较为严格的IPO条件,在我国金融行业主要阵营之一——证券公司主要通过借壳上市之后③,其他金融行业内的后起公司按规定无法借壳④,这是制约金融类企业借壳的制度障碍,规避借壳成为其重要选择⑤。2009年设立创业板之初,便明确了不允许其通

---

① 本书将规避借壳上市的交易称为"类借壳"模式,是指通过控制实际控制人不变、资产交易规模等方式,未达到《重组办法》认定的"借壳上市"标准,但上市公司的主营业务、资产规模等方面发生了与非上市公司密切相关的根本性变化,非上市公司间接实现证券化的重组方案(廖青,2019)。
② 廖青. 类借壳下商誉减值风险研究——以坚瑞沃能为例[D]. 成都:西南财经大学,2019.
③ 典型的借壳上市券商有:广发证券借壳延边公路、西南证券借壳ST长远、东北证券借壳锦六陆、国金证券借壳S城建投、海通证券借壳都市股份、国海证券借壳SST集琦,而备受关注的是具有类借壳特征的安信证券与中纺投资的重组。
④ 重大资产重组办法规定,"属金融、创业投资等特定行业的借壳上市,则由证监会另行规定",而具体规定尚未出台。
⑤ 金融业虽然严管借壳上市,但是近年来不乏央企背景的金融业借壳成功的案例,比如中粮资本借壳中原特钢,本次交易价格合计211.86亿元。交易完成后,中粮资本持有中粮资本100%股权,该重组方案于2018年12月获得证监会通过,2019年9月27日,中原特钢2019年第二次临时股东大会同意将名称改为"中粮资本控股股份有限公司",并变更公司经营范围,10月8日,中原特钢证券简称更名为"中粮资本"。通过资产重组,中粮资本借助中原特钢登陆A股市场,中粮系信托、期货、保险、银行等实现上市,特别是中粮信托(根据Wind数据库数据中原特纲公司公告整理)。

过借壳上市的原则,这是由设置创业板的初衷决定的,为了促进自主创新企业和其他成长型企业的创新发展,创业板上市门槛较低,若允许其借壳上市,无疑为其提供了一个"保命符",加重创业板市场投机氛围[①]。

(2) 标的资产不符合借壳上市的条件。

我国证监会在 2013 年 11 月 30 日发布的《关于在借壳上市审核中严格执行首次公开发行股票上市标准的通知》中,将借壳上市标准从"趋同"提升到"等同",提高了借壳上市的要求。更为重要的是,近来我国拟借壳主力转向"轻资产"的影视、游戏行业,其最大特点是:处于前期烧钱阶段,业绩较低,无法满足与 IPO 等同的盈利要求,由此滋生规避借壳的念头。这类企业在冲上市的过程中,利用营业绩效弹性大的特点,大幅提高业绩对赌以获得高估值,从而来对冲借壳成本,前提是其非借壳的交易设计能通过审核。

(3) 降低审核要求,寻求同步募集资金。

依据"放松管制、加强监管"的理念,证监会 2014 年修订后的《上市公司重大资产重组管理办法》(下称《重组办法》)和《关于修改〈上市公司收购管理办法〉的决定》(下称《收购办法》),取消对不构成借壳上市的上市公司重大购买、出售、置换资产行为的审批,而构成借壳上市的重大资产重组则需中国证监会上市公司监管部,依照法定条件和程序,对上市公司属于本办法第十三条规定情形的交易申请作出予以核准或者不予核准的决定[②]。另

---

① 傅雯颖. 借壳上市监管问题研究 [D]. 南京:南京大学, 2018.
② 中国证券监督管理委员会. 上市公司重大购买、出售、置换资产行为(构成借壳上市的)审批件 [N/OL]. (2016-2-25) [2016-2-25]. 中国证券监督管理委员会官网. http://www.csrc.gov.cn/pub/zjhpublic/G00306207/201602/t20160225_293049.htm.

外，根据2016年6月17日发布的《上市公司重大资产重组管理办法（征求意见稿）》，收购人及其关联人实施借壳上市行为，上市公司不得同时募集配套资金，对本来就很难达成一致的"借壳"交易变相提高了难度，同时对资产的门槛无疑更高；而仅构成重大资产重组，可以同时募集配套资金，因此，对于急需资金的非上市公司，为通过与上市公司重组募集资金，也会规避借壳。

与IPO需要排队，加之可能被暂停，没入"堰塞湖"而上市遥遥无期的时间不确定性相比[①]，"类借壳"本身属于重大资产重组，是"全天候"审核，因此具有时间优势。由此看来，即使上市采用注册制，特别是分版块逐步实施注册制，"类借壳"为非上市企业提供的选择上市版块的权利仍会有需求。

2. "类借壳"交易设计思路

作为一条可以不用排队就能实现上市的"捷径"，借壳上市成为越来越多公司进入资本市场的方法。但是由于证监会对借壳上市的监管趋严，并且取消配套融资[②]，不少公司通过交易方案设计规避借壳"红线"，实施"类借壳"式重组的方法。借鉴王嘉瑶（2020）曲线借壳的定义，"类借壳"是指上市公司重大资产重组在形式上不满足借壳上市的认定标准或是合法避开了监管部门，而标的公司的控股股东最终取得了上市公司实际控制权，且标的资产成

[①] 我国A股经历了9次IPO暂停，其中有时暂停长达1年，导致大量申请上市企业排队。本次IPO启动以来，我国的A股IPO"堰塞湖"现象也达到历史高位，证监会最新公布的数据显示，截至2016年7月28日，证监会受理IPO企业868家，其中已过会113家，未过会755家。未过会企业中正常待审企业693家，中止审查企业62家。除了在审企业，还有数百家已进入上市辅导的企业，相当于IPO排队企业的"后备军"。

[②] 与2016年之前构成借壳上市仍可募集配套资金相比，2016年新规实施后，借壳企业重组后再行募集资金很困难，比如奇虎360借壳后，由于市值缩水，与重组完成时的股价相比，定向增发价格严重下跌，并且一拖再拖，难以实施。

功注入上市公司,实质上完成了借壳上市的资本运作手段①。根据我国现行规定,构成借壳上市,需要同时具备两个条件:(1)上市公司的控制权发生变更;(2)上市公司向收购人及其关联人购买的资产总额,占上市公司控制权发生变更的前一个会计年度经审计的合并财务会计报告期末资产总额的比例达到100%以上。为此,要规避借壳上市,就可以围绕着控制权不变、资产比例不超100%、收资人与资产控制权差异三个维度,从以下四个方面规避借壳,交易方案设计思路如表2-6所示。

表2-6   "类借壳"重组上市方案模式

维度	设计思路	
控制权	实际控制人不变	部分收购标的公司股权
		提高现金支付比例
		标的资产控制人"自降比例"
		上市公司大股东提前埋伏标的资产
		参与募集配套资金融资等方式增持,巩固控制权
	特殊情况	实际控制人从有到无
收购人	引入第三方	
收购资产	购买资产低于100%	
	分步购买资产	
其他规则利用	先进行一次借壳上市,再注入不符合借壳标准的资产	
	先重组注入资产,后通过减持、增持或者签署一致行动人实现控制权变更	
	定增易主,融资收购资产	

资料来源:根据邱霖(2019)整理。

---

① 王嘉瑶. 监管视角下创业板曲线借壳路径研究[J]. 财务与金融, 2020(1): 87-90, 95.

(1) 保持控制权不变。

保持上市公司控制权不发生变更，是上市公司实际控制人以真金白银，通过各种配套融资把稀释的股权再买回来，这种方法成本较高，但是在资本市场的运用却十分广泛；上市公司实际控制人通过与家属、朋友、其他资本方形成"一致行为人"关系，保证其控股地位；提高支付对价中的现金比例，由此，降低标的公司主要股东在重组后主体中的股权比例，维持上市公司原控股股东的控制权；在股份支付中，为保持原上市公司控制权不变，更为直接的方法是，收购方股东分散标的资产股权，避免由于标的资产一股独大，并且因为资产规模大引起其由于本次交易而变更上市公司控股权的现象。转让表决权。由于《重组办法》中对于股权转让有诸多限制，因此部分上市公司股东独辟蹊径，将表决权转让给标的公司，实现实际控制人的转移，后续再逐步注入标的公司资产，剥离上市公司资产。

在实际操作中，为规避被认定为借壳，借壳方可能会通过解除一致行动协议、减持或转让股权使其从有实际控制人变更为无实际控制人，该种情况下，自然不存在向收购人购买资产问题，不过，该种操作是对政策红线的试探，具有较大的监管风险。

(2) 收购人：引入第三方。

标的公司控股股东通过股权转让或者持有第三方非上市控股股东股权的方式，使得上市公司控制权由原控股股东转移至第三方。而新实际控制人与标的公司不存在关联关系，上市公司购买标的公司并不构成"向收购人及其关联人购买资产"①。此种操作手法多见

---

① 中国证监会2017年3月24日召开的新闻发布会称，"有的突击打散标的资产股权，有的刻意把提高比例表决权委托给他人，还有的通过定向锁价配套融资，来规避实际控制人变更的认定，进而逃避重组上市监管。对于此类情形，我会依规认定其构成重组上市，目前，已有9单此类项目终止了重组。"因控制权不变更而强调不构成借壳、目前却终止的重组案例，包括四通股份、卧龙地产、安泰集团、宁波富邦、罗顿发展、江泉实业、狮头股份、精达股份等。

与 PE 的合作。PE 等机构投资者通过受让股权等不同方式取得上市公司控制权，之后，通过多次重组，将自己持股很小比例的标的企业注入上市公司，这样一来，购买资产规模下，一来不构成借壳，更重要的是，通过这种方式 PE 将这些股权证券化，实现退出。其中根据第三方资产等股权比例情况、结构设计的具体案例具有较大差异。

(3) 利用收购资产计算规则。

利用认定标准中计算规则，无非是或者缩减购买资产规模，即降分子，或者临时增大壳公司资产，即扩大分母，达到规避购买资产比例低于 100% 的目的。在首次累计和预期合并原则下，要通过这点来设计"类借壳"方案还是有点困难，毕竟是实际数字对比，但是如果新进控制人并非注入标的资产的实际控制人，只占有部分股份，则在计算注入资产时候，只计算他所持有标的资产股份对应的资产额，而非标的资产总额，就可能实现；部分购买，可以只购买部分股份，获得标的控制权即可，降低购买资产规模。在控制权变更成定局的情况下，这是最重要的操作手段。

(4) 利用其他规则。

实务中还有一些其他做法，例如先进行一次借壳上市再注入不符合借壳标准的资产；先进行重大资产重组置入资产，而后通过减持、股权转让或者签署一致行动人完成控制权变更；定增易主＋再融资收购资产。

但是通过再融资规避借壳还需注意《重组办法》第四十二条规定：特定对象以现金或者资产认购上市公司非公开发行的股份后，上市公司用同一次非公开发行所募集的资金向该特定对象购买资产的，视同上市公司发行股份购买资产，即资金提供方与资产提供方不能重合。

第 3 章

"类借壳"上市模式之保持控制权不变研究

保持上市公司控制权不变而又能实现新资产注入上市公司而实现上市有两种方式：一种是入主后变更控制权，通过系列操作，保持上市公司原实际控制人在交易前后的控制地位不变，逐步蚕食上市公司股权，在完成人员、资产调整后再进行实际控制人的变更，重组方案便不会被认定为借壳上市；另一种是在拥有相同的最终控制方的主体之间重组，该种方式更容易操作，并且依据《企业会计准则第 20 号——企业合并》应该被认定为同一控制下的企业合并，本书的两个案例就属于该类合并。在会计处理方法上采用基于账面价值的权益结合法编制合并报表①，而在向证监会申报时则存在较

---

① 需要说明的是，2020 年 11 月 30 日，国际会计准则理事会（IASB，以下简称理事会）发布了《同一控制下企业合并（讨论稿）》（Business Combinations under Common Control，以下简称讨论稿），征求意见截止日期为 2021 年 9 月 1 日。理事会在讨论稿中就同一控制下企业合并的项目范围、购买法和账面价值法的适用范围和具体会计处理、披露要求等方面向全球利益相关方征求意见。该讨论稿建议扩展同一控制下企业合并的认定：一是建议"同一控制下企业合并"项目应规范在同一控制下企业转移一项业务的交易，即使其不满足《国际财务报告准则第 3 号》中"企业合并"的定义；二是建议该项目还应包括同一方最终控制下所有合并参与方之间发生的业务转移，无论该交易的被合并方是否在该合并发生之前从外部购买或者在合并发生之后立即对外出售，以及无论该交易是否以未来对外出售为条件，如首次公开发行股票。关于同一控制下企业（转下页）

大差异：迪康药业按借壳上市申报，而百润股份按非借壳申报。给我们的启示是：对重大资产重组交易而言，证监会对其交易性质的监管认定与企业内部合并会计处理可以分离，一方面满足监管要求，另一方面通过选择恰当的合并会计处理方法，反映交易的经济实质，提高会计信息的相关性与可靠性[①]。

3.1 蓝光发展借壳迪康药业疑惑分析[②]

经过近两年的筹划，通过与迪康药业的重大资产重组，蓝光发展成就了"地产开闸第一股"，逐步实施以"1+2产业布局"为战略顶层设计——打造以房地产开发为核心主业，以现代服务业、生物医药为两大创新支柱产业的大型企业集团。在大多数案例回避借壳认定的情形下，该项重大资产重组中，在符合同一控制下企业合

（接上页）合并的会计处理，建议：（1）同一控制下企业合并不采用单一的会计处理方法，即既不要求所有交易采用购买法，也不要求所有交易采用账面价值法；（2）在满足成本效益原则和考虑其他实施条件的情况下，同一控制下企业合并影响合并方非控股股东的，原则上采用购买法，并明确如果合并方为上市公司，该交易应当采用购买法；（3）所有其他同一控制下企业合并采用账面价值法，包括所有涉及全资子公司的合并。建议账面价值法的具体会计处理应包括以下五个方面：（1）合并方应当采用被合并方的账面价值计量合并中取得的资产和承担的负债。（2）合并方采用自身股份作为对价的，讨论稿建议在本项目中不予规范对价的计量；合并方采用转移资产作为对价的，讨论稿建议按照合并日被转移资产在合并方财务报表中的账面价值计量对价；合并方采用承担债务作为对价的，讨论稿建议按照其他准则规范负债初始确认的金额计量对价。（3）合并方应当将合并对价与在合并中取得的资产和负债的账面价值之间的差额确认为所有者权益，但对该差额在所有者权益中如何列示在本项目中不予规定。（4）合并方应当将交易成本确认为交易发生当期的费用，但发行权益工具或债务工具的成本应当按照其他准则的有关规定进行会计处理。（5）合并方的合并财务报表只包括被合并方在合并后的资产、负债、收入和费用，无须重述被合并方的合并前信息。

① 李梦羽，沈彦波，杨克智.企业合并会计处理存在的问题与改进[J].财务与会计，2020（7）：58-60.
② 案例中的相关资料、数据来自Wind数据库。

并的条件下，主动按借壳上市向证监会申报引人关注，本书对其会计处理与监管申报分道制的做法进行分析，为类似重大资产重组交易提供借鉴。

房地产行业的显著特点是，在其开发与销售的过程中需要大量的资金注入，并且由于项目的建设周期长促使其资金回笼较慢。因此，如何筹集到源源不断的资金是房地产企业发展的关键。但是近年来，国家加强了对房地产行业的调控力度，税收政策、土地政策相继出台，银行贷款的门槛大大提高，再加上政府提出的"限房令"使房地产行业的融资渠道、融资规模明显下降，为了保证其持续经营，房地产行业将目光转向资本市场，通过 IPO 上市或者借壳上市等手段拓宽其融资渠道。

由于国家政策对房地产行业的宏观调控及国际金融海啸等不利因素的限制，蓝光地产曾一度陷入资金困境，而蓝光地产的雄心从未间断，从 2008 年起上市之路就十分波折。IPO 上市需要满足持续三年盈利同时还需要经过证监会严格的审批手续，这一过程是漫长的，并且在审核的过程中还可能面临暂停的不确定性，由于 IPO 因各种原因暂停、排队现象严重，不少企业把目光转向借壳上市。在我国对借壳上市的审核标准等同于 IPO 的背景下，如果操作规范，壳公司与借壳公司均可从中获利，然而由于各种原因，部分企业利用规则的漏洞来规避控制权变更或者资产比重指标的红线，让"等同于 IPO"的借壳规则形同虚设，越来越多的企业选择规避被认定为借壳上市。在此情形下，迪康药业与蓝光发展的重大资产重组，在本质属于同一控制下的企业合并的前提下，依然按构成借壳上市向证监会申报交易方案；而在其重组完成期的财务报告中按同一控制下的控股合并的权益结合法对本次合并进行会计处理，这种"分道制"的处理，一方面满足监管要求，另一方面也符合管理层利用权益结合法提升合并后业绩的需要①。

3.1.1 迪康药业与蓝光发展重大资产重组概况

1. 重组双方简介

迪康药业前身系成都迪康制药公司，公司主要从事医药制造业务，成立于1993年5月，后经1997年7月、1998年2月和1999年5月三次股权转让，1998年9月增资扩股并于1998年11月更名为成都迪康制药有限公司。1999年12月17日，经四川省经济体制改革委员会［1999］101号文批准、四川省人民政府川府函［2000］19号确认，成都迪康制药有限公司整体变更为四川迪康科技药业股份有限公司。2001年2月12日，经中国证监会证监发字［2001］11号文审核批准，上海证券交易所上证上字［2001］16号文批准，该公司5 000万股人民币流通股获准在上海证券交易所挂牌上市交易，发行后总股本为12 740万股。公司控股股东为四川迪康集团股份有限公司（2002年7月更名为四川迪康产业控股集团股份有限公司），持有该公司股份7 490万股，占公司总股本的58.79%。2008年经四川迪康产业控股集团股份有限公司债权银行申请，对其持有的上市公司限售流通股6 685万股股份进行了拍卖，蓝光集团竞得5 251万股，取得上市公司控制权。

---

① 赵彦锋. 美国企业合并会计处理方法的演进及启示［J］. 郑州航空工业管理学院学报，2014（3）：92-96.

本次交易的标的——蓝光和骏，是为本次重组由四川蓝光和骏实业股份有限公司分立的存续公司，诞生于2013年10月25日。其前身是成立于1998年4月的成都和骏实业有限公司，之后经过多次增加注册资本、股权转让、整体变更等，截至本次重组，其资本结构如表3-1所示，其控股股东为蓝光集团。经营范围包括：房地产投资、房地产开发经营（凭资质证经营）、技术进出口、土地整理。蓝光和骏坚持以符合国家产业导向、面向刚需主流人群的民生住宅开发为主，开发的住宅项目中，90平方米以下的房屋占比超过85%，远高于国家"70/90"的政策要求，在中国城镇化进程中找到最合适于蓝光和骏的市场机会。蓝光和骏已经积累了15年的房地产开发经验，累计房地产开发面积达到1 390万平方米，销售面积超过890万平方米，近年来蓝光和骏保持持续高速增长，2013年销售面积已位列中国房地产开发企业"TOP30强"，2014年获得国务院发展研究中心企业研究所、清华大学房地产研究所及中国指数研究院评出的2014年中国房地产百强企业第25位。

表3-1　　　　　　　　蓝光和骏资本结构

股东名称	所持股份（万元）	持股比例（%）
蓝光集团	76 161.2973	75.31
杨铿	8 343.1563	8.25
平安创新资本	16 623.8264	16.44
合计	101 128.2800	100.00

资料来源：Wind数据库。

2. 交易背景及目的

由于新的医药品牌和产品需要一个较长的培育期，迪康药业近年来经营业绩未取得显著增长,距离做大做强尚需较长时间。为实现迪康药业的持续健康发展,急需向迪康药业注入优质资产,从根本上提升公司的盈利能力和可持续发展能力。蓝光集团为实现下属房地产开发及管理业务的更好发展,拟将该等业务注入迪康药业,从而搭建起房地产开发及管理业务的资本运作平台,增强整体竞争实力。

(1)蓝光发展选择借壳的必要性。

蓝光地产从企业的创立开始就在不停地开发项目。1996年,着重于商业地产方面的扩张,2004年又转战于旅游地产,在2008年成功进入高端别墅的开发项目中,2012年重点开发精品住宅区,在这一年彻底打破了传统的房地产销售,在2014年蓝光地产又开启了酒店行业。蓝光地产一直致力于创新,开发新的项目,这就造成了蓝光地产对资金有巨大的需求,如何拥有稳定的融资渠道是企业重点考虑的问题,这也推动了蓝光地产将眼光放在资本市场上。

作为房地产行业,由于其固有的资金需求量大并且收回期较长的特点,在银行借贷方面,如果房地产行业不能按期偿还贷款会出现大笔的坏账,致使银行受到影响,所以银行提高了对房地产行业的信贷要求,使外部融资遇到困难。再加上IPO上市需要工商、税务、发改委等部门审核,手续麻烦并且成本较高,所以现在的房地产行业纷纷将目光投向资本市场。

在2008年蓝光地产就与迪康药业有了并购重组的意愿,但在2008年前后,蓝光地产则陷入了艰难时期,由于国家加大了对房地产的宏观调控政策,直接影响了蓝光地产的重组计划,所以蓝光地产在完成了收购后便停止了重组的计划。在2012年,蓝光地产的情况得到了缓和之后便立刻开发新的项目，投入了大量的资金。同年8月和9月蓝光地产又分别以106%和75%的溢价取得昆明的两块地，耗资总共为4.4亿元。在2013年4月份和5月份，蓝光又打入青岛、长沙和无锡，总耗资12亿元，其中长沙项目溢价86%。蓝光又在重庆和北京拿地，分别耗资4.56亿元和15.8亿元。蓝光地产不断的拿地开发新的项目促使其陷入巨大的资金缺口状态，寻求稳定的融资渠道是其长期稳定发展的首要目标，因此借壳上市是蓝光的必然选择。

（2）迪康药业让"壳"的原因。

在迪康药业的2007年4月30日的公告中表示，该公司在2005年和2006年，连续两个会计年度亏损。根据《上海证券交易所股票上市规则》的有关规定，公司在2007年5月8日开始被实行退市风险警告的特别处理，"迪康药业"将变更为"＊ST迪康"[①]，这意味着如果2007年公司继续亏损的话将面临退市的风险，好在经过2007年的努力，迪康药业实现扭亏为盈，2005~2007年具体业绩情况如表3-2所示。

表3-2　　　　　　　　迪康药业具体经营情况　　　　　　单位：万元

项目	2005年	2006年	2007年
营业收入	17 057	16 705	20 662
利润总额	-7 437	-13 650	707

---

① 当一个公司连续两年亏损或者净资产低于股票面值时，在股票名称前就会加上"ST"，意为"特殊处理"，用于警示投资者注意投资风险，每天的涨跌都不得超过5%。当第三年，公司的经营未有改善，依旧处于亏损状态，股票名称前除"ST"外还会加上"＊"，意为退市风险。

续表

项目	2005年	2006年	2007年
净利润	-7 531	-13 771	551
所有者权益	69 019	45 849	46 815

资料来源：Wind 数据库。

由于迪康药业在2007年实现了盈利，证监会于2008年6月撤销了对迪康药业的退市风险警示。虽然被撤销了退市风险警示，但其经营依旧很困难，财务状况并不能维持其可靠持续稳定的发展，因此，让"壳"仍是迪康药业的必然选择。迪康药业在重组前主要资产、负债与利润情况见表3-3和表3-4。

表3-3　迪康药业本次交易前三年（2012~2014年）主要资产负债数据

项目	2012年	2013年	2014年
总资产（万元）	64 274	66 705	74 439
总负债（万元）	7 955	8 136	14 614
所有者权益（万元）	56 319	58 569	59 825
资产负债率（%）	12	12	19

资料来源：Wind 数据库。

表3-4　迪康药业本次交易前三年（2012~2014年）主要利润数据

项目	2012年	2013年	2014年
营业收入（万元）	36 500	37 692	39 911
营业利润（万元）	1 601	1 408	830
利润总额（万元）	2 663	2 911	1 736

续表

项目	2012 年	2013 年	2014 年
净利润（万元）	2 142	2 250	1 256
净资产收益率（%）	4	3	2

资料来源：Wind 数据库。

从表 3-3 中我们可以看出迪康药业在让"壳"的前三年中总负债额直线上升，在 2014 年增长率高达 79.6%，导致其资产负债率也呈直线上升，接近 20%，高额的负债总额使迪康药业陷入严峻的财务困境。

从表 3-4 中可以看出，迪康药业在让"壳"前三年的净利润直线下降，由 2012 年的 2 663 万元下降到 2014 年的 1 736 万元，下降比例高达 34.8%，而净资产收益率也在不断下降，由 4% 降为 2%。在净利润、净资产收益率不断下降的情况下，迪康药业的负债总额却大幅增加，这更加恶化了其财务状况，导致其面临严峻的退市风险，为了避免退市，迪康药业选择让"壳"是其解决当前财务困境的必然选择。

（3）交易目的。

通过本次交易，一方面，上市公司整体提升资产质量，改变现有上市公司主营业务盈利能力较弱的局面；另一方面，蓝光集团下属房地产业务实现上市，将进一步拓宽其融资渠道，提升品牌影响力和整体竞争实力，实现快速增长。从而促进上市公司持续健康发展，充分保护全体股东特别是中小股东的利益，为上市公司股东带来丰厚的回报。简单来说，就是通过注入盈利能力强的业务挽救退市，而注入资产在房地产行业国家严监管下只有借壳上市。

3. 重组交易过程

迪康药业于2013年7月启动本次重大资产重组，拟以非公开发行股份的方式购买蓝光集团、平安创新资本、杨铿合计持有的蓝光集团控股子公司蓝光和骏100%股权。2013年11月15日，迪康药业召开第五届董事会第十八次会议审议通过本次重大资产重组预案及相关议案；2014年4月25日，公司召开第五届董事会第二十二次会议，审议通过了交易报告书及其他相关议案；2014年6月5日，公司召开2014年第一次临时股东大会，审议通过了本次重组的相关议案，同时股东大会同意了蓝光集团、杨铿免于以要约方式收购迪康药业的股份①。2014年6月17日，中国证监会正式受理其申报材料；2015年2月11日，本次重大资产重组事项获得中国证监会上市公司并购重组审核委员会有条件审核通过；3月16日，核准该交易；3月26日，完成重组标的资产的过户手续，蓝光和骏成为重组后上市公司的全资子公司；3月30日，在中国证券登记结算有限责任公司上海分公司办理完毕发行股份购买资产的股份登记手续；4月13日，公司名称由四川迪康科技药业股份有限公司工商更名为四川蓝光发展股份有限公司；4月16日，公司股票证券简称由"迪康药业"变更为"蓝光发展"，本次重组完美收官。

4. 交易方式

本次交易是由上市公司通过向非上市公司股东定向发行股份换

---

① 要约收购是指收购人通过向目标公司的股东发出购买其所持该公司股份的书面意见表示，并按照依法公告的收购要约中所规定的收购条件、价格、期限以及其他规定事项，收购目标公司股份的收购方式。投资者自愿选择以要约方式收购上市公司股份的，可以向被收购公司所有股东发出收购其所持有的全部股份的要约（简称全面要约收购），也可以向被收购公司所有股东发出收购其所持有的部分股份的要约（简称部分要约）。通过证券交易所的证券交易，收购人持有一个上市公司的股份达到该公司已发行股份的30%时，继续增持股份的，应当采取要约方式进行，发出全面要约或者部分要约，应按照《证券法》和《收购管理办法》的有关规定实施。

取其持有的非上市公司 100% 股权,属于换股控股合并,即被合并方成为合并后主体的全资子公司,同时原上市公司业务保留。该交易中依据标的资产基于账面价值法的评估价值 670 143.18 万元确定交易价格,与标的资产母公司报表的净资产账面价值相比,评估增值 332 228.82 万元,增值率为 98.32%,与标的资产合并报表的归属于母公司股东的净资产账面价值相比,评估增值 264 148.62 万元,增值率为 65.06%。依据上市公司审议本次交易预案的第五届董事会第十八次会议决议公告日为基准日(2013 年 11 月 15 日),前 20 个交易日股票交易均价确定的本次股票发行价为 4.66 元/股,因此,向蓝光集团发行 1 083 037 288 股股份,向平安创新资本发行 236 395 971 股股份,向杨铿发行 118 642 234 股股份,交易前后上市公司股权变动情况见表 3-5。最终实现将非上市公司蓝光和骏的地产业务全部并入上市公司,并由此变更主营业务。本次重组前后的股权变动显示,蓝光集团均为上市公司的控股股东,本次交易构成关联交易。蓝光集团于 2008 年 6 月 19 日通过竞拍方式取得迪康药业的控制权,支付对价 32 241 万元,取得 5 251 万股,持股比例为 29.9%,股权过户手续于 10 月 6 日完成;在 2011 年 4 月 11 日,迪康药业以资本公积金每 10 股转增 15 股,转增后公司总股本为 43 901 万股,全部为流通 A 股,至本次重大资产重组前,蓝光集团持有迪康药业 6 135 万股,占公司总股本的 13.97%,仍为其控股股东。根据 Wind 数据库统计分析,从 2011 年 3 月开始,蓝光集团开始对迪康药业集中减持,粗略估计,蓝光集团从减持中获利约 5 亿元。

表 3 – 5　　本次交易前后上市公司股权结构变化情况

股东名称	本次交易前		本次交易后	
	数量（万股）	比例（%）	数量（万股）	比例（%）
蓝光集团	6 135.06	13.97	114 438.79	60.97
平安创新资本	—	—	23 639.60	12.59
杨铿	—	—	11 864.22	6.32
A 股社会公众股东	37 765.53	86.03	37 765.53	20.12
总股本	43 900.59	100.00	187 708.14	100.00

资料来源：Wind 数据库。

如果交易双方不具有相同的最终控制方，由于购买股权规模远大于上市公司资产规模，即使仅占被合并方资产总额的 15.9% 的交易价格 670 143.18 万元，也超过发行证券方的资产、净资产规模的 10 余倍，交易完成后的被购买方原股东取得的合并后主体股权比例会超过 50%，进而取得其控制权。就本案例而言，如果之前蓝光集团 13.97% 的持股未使其具有控制权的话，重组后的 60.97% 持股比例足以获取上市公司的控制权，由此必然会导致交易前后控制权的变更。当然这仅是假设情况，而事实是，由于迪康药业股权较为分散，交易之前，蓝光集团仅持有其 13.97% 的股权就已是控股股东，本次交易仅是进一步增加其股权，并没有改变上市公司的控制权，很好的规避了借壳认定中的"控制权"变更的前置标准。

3.1.2　借壳上市与控股合并之争

1. 重大资产重组是否构成借壳的认定

重大资产重组是指上市公司及其控股或者控制的公司在日常经

营活动之外购买、出售资产或者通过其他方式进行资产交易达到规定的比例，导致上市公司的主营业务、资产、收入发生重大变化的资产交易行为。根据《上市公司重大资产重组管理办法》（2016）（以下简称《重组管理办法》）的规定，当上市公司购买、出售的资产总额、营业收入等任一指标到达50%即可，而资产净额还需满足超过5 000万元人民币。相关指标选取时以标的公司资产总额、净资产额与本次重组交易金额较高的为准，因此本次重组选取资产总额作为计算依据。本次交易拟购买标的资产的交易金额占公司最近一个会计年度（2013年度）经审计的合并财务会计报告期末资产总额、净资产额的比例均达到50%以上，且标的公司在最近一个会计年度（2013年度）所产生的营业收入占公司同期经审计的合并财务会计报告营业收入的比例达到50%以上，重大资产重组认定中涉及的具体财务指标计算见表3-6。满足三条标准之一就构成重大资产重组，本次交易规模远超三条标准规定比例，因此，构成重大资产重组。

表3-6　本次交易是否为重大资产重组相关财务指标计算

项目	迪康药业（万元）	蓝光和骏（万元）	交易金额（万元）	选取指标（万元）	财务指标占比（%）
2013年末资产总额	66 705.00	4 214 286.84	670 143.18	4 214 286.84	6 317.80
2013年末净资产额	58 568.94	441 287.63		4 214 286.84	7 195.43
2013年度营业收入	37 692.22	906 168.34			2 404.13

资料来源：Wind数据库。

第3章 "类借壳"上市模式之保持控制权不变研究

对于本次交易的认定，交易报告书与2015年半年度报告就关联交易、重大资产重组认定上保持一致，而在是否属于借壳上市问题上存在严重分歧：交易报告书按借壳上市向证监会申报；而半年度财务报告则认定为同一控制下的控股合并，并以此为基础编制财务报告，这让人困惑，狭义的借壳上市发生在非同一控制下的企业合并中，同一控制下的企业合并，是否应按借壳上市监管，对此困惑下文从证监会监管与会计处理方法两个方面展开讨论。

2. 借壳上市

以现行借壳认定的规模为依据①，蓝光集团2008年10月取得合并方控制权，本次拟购买标的2013年12月31日的资产总额（模拟合并口径）为4 214 286.84万元，为上市公司2013年末资产总额66 705.00万元的63倍多，远超过规模标准的100%界限。因此，在其向证监会递交的几稿《发行股份购买资产并募集配套资金暨关联交易报告书》中，公司一直按借壳上市申报。如果按照这一认定结果，其会计处理应依据财政部会计司2009年《关于非上市公司购买上市公司股权实现间接上市会计处理的复函》，构成业务的情况进行，按照属于构成业务的借壳上市，应确认相关的商誉或营业外收入。

---

① 2014年10月修订后的《重组办法》首次对借壳上市进行了明确界定，即：自控制权发生变更之日起，上市公司向收购人购买的资产总额占上市公司最近一个会计年度经审计的合并财务会计报告期末资产总额的比例达到100%以上的交易行为。2016年重组上市的新规在原有"资产总额"的条件之外又新增了营业收入、净利润、资产净额和新增发新股四项指标，只要满足其中任何一个指标大于100%即可。再加上近年来流行的跨界并购，重组上市新规还增加了"上市公司向收购人及其关联人购买资产可能导致上市公司主营业务发生根本变化"这一定向标准，这些标准扩大了监管层认定借壳的范围。同时，新规还规定了累计期限，"上市公司自控制权发生变更之日起60个月内实施达到上述指标100%以上的重大资产重组行为，即构成借壳，超过60个月，即使达到购买资产规模的判断指标，也仅按一般重大资产重组处理，不再认定为借壳上市"。

3. 同一控制下的控股合并

合并前后是否有相同的最终控制方是认定是否属于同一控制下企业合并的关键，下面结合本案例分析交易双方的股权关系。在合并之前，蓝光集团于 2008 年 10 月以竞拍方式取得合并方 29.09% 的股份，成为控股股东，后来其股份虽然经过转赠与减持，但是截至本次交易前，仍持有合并方 13.97% 的股份，由于股权分散，蓝光集团对其的控股地位未变；就被合并方股权结构来看，杨铿直接持有 8.25%，通过蓝光集团间接持有 75.31%，合计持有被合并方 83.56%，蓝光集团亦是其控股股东。由此可见，本次重大资产重组前后，蓝光集团对上市公司的控制权并未发生变更，并且持股比例由交易前 13.97% 的相对控股，上升为 60.97% 而绝对控股，并且杨铿持有蓝光集团 95.04% 的股份，是该集团的最终控制人。据此，迪康药业 2015 年半年度报告，依据合并方与被合并方同受最终控制方杨铿控制，将本次交易认定为同一控制下企业合并，并且被合并方成为重组后主体的全资子公司，因此，从交易实质来看属于控股合并，而不属于借壳上市的范畴。

从不同角度来看，就本次交易的两种认定结果都有道理。会计处理上依据交易双方同受相同控制方控制而按同一控制下企业合并的权益结合法编制财务报告；向证监会申报文件则依据则回避控制权变更，仅从购买资产规模标准认定为借壳上市，依据不够充分。其实，在 2016 版重组上市新规出台之前，没有明确控制权变更时间限制的情况下，完全可以按"首次累计"标准明确是自控制权变更以来，购买资产规模符合借壳标准，这样更令人信服。然而，根据 2016 年修订后的重组新规"上市公司自控制权发生变更之日起 60

个月内"实施达到上述指标100%以上的重大资产重组行为，即构成借壳，超过60个月，即使达到购买资产规模的判断指标，亦不构成借壳，则该案例就不构成借壳。当然这只是假设，不能追溯。建议在其财务报告中明确为本交易是不构成反向购买的借壳上市，这样依据《关于非上市公司购买上市公司股权实现间接上市会计处理的复函》第一条，按权益结合法进行合并报表编制依据更充分。

3.1.3 案例承认构成借壳的原因讨论

在对构成借壳与不构成借壳实施分道制的背景下，更多的案例倾向于回避借壳，而本案例在保持"壳"公司控制权不变的前提下，主动承认借壳，本书认为除其披露的注入资产规模原因外，可能还有以下原因：（1）迎合监管部门的"严"要求，自2010年4月"国十条"实施以来，证监会对地产公司的融资政策日益收紧，而本次交易拟购买的房地产业务属于严格监管范畴，为顺利通过证监会审核，主动承认借壳上市；（2）借鉴中国香港特别行政区做法，对于借壳上市审核标准与IPO由趋同到等同，在大多数想回避借壳申报的条件下，本次交易按借壳上市申报表明其自身符合IPO条件，显示注入的是优质资产；（3）交易完成后的系列变更与借壳上市相同，包括变更公司住所、公司经营范围、公司章程等、更名为四川蓝光发展股份有限公司，股票证券简称亦由"迪康药业"变更为"蓝光发展"。特别值得的一提的是，经营范围变更后，合并方制药相关的业务被被合并方的房地产开发与经营替代，随之改聘信永中和会计师事务所，该所对注入的地产行业有较丰富的审计工作经验；改选后的9名董事会成员有6名非独立董事全部来自被合并方原股东单位，除1名来自深圳市平安创新资本投资有限公司外，其他5名均是被合并方的前任高管。其他信息渠道获悉，其实早在2008年蓝光集团取得迪康药业控制权后，就谋求以蓝光和骏来实现间接上市，但由于当时国家对房企借壳政策的收紧，其借壳之路暂时中断，7年后的本次交易终如愿，这与其以房地产与生物医药和现代服务业为核心主业形成的"1+2"的混搭模式密不可分。

3.1.4 对"类借壳"上市监管审核与会计处理的分道制的尝试

本案例中"类借壳"的分道制处理，为同类交易提供启示：涉嫌借壳上市的重大资产重组为顺利通过证监会审核，在申报文件中，严格按照借壳上市标准申报，而在会计处理方法上依据交易实质按同一控制下的企业合并处理，即采用权益结合法，避免了购买法下的后期净利润抵减以及反向购买法下商誉、无形资产大幅减值风险[①]。

1. 完善借壳上市认定标准

从监管角度看，为防止借壳滥用，应制定严格的认定标准。现行规则对借壳上市认定包括两个要件：控制权变更标与标的资产总额。控制权变更在"蛇吞象"式重组中，如被收购资产股东众多、关联性不强，彼此不构成一致行动人关系，重组就可能不构成控制权变更而不被认定为借壳上市。为此，根据实质重于形式原则，淡

---

① 赵彦锋，赵明月. 借壳上市的会计方法选择——以大地传媒为例 [J]. 郑州航空工业管理学院学报，2013（4）：75-79.

化控制权变更在借壳上市认定中的分量,主要考虑注入资产规模,重组后商业模式的重大变化等对重组后主体回报的影响情况;对于标的资产规模,建议与《重组管理办法》对重大资产重组认定的相关指标一致,除资产总额指标外,另增加营业收入、资产净额,比例仍以相关指标占上市公司控制权发生变更的前一个会计年度经审计的合并财务会计报告对应数据100%以上,并实施"三选一"①。同时以概括式条款来兜底,明确"凡是意图将购买的资产上市并回避上市规则"的重大重组按借壳上市条件申报。

就控制权变更与注入资产的顺序而言,一般认为借壳的顺序先有控制权变更,后有资产注入,或者是同时。操作中如果先注入资产,再取得控制权,是否属于借壳,例如,重组时收购人暂时屈居第二大股东,保持控制权不变,满足借壳认定的其他条件,而后续通过原大股东减持或者定向增发导致收购人自动升级为控股股东,该情况提出了如下问题:控制权变更是否是认定借壳上市的必要条件,这是后续借壳认定标准中需进一步考虑的问题,这方面建议借鉴香港做法,不是二者必备,而是二选一,为此,需要重新定义借壳上市。

2. 依据重大资产交易的实质选择会计处理方法

财务会计的目标是反映交易实质。我国现行准则对企业合并会计处理的"二元制"满足了两类不同性质交易的需要②。按照证监

---

① 该案例在2016年《上市公司重大资产重组管理办法》修订之前,所以还是之前的标准。

② 李梦羽等(2020)在其《企业合并会计处理存在的问题与改进》一文中指出,从经济实质来看企业合并可以分为购买性质企业合并和股权联合性质企业合并。股权联合性质的合并应当采用权益结合法进行会计处理,而股权联合性质企业合并的核心是共同控制,除此之外的企业合并均视为购买性质企业合并并按照购买法进行会计处理。

会有关文件认定的借壳上市，如果实质上属于同一控制下的企业合并，企业就无需按反向购买进行会计处理，而应按权益结合法编制合并财务报表，这样的话，一方面简化了合并报表编制程序，无须考虑合并日被合并方资产、负债公允价值与账面价值的差异并据此进行后续调整，而直接依据账面价值进行合并；另一方面，在被合并方构成业务时，也不会因合并成本大于被合并方可辨认净资产而确认巨额商誉，而为后续业绩埋下隐患。"类借壳"的分道处理带来的结果是：由于被合并方规模远大于合并方，业务相差甚远，母公司个别报表项目、金额与合并报表会产生较大差异，这是我们进行财务报表分析时应注意的问题。

然而从另一方面来看，我国对上市公司基本上是"金字塔"型控股的现状，意味着处于股权链条中间层的上市公司与控股股东控制的其他主体之间地位一样，如果上市公司以股份支付手段从母公司手中购买其持有的其他主体控制权，这种"类借壳"交易，从形式上看属于同一控制下的控股合并。进一步分析发现，将其认定为关联交易没有问题，需要进一步讨论的是：如果如申报文件所述，交易价格是公允的，那么在投资者看来，对处于股权结构中间层的上市公司来说，无论从母公司还是非关联股东取得控制权，不存在实质差异，从而，这类重组在会计上是否也应按借壳上市进行会计处理需进一步讨论。

3.1.5 "类借壳"上市后的业绩与存在的问题

2015年蓝光发展通过借壳迪康药业完成A股上市，其子公司嘉宝股份在 H 股上市，蓝光发展将实现"A+H 股"上市。目前蓝光的发展业务主要是"人居蓝光"和"生命蓝光"两大板块。其中"人居蓝光"以房地产开发和物业管理为主，而"生命蓝光"则专注于医药和 3D 生物产业的发展。

1. 融资渠道多元化：稳是核心

蓝光发展在 2015 年借壳上市后发展迅速，其中销售额从 2015 年的 184 亿元上涨到 2018 年的 1 041 亿元，相比于借壳上市之前的业绩有了大幅度的提升，3 年地产销售翻了 4.66 倍，年均复合增长率高达 67%。虽然蓝光发展地产销售以 1 041 亿元位列 2018 年全行业 27 位（按权益金额排 22 位），但其却在负债上排列第 41 位，远远低于万科、绿地、阳光城等知名房地产企业。在 2019 年的前 10 个月蓝光发展也以 720 亿元的地产销售位列行业销售第 23 名。相比之下，蓝光发展用更加稳健的脚步努力实现"四川房企"的千亿元之路，继续着其多元化的转型之路。在 2018 年底，克而瑞发布的《2018 年中国房地产企业销售 TOP200 排行榜》中，蓝光发展首次冲进千亿房企俱乐部，名列第 27 名，成为地产界的一匹黑马。我们可以发现，蓝光发展在业绩狂飙的同时，负债率却保持平稳，2015~2018 年的资产负债率分别为 80%、81%、80% 和 82%，具体财务指标如表 3-7 所示。

表 3-7　　蓝光发展 2014~2018 年主要财务数据　　单位：百万元

分类	2014 年	2015 年	2016 年	2017 年	2018 年
营业收入	399	17 598	21 329	24 553	30 821
净利润	13	954	590	1 251	2 496

续表

分类	2014 年	2015 年	2016 年	2017 年	2018 年
资产总额	744	56 244	73 365	95 240	150 881
负债总额	146	44 893	59 355	76 194	123 788
所有者权益	598	11 351	14 010	19 046	27 093

资料来源：Wind 数据库。

蓝光发展稳定的负债率并不仅仅源于业绩的增长，还源于企业重视现金流管理，严格控制并降低财务杠杆。2018 年，蓝光发展融资多元化，永续中票、短期融资券、购房尾款 ABN、购房尾款 ABS、私募债、美元债均有涉及，2018 年期末融资总额上升到 570 亿元。蓝光发展部分项目引入少数股东后，由于地产项目的结转周期一般需要 2～3 年，受在建设期间内期间费用的影响，在当期财报中都体现出亏损。在蓝光发展上市后，随着土地市场投资模式的变化，逐步加大了合作方的引入，从而在年报中少数股东损益与少数股东权益的增加，也会显示一定的滞后性。少数股东权益也因此而大涨，这既增厚了公司净资产，也在一定程度上有效降低了公司的净负债率。2018 年蓝光发展整体平均融资成本为 7.5%。从财务杠杆的角度看，2018 年，蓝光发展采取了相对积极而不冒进的拿地策略，拿地金额约 284 亿元，净资产负债率虽有上升但仍控制在较为合理的区间。这种整体安排，进可继续加杠杆拿地扩区，退也有足够的货币资金，能够帮助公司进一步修复负债规模及结构。截至 2018 年底，蓝光发展共持有货币资金 251.9 亿元，较 2017 年同比增长 97%。从现金短期债务比来看，从 2016 年超过 1 倍以来始终维持稳步上升的态势，2018 年达到 1.7 倍，整体的负债情况较为健康。

2. 旗下子公司为母公司助力

（1）重庆中泓收购重庆华景域。

在2019年的9月24日晚间，蓝光发展发布公告表示，旗下全资子公司重庆中泓17.8亿元收购重庆华景域100%的股权，收购完成过后将获得重庆华景域目标地块的全部开发建设权。这也意味着作为四川的地产一哥，蓝光发展再次扩张。但是蓝光发展的这起收购最大的亮点还是被收购公司。据公告显示，此次收购的重庆华景域在2018年的营业收入为0，且亏损4 310万元，而且净资产仅为3 808万元。但是蓝光发展子公司此次收购重庆华景域100%股权的对价是17.8亿元，其中包括6.7亿元的股权转让款，并承担11.09亿元的债务。重庆华景域的重点财务数据如下表3-8所示。

表3-8　　　　　　重庆华景域主要财务数据　　　　单位：万元

财务数据	2018年12月3日	2019年8月31日
资产总额	353 713.54	392 802.75
负债总额	349 905.39	397 305.24
净资产	3 808.15	-4 502.49
财务数据	2018年1~12月	2019年1~8月
营业收入	0	0
净利润	-4 310.81	-4 375.58

资料来源：Wind数据库。

蓝光发展之所以耗资17.8亿元却收购一家收入为0的公司，其更看重的是重庆华景域的地产开发项目。公告显示，重庆华景域在2017年获得了重庆市两江新区约为309亩地的使用权，并且已经获得了不动产权登记证，面积合约43.5万平方米。蓝光发展的这一举动，扩展了其主营业务，有了这些地蓝光发展更是坐稳了重庆地产一哥的地位。

（2）嘉宝股份港股上市。

蓝光发展除了致力于扩展主营业务外，其在资本市场也是动作频频。在2019年3月，蓝光发展旗下的物业公司——嘉宝股份申请今年3月，蓝光发展旗下的物业公司——嘉宝股份申请港股上市，被证监会核准。一旦嘉宝股份港交所上市成功，意味着内地房企旗下的物业管理企业港股"军团"再添一员。

其实在申请港股上市之前，嘉宝股份就曾于2015年挂牌新三板，彼时新三板门槛较低，物业公司挂牌新三板更是当时的"盛事"。挂牌当年，嘉宝股份累计融资1.2亿元，次年再次融资3910万元。手里有了钱，嘉宝股份立刻开始买买买。招股书显示，从2016～2018年，嘉宝股份的收购次数达7次，累计花费资金约3亿元，其中包括：2016年，以1.04亿元收购国嘉物业；2017年，以6000万元收购杭州绿宇76%的股权；2018年，以5200万元收购成都东景65%的股权。一方面通过频繁的收购，扩大了资本版图；另一方面，融资收购又增加了营收压力。数据显示，不论毛利率还是净利润，从2017～2018年，嘉宝股份均呈下降趋势。嘉宝股份在财报中解释，这是因为所收购公司的毛利率以及平均物业管理费降低导致的。不过在频繁收购后，营收不利，负债问题又接踵而至。财报显示，2017年，嘉宝股份的资产负债率是58.6%，到2018年已经上升至63%。最终2018年7月26日，嘉宝股份从新三板摘牌。对于嘉宝股份的摘牌，有相关人士分析，融资能力是重要原因，新三板对于公司融资的限制相对较大，企业没办法短时间快速融资。

相比之下，港股上市的优势明显，不仅估值高，而且融资相对容易。嘉宝股份在从新三板摘牌后，仅过去4个多月的时间，就马不停蹄地"备战"港股，提前进行了调整经营范围、更名等一系列动作。在2019年10月18日，蓝光发展发布公告表示本次嘉宝股份共发行4 291.62万股，发行完成后嘉宝股份总股本增加至17 166.466万股，公司间接持有嘉宝股份11 584.02万股，占嘉宝股份发行完成后总股本的67.48%。嘉宝股份的港股上市为蓝光发展构筑起"A+H股"双资本平台，提供了更多的融资渠道。

（3）迪康药业欲港股上市。

2019年5月，蓝光发展旗下的另一家公司——迪康药业，也宣布闯港股。在2019年，蓝光发展发布公告称公司所属控股子公司成都迪康药业股份有限公司拟发行境外上市外资股（H股）股票并申请在香港联交所主板挂牌上市。但是截至目前，公司尚未向中国证监会及香港联交所提交申请材料。公司表示，根据目前的资本市场环境，经公司研究，现根据股东大会的授权，董事会决定终止迪康药业境外上市。

同时，2019年4月份，蓝光发展及蓝光集团分别从嘉兴城贞处受让了上海润棉50.18%和8%的股权，由此取得了"虹桥世界中心"578号办公楼资产的控制权。9月20日，启用上海总部，形成"上海+成都"双总部发展格局，商业版图进一步扩大。

3. 蓝光发展存在的问题

蓝光发展在2015年完成借壳上市之后，业绩有了巨大的提升，但是依旧存在以下几个问题：首先是其过千亿元的高负债，其次是其在借壳上市初期就存在的土地储备问题，这些问题依旧影响着蓝光发展的发展。

（1）过千亿元的高负债。

由上面数据我们知道 2018 年蓝光发展的财务数据整体是健康的，营业收入 308.21 亿元，同比增长 25.53%，归属于母公司的净利润达到了 22.24 亿元，同比增加 62.91%，业绩"飘红"。对于蓝光的快速发展，其中一个动力就是高负债。因为是借壳上市，所以蓝光发展陷入一种恶性循环——通过负债进行融资。从 2015 年上市之后，据不完全统计，蓝光发展通过上市平台累积直接融资逾 200 多亿元，间接融资逾 300 多亿元。其中负债率更是从 2015 年的 109.16% 飙升至 2017 年的 154.47%。而 2018 年年报显示，蓝光发展的账面货币资金是 251.87 亿元，短期借款达 83.22 亿元，长期借款 224.48 亿元，应付债券 160.82 亿元，资产负债率 82.04%。同期负债总计 1 237 亿元。到 2019 年上半年，资产负债率略有下降，为 81.31%，但是总负债依旧增加为 1 427 亿元。虽然地产公司负债高是行业常态，但是蓝光发展 182 亿元的市值（9 月 26 日数据）却有上千亿元的负债，不得不说，这是笼罩在蓝光发展头上的阴影。负债增加背后，蓝光发展的融资成本在增加，2018 年年报显示，其平均融资成本为 7.54%，相比 2017 年的 7.19% 也在上升。

（2）土地储备问题。

年报数据显示蓝光发展在借壳上市初期就存在土地储备问题，如今依旧是蓝光的困扰。2018 年蓝光发展的土地储备面积为 1 455 万平方米，而其 2019 年自有房地产项目计划开工面积是 1 800 万平方米，超过了现有土地储备面积。

蓝光发展 2019 年基于"更懂生活更懂你"的品牌主张以及"善筑中国温度"的产品主张，业绩表现优异，在规模稳步增长的同时，实现了利润的大幅提升。2019 年房地产业务实现销售面积 1 095.30 万平方米，同比增幅 36.63%；实现销售金额 1 015.37 亿元，迈入"千亿俱乐部"，同比增幅 18.70%。2020 年 3 月 17 日，蓝光发展位列"2020 中国房地产百强企业"第 21 位；2020 年 5 月 13 日，蓝光发展名列 2020 福布斯全球企业 2 000 强榜第 1 567 位。2020 年 12 月 18 日公告，30 岁的蓝光发展迎来 25 岁的副总裁、首席运营官杨武正[①]，分管投资与经营体系。

3.2 百润股份控股合并巴克斯酒业案例[②]

自 2014 年 7 月开始筹划重大资产重组，9 月 10 日签署《发行股份购买资产协议》，最终经过内部决策程序及中国证监会核准，于 2015 年 6 月，百润股份通过发行股份实现对巴克斯酒业 100% 的控股合并。由于该交易属于同一控制下的企业合并，基于未来收益法的评估价值为基础的交易价格颇受质疑，并且，之前的贱价剥离与本次的高溢价赎回形成强烈对比。不过，近期标的公司业绩的迅猛增长为交易提供了合理解释。本案例提示具有"类借壳"性质的

---

① 杨武正是蓝光投资控股集团董事局主席、蓝光发展董事长杨铿的二儿子，持有美国德雷塞尔大学金融本科学历和英国华威大学金融硕士学历，2020 年 5 月份被正式任命为蓝光发展董事。
② 案例中的相关资料、数据来自 Wind 数据库。

同一控制下企业合并中的以下问题值得深思：企业并购及股权转让中如何合理使用评估价值，评估价值与交易价格之间差额如何处理，同一控制下的企业合并是否存在利益输送现象。

3.2.1 双方简介与交易背景

1. 双方简介

（1）百润股份。

上海百润香精香料股份有限公司（以下简称"百润股份"）是由刘晓东等17名自然人作为发起人，以上海百润香精香料有限公司截至2008年9月30日经审计的净资产60 823 170.01元作为出资（其中60 000 000.00元折为股本，823 170.01元作为资本公积）整体变更设立的股份有限公司，而上海百润香精香料有限公司于1997年6月19日设立。经中国证监会《关于核准上海百润香精香料股份有限公司首次公开发行股票的批复》核准，2011年3月7日，百润股份公开发行2 000万股人民币普通股。经深交所《关于上海百润香精香料股份有限公司人民币普通股股票上市的通知》同意，2011年3月25日，百润股份发行的人民币普通股股票在深交所中小企业板上市，股票简称"百润股份"，股票代码"002568"，股本总额8 000万股，成为我国香精香料行业的第一家国内上市公司。百润股份主要从事食用香精和烟用香精产品的研究、开发、生产与销售业务。百润股份产品的应用领域包括饮料、乳品、冰品糖果、烘焙食品、咸味产品及烟草制品。

2012年8月21日，百润股份2012年第一次临时股东大会审议通过2012年半年度权益分派方案：以百润股份总股本8 000万股为基数，向全体股东每10股派6.00元人民币现金（含税）；同时，以资本公积金向全体股东每10股转增10股股票。2012年9月27日，2012年半年度权益分派方案实施完毕时公司总股本由8 000万股增至16 000万股。百润股份最近三年控股权未发生变动、未进行重大资产重组、从事的主营业务未发生变化。

（2）巴克斯酒业。

上海巴克斯酒业有限公司（以下简称"巴克斯酒业"）成立于2003年12月，主要经营酒类（凭证经营）食品销售（涉及行政许可经营的凭许可证经营），公司注册资本500万元。巴克斯酒业共四家全资子公司：上海锐澳酒业有限公司（有一家分公司）（成立于2005年7月12日）、上海巴克斯酒业营销有限公司（成立于2013年1月8日）、巴克斯酒业（天津）有限公司（2014年4月3日设立）、上海锐澳酒业营销有限公司（2014年7月18日设立）。巴克斯酒业自成立伊始，专注于预调鸡尾酒（外文名：ready-to-drink，RTD）的开发、生产及市场开拓，预调鸡尾酒是一种低酒精度的果汁混合饮料酒，多以朗姆、伏特加、威士忌、白兰地等洋酒做基酒，加上橙、柠檬、苹果等果汁调配而成。如今旗下锐澳（RIO）预调鸡尾酒产品业已覆盖全国市场，并且成为预调鸡尾酒市场的领导品牌。

预调鸡尾酒行业是配制酒中的细分行业，行业起步较晚，经以上海巴克斯酒业有限公司为代表的众多企业多年的引导和培育，行业已步入快速成长阶段。上海巴克斯酒业有限公司是中国较早进入预调鸡尾酒行业的企业之一，组建包括中、澳等国的预调鸡尾酒研发专家团队开发产品原始配方，经过多年发展，在市场竞争中逐步形成了自身的核心竞争优势，其产品锐澳（RIO）已成为目前公司国内市场上前两大品牌之一。目前，上海巴克斯酒业有限公司已发展成为国内预调鸡尾酒产销量龙头企业之一，2013年营业收入较2012年同比增长216.75%，2014年1~6月营业收入较2013年1~6月同比增长524.38%。

2. 交易背景

（1）上市公司拟拓展新的业务领域，增强公司持续盈利能力。

百润股份作为国内香精香料行业的首个上市公司，自2011年上市以来，始终坚持大客户战略，不断加大研发创新和市场开拓的投入，进一步提升精细化管理和成本控制水平，生产经营稳步推进，公司主营业务呈现持续、健康的发展趋势。

近年来，由于国内产业增速放缓，上市公司下游的食品饮料等生产制造型企业进行产品结构调整，公司核心产品食品香精的销售受前述因素的影响，2013年度公司收入水平较之前年度有所下降。2012年度、2013年度和2014年度，公司的营业收入分别为16 421.32万元、12 845.12万元和15 718.40万元，净利润分别为7 698.76万元、4 187.58万元和5 700.46万元。通过制定合理的经营工作计划，在保持大客户战略优势的基础上，加强内部管理、努力控制成本、快速响应客户需求、积极开拓市场，2014年度公司盈利水平呈现了明显的恢复性增长。

根据立信出具的《百润股份盈利预测审核报告》，2014年度和2015年度上市公司预测净利润额分别为6 337.24万元和8 022.25万元；根据立信出具的《百润股份备考盈利预测审核报告》，2014

第3章 "类借壳"上市模式之保持控制权不变研究

年度和2015年度上市公司备考预测净利润额分别为28 503.31万元和46 329.92万元。如本次交易得以实施，上市公司的持续盈利能力将得到大幅提升。

为了进一步提高上市公司持续盈利能力和抗风险能力，保持健康持续发展，保护全体股东特别是中小股东的利益，百润股份拟通过本次重大资产重组，通过外延式发展的方式，置入盈利能力较强的标的公司，提升公司核心竞争力。

（2）标的公司所处预调鸡尾酒行业进入快速增长期。

预调鸡尾酒产品较早于20世纪90年代进入中国市场，伴随着不同年龄阶段的消费者在饮用酒类饮料方面的消费习惯逐步发生了变化，通过近20年的发展，目前该品类的产品逐步为我国一般的消费者所了解、熟悉和消费，市场规模逐步形成，知名的品牌也逐步建立起来。

自2011年以来，预调鸡尾酒市场进入快速增长期。2013年预调鸡尾酒销售量近1 000万箱，销售金额约为10亿元，占整个中国酿酒行业的0.12%；预调鸡尾酒市场预计将会持续高速增长，至2020年销售量预计可能达到1.5亿箱以上，销售金额预计可能达到百亿元级别，预调鸡尾酒有望成为酒类饮品的一个重要品类①。

预调鸡尾酒行业作为酒类市场的一个新的细分领域，已经引起了部分酒类上市公司的重视，同时出现一些厂家开始探讨以中国白酒作为基酒进行预调鸡尾酒生产的可能性，预调鸡尾酒行业具有良

---

① 行业数据来源：中国酒业协会《中国酒业研究报告2013》、上海市酿酒专业协会《其他酒业浅析》。

好的行业发展前景和市场拓展空间。

（3）标的公司行业地位突出，盈利能力强。

巴克斯酒业作为预调鸡尾酒行业的龙头企业，经过多年的市场开拓与发展，逐步在品牌、质量安全控制、营销等方面形成了自身的核心竞争力，这些竞争优势使得巴克斯酒业能够在快速发展的预调鸡尾酒市场中继续保持领先地位。巴克斯酒业生产的产品所使用的"RIO（锐澳）"商标作为获得全国消费者较高认知度的预调鸡尾酒品牌，很大程度上提升了巴克斯酒业的品牌形象和品牌影响力，有助于巴克斯酒业在预调鸡尾酒行业继续保持竞争优势和市场份额。

根据立信出具的《巴克斯酒业审计报告》，2013年度及2014年度，标的公司合并报表营业收入分别为18 626.94万元和98 217.91万元，净利润分别为2 021.15万元和22 987.56万元，表现出了高速增长的趋势和良好的盈利能力。

巴克斯酒业目前处于高速成长过程中，为实现巴克斯酒业规模化发展，保持在预调鸡尾酒行业中的领先地位，标的公司拟依托上市公司的平台，利用上市公司原来的超募资金扩大投资，解决产能限制问题，同时，借力资本市场、打通多层次融资渠道、扩大市场影响力，实现在预调鸡尾酒行业更大的发展。

（4）国家政策支持上市公司并购重组。

2010年8月，国务院印发《国务院关于促进企业兼并重组的意见》，提出支持企业利用资本市场开展兼并重组，促进行业整合和产业升级。支持符合条件的企业通过发行股票、债券、可转换债等方式为兼并重组融资。鼓励上市公司以股权、现金及其他金融创新方式作为兼并重组的支付手段，拓宽兼并重组融资渠道，提高资本市场兼并重组效率。

2014年3月，国务院印发《关于进一步优化企业兼并重组市场环境的意见》，提出要发挥产业政策作用；提高节能、环保、质量、安全等标准，规范行业准入，形成倒逼机制，引导企业兼并重组；鼓励优强企业兼并重组；推动优势企业强强联合、实施战略性重组，带动中小企业"专精特新"发展，形成优强企业主导、大中小企业协调发展的产业格局。

3.2.2 合并交易过程与交易结果认定

1. 交易方式及发行股份的定价原则

本次交易方式属于上市公司向非上市公司股东（包括14名自然人及两个巴克斯酒业持股平台）发行股份购买资产，资产为巴克斯酒业的100%股权，本质上属于换股合并，由于被合并方是非上市公司，对其作价依据评估价值确定。

本次发行股份的定价基准日为百润股份第二届董事会第十五次会议决议公告日（2014年9月12日）。定价基准日之前20个交易日（2014年6月24日至2014年7月21日）上市公司的股票交易均价为17.47元/股，确定本次发行价格为17.47元/股。在定价基准日至本次发行期间，公司如有派息、送股、资本公积金转增股本等除权、除息事项，将按照中国证监会及深交所的相关规则对发行价格和数量进行相应调整。

2014年9月10日，百润股份2014年第一次临时股东大会审议通过了《关于公司 2014 年半年度利润分配的预案》,公司 2014 年半年度利润分配方案为:以公司现有总股本 160 000 000 股为基数,向全体股东每 10 股派 3.00 元人民币现金(含税)。截至 2014 年 9 月 24 日,上市公司 2014 年半年度利润分配方案已经实施完毕。根据上市公司 2014 年半年度利润分配方案实施情况,本次发行股份的价格调整为 17.17 元/股。

2. 交易过程

百润股份从 2014 年 7 月开始筹划该项重大资产重组事项,2014 年 9 月 10 日,公司第二届董事会第十五次会议审议通过了本次交易方案,签署《发行股份购买资产协议》。公司于 2014 年 9 月 12 日披露《上海百润香精香料股份有限公司发行股份购买资产暨关联交易报告书(草案)》;2014 年 9 月 29 日,公司 2014 年第二次临时股东大会审议通过了本次交易方案;2014 年 10 月 14 日,公司收到中国证监会《中国证监会行政许可申请受理通知书》;2015 年 4 月 12 日,公司第二届董事会第十八次会议审议通过了经调整后的本次交易方案,4 月 13 日,发布重大资产重组方案调整方案;2015 年 4 月 29 日,经中国证监会上市公司并购重组委员会 2015 年第 33 次工作会议审核,公司发行股份购买资产暨关联交易事项获得无条件通过;2015 年 5 月 25 日,上市公司收到中国证监会出具的《关于核准上海百润香精香料股份有限公司向刘晓东等发行股份购买资产的批复》,本次交易事宜获证监会核准。巴克斯酒业对本次发行股份购买资产过户事宜办理了工商变更登记手续,并取得了上海市工商行政管理局自由贸易试验区分局 2015 年 6 月 2 日核发的注册号为 310225000372076 的《营业执照》,公司类型为一人有限责任公司

（法人独资）。根据变更后工商登记信息，巴克斯酒业100%股权的过户手续已经完成，百润股份已持有巴克斯酒业100%的股权。2015年6月2日，立信对百润股份本次发行股份购买资产新增注册资本及实收资本进行了审验，出具了信会师报字［2015］第114314号《验资报告》。根据该验资报告，本次新增注册资本为人民币288 000 000元，变更后的注册资本为人民币448 000 000元。本次发行购买资产新增股份288 000 000股，已于2015年6月10日在中国证券登记结算有限责任公司深圳分公司办理完毕登记手续，6月16日，公司发布《百润股份：发行股份购买资产暨关联交易实施结果公告暨新增股份上市公告书》，并于2015年6月18日上市。

3. 交易结果认定

（1）本次交易构成重大资产重组。

本次交易中百润股份拟购买巴克斯酒业100%股权。根据立信出具的《巴克斯酒业审计报告》《百润股份审计报告》，本次交易的作价情况，以及《重组管理办法》认定是否为重大资产重组标准，相关财务比例计算如表3-9。

表3-9　本次交易是否为重大资产重组相关财务指标计算

项目	百润股份（万元）	巴克斯酒业（万元）	交易金额（万元）	选取指标（万元）	财务指标占比（%）
2014年末资产总额	66 774.87	64 912.19	494 496.00	494 496.00	740.54
2014年末净资产额	64 901.59	30 515.90	494 496.00	494 496.00	761.92

续表

项目	百润股份（万元）	巴克斯酒业（万元）	交易金额（万元）	选取指标（万元）	财务指标占比（%）
2014年度营业收入	15 718.40	98 217.91	—	98 217.91	624.86

资料来源：Wind 数据库。

表 3 - 8 中，根据《重组管理办法》的规定，相关指标选取时以标的公司资产总额、净资产额与本次重组交易金额较高的为准，因此本次重组选取了标的资产交易金额作为财务指标占比的计算依据。

本次交易拟购买标的资产的交易金额占公司最近一个会计年度（2014 年度）经审计的合并财务会计报告期末资产总额、净资产额的比例均达到 50% 以上，且标的公司在最近一个会计年度（2014 年度）所产生的营业收入占公司同期经审计的合并财务会计报告营业收入的比例达到 50% 以上，根据《重组管理办法》的相关规定，公司本次交易构成重大资产重组。

（2）本次交易是关联股东之间的同一控制下控股合并，不构成借壳上市。

自首次公开发行并上市以来，本公司控制权未发生变更；截至 2014 年 9 月 10 日《发行股份购买资产协议》签署时，公司控股股东和实际控制人刘晓东的持股比例为 38.80%；假设刘晓东持有上市公司的股份数自 2014 年 9 月 10 日至本次发行完成时不变化，则本次交易完成时，刘晓东的持股比例从 38.80% 上升至 47.63%，仍然是上市公司的最终控制人，由于上市公司控制权没有发生变更，因此本次重组不属于《重组管理办法》第十三条规定的借壳上市的情形。本次交易对上市公司前三大股东股权影响见表3-10。

表3-10　　本次交易对上市公司前三大股东股权影响情况

序号	交易对方	截至2015年3月31日		本次交易发行股份情况			本次发行完成	
		持有上市公司股份数量（股）	占上市公司股本比例（%）	持有标的资产比例（%）	交易价格（元）	本次发行股份数量（股）	持有上市公司股份数量（股）	占上市公司股本比例（%）
1	刘晓东	62 080 000	38.80	52.54	2 598 147 916.80	151 319 040	213 399 040	47.63
2	柳海彬	21 130 000	13.21	19.19	949 036 517.16	55 272 948	76 402 948	17.05
3	喻晓春	641 553	0.40	4.61	228 017 668.68	13 280 004	13 921 557	3.11
合计			52.41	76.34	3 775 202 102.64	219 871 992		67.79

资料来源：Wind数据库。

截至2014年9月10日《发行股份购买资产协议》签署时，本次重组交易对方之刘晓东持有百润股份38.80%的股份，为本公司的控股股东和实际控制人，本次交易构成关联交易。而刘晓东持有巴克斯酒业52.54%的股份是标的公司的控股股东和实际控制人，根据《企业会计准则第20号——企业合并》对合并分类的两分法，该交易双方具有相同的最终控制方而应认定为同一控制下的企业合并，并且，合并之后，巴克斯酒业成为一人有限责任公司（法人独资），保持其法人地位，成为上市公司的全资子公司，构成同一控制下的企业合并。

（3）交易完成后，公司仍符合上市条件。

截至本报告书出具日，本公司总股本16 000万股；本次重组拟发行28 800万股，交易完成后上市公司股本将增至44 800万股。

依据《上市规则》中关于社会公众的规定，社会公众股东指不包括下列股东的上市公司其他股东：（1）持有上市公司10%以上股份的股东及其一致行动人；（2）上市公司的董事、监事、高级管理人员及其关联人。截至本报告书出具日，经计算公司社会公众股数量不低于6 000万股。本次交易完成后，公司不会出现《上市规则》所规定的股权分布发生变化不再具备上市条件，即"公司股本总额超过四亿元的，社会公众持有的股份低于公司股份总数的10%"的情形。

3.2.3 交易中引发关注的焦点

1. 交易标的（巴克斯酒业）之前股权的频繁变动

巴克斯酒业于2003年12月由上海百润香精香料有限公司、自然人王朝晖、张其忠、谢霖共同出资500万元设立。其中上海百润香精香料有限公司出资300万元，占股权比例60%；王朝晖出资100万元，占股权比例20%；张其忠出资50万元，占股权比例10%；谢霖出资50万元，占股权比例10%。

自2006年10月到本次交易的评估基准日2014年6月30日，巴克斯酒业经历了多次股权变动，包括五次股权转让、四次增资。在股权转让中，2006年10月使巴克斯酒业成为百润有限公司的全资子公司；而2009年9月百润股份为剥离预调鸡尾酒业务，将其持有的巴克斯酒业100%股权以100元的价格分别转让给刘晓东、柳海彬等17位自然人，这为百润股份上市铺平道路；随后的两次转让在亲属之间进行，并且转让比例相对较小，就股权转让价款而言，第二次（0.00002 元/注册资本）、第三次（打包 1 元）转让中基本上是名义金额，其他三次是 1 元/注册资本，是大打折扣的价格，特别是在第二、第三次的大规模转让，具体转让情况见表 3-11 和表 3-12，这两次股权转让使刘晓东从间接持股而一跃成为巴克斯酒业的最大股东，持股比例达 63.06%，而成本仅为 56.74 元。巴克斯酒业在被百润股份脱手之后经历了 2009 年 9 月、2013 年 6 月、2013 年 12 月、2014 年 5 月 4 次增资，使其注册资本从 500 万元增加到 12 000 万元，接近百润股份的 16 000 万元，股东均以货币方式出资，并且前三次均按 1 元/注册资本价格增资，最后一次按 1.5 元/注册资本价格增资，这与 2013 年度的每股净利润为 0.20 元/注册资本计算，该次增资的市盈率约为 7.50 倍，与酒类行业上市公司新股发行中的市盈率相比，如在 2014 年 7 月 3 日上市的今世缘市盈率为 12.54 倍，是严重偏低的。

表 3-11　2009 年 6 月百润股份转让巴克斯酒业股权情况

序号	出让方	受让方	转让出资（元）	转让出资比例（%）	转让价（元）
1	百润股份	刘晓东	2 587 000.00	51.74	51.74
2	百润股份	柳海彬	1 213 500.00	24.27	24.27
3	百润股份	刘晓俊	411 500.00	8.23	8.23
4	百润股份	温浩	320 500.00	6.41	6.41
5	百润股份	张其忠	66 500.00	1.33	1.33
6	百润股份	周永生	53 500.00	1.07	1.07

续表

序号	出让方	受让方	转让出资（元）	转让出资比例（%）	转让价（元）
7	百润股份	孙晓峰	53 500.00	1.07	1.07
8	百润股份	郑小柏	43 500.00	0.87	0.87
9	百润股份	谢霖	40 000.00	0.80	0.80
10	百润股份	程显东	40 000.00	0.80	0.80
11	百润股份	曹磊	26 500.00	0.53	0.53
12	百润股份	林丽莺	26 500.00	0.53	0.53
13	百润股份	喻晓春	26 500.00	0.53	0.53
14	百润股份	黄冰	25 000.00	0.50	0.50
15	百润股份	万晓丽	22 000.00	0.44	0.44
16	百润股份	顾静	22 000.00	0.44	0.44
17	百润股份	汪晓红	22 000.00	0.44	0.44
	合计		5 000 000.00	100.00	100.00

资料来源：Wind 数据库。

表 3-12　2009 年 9 月巴克斯酒业股权内部转让情况

序号	出让方	受让方	转让出资额（元）	转让出资比例（%）	转让价款（元）
1	刘晓俊	刘晓东	322 487.00	6.45	1.00
2	刘晓俊	柳海彬	89 013.00	1.78	1.00
3	温浩	刘晓东	160 480.00	3.21	1.00
4	温浩	柳海彬	160 020.00	3.20	1.00
5	周永生	刘晓东	36 380.00	0.73	1.00
6	周永生	柳海彬	17 120.00	0.34	1.00
7	郑小柏	刘晓东	29 580.00	0.59	1.00

续表

序号	出让方	受让方	转让出资额（元）	转让出资比例（%）	转让价款（元）
8	郑小柏	柳海彬	13 920.00	0.28	1.00
9	黄冰	刘晓东	17 000.00	0.34	1.00
10	黄冰	柳海彬	8 000.00	0.16	1.00

资料来源：Wind 数据库。

2. 从"弃子"到"宠儿"

从上述巴克斯酒业股权变动来看，本次交易之前的转让与增资价格甚至远低于注册资本，特别是2009年6月，上海百润将巴克斯酒业100%股权，按100元人民币的名义金额转让给刘晓东兄弟、柳海彬等。为何当时会以"白菜价"进行转让？百润股份当初给出的理由为，"鉴于此次股权转让前巴克斯酒业财务状况及经营状况欠佳，已经资不抵债，2008年12月31日，经立信会计师事务所有限公司审计的巴克斯酒业净资产额为 –483.05万元。经股权转让双方协商确定此次股权转让价款合计为100.00元。"该价格与该次股权转让3个月后，股东按1元/注册资本增资1 500万元，表明新股东对公司的信心，形成鲜明对比。

对于百润股份的对本次股权转让价格的解释，业内则翻出公司旧账：2008~2009年，巴克斯酒业净利分别为22.9万元和104.10万元，令人质疑的是，与一贯从相关决策机构决议到实施速度高效率相比，如果本次转让依据截至2009年末，巴克斯酒业净资产的1 079.86万元，本次转让作价绝不应是100元，而是以2009年6月30日资不抵债状况为依据，让人觉得100元还是对转让方的捐赠。

并且,根据《发行股份购买资产事宜涉及的上海巴克斯酒业有限公司股东全部权益价值评估说明》,20世纪90年代中期国内预调鸡尾酒市场仍处于启蒙阶段,主要品牌是欧美品牌,消费场所为发达城市 KTV、酒吧和会所,价格较高;2000年前后,一些国外预调鸡尾酒产品进入中国,但市场发展仍然比较缓慢;2005年之后,行业开始育成一定规模,本土生产的预调鸡尾酒产品市场规模逐步超过了全进口的预调鸡尾酒品牌,2006年销量近100万箱;2005~2010年,国内预调鸡尾酒行业主要处于培育期,2011年后,行业孕育进入拐点期,开始快速增长。据此推断,在2009年6月百润股份甩卖巴克斯酒业时,后者处于业绩与行业的起飞阶段,这也是该次转让中受质疑的重点。

3. 交易标的评估与方法价值与交易价格调整

(1)交易标的评估方法与评估价值。

根据申威评估出具的《资产评估报告》,对巴克斯酒业100%股权价值分别采用了资产基础法和收益法进行了评估,两种方法评估结果相差450 899.05万元,如表3-13所示。

表3-13 两种评估方法评估结果差异

评估方法	2014年12月31日合并报表净资产额账面价值(万元)	评估值(万元)	增减额(万元)	增减率(%)
资产基础法	30 515.90	51 600.95	21 085.05	69.10
收益法	30 515.90	502 500.00	471 984.10	1 546.68

资料来源:Wind 数据库。

第3章 "类借壳"上市模式之保持控制权不变研究

经评估人员综合分析，本次评估选用收益法的评估结果。其理由是：收益法是在对企业未来收益预测的基础上计算评估价值的方法，该方法不仅考虑了各分项资产是否在企业中得到合理和充分利用，组合在一起时是否发挥了其应有的贡献等因素对企业股东全部权益价值的影响，也考虑了企业运营资质、行业竞争力、公司的管理水平、人力资源等资产基础法无法考虑的因素对企业股东全部权益价值的影响。根据被评估企业所处行业和经营特点，收益法评估结果更能比较全面地反映目前企业股东全部权益价值。

（2）评估价值与交易价格的调整。

在充分考虑2014年下半年及2015年一季度预调鸡尾酒行业发展与竞争情况的基础上，经交易双方协商，百润股份聘请上海申威资产评估有限公司仍以2014年6月30日为评估基准日对标的资产进行评估，并对标的资产的评估价值作出如表3-14所示的调整。

表3-14　　　　　评估价值与交易价格调整情况

项目	原金额	调整后金额	调整比例（%）
标的资产评估价值（万元）	566 500.00	502 500.00	-11.30
交易价格（万元）	556 308.01	494 496.00	-11.11
发行股份数量（股）	324 000 000	288 000 000	-11.11

资料来源：Wind数据库。

根据表3-13可知，三个项目的调整幅度均在20%以内，且对巴克斯酒业的生产经营不构成实质性影响。因此，本次重大资产重组方案的调整不构成《重组管理办法》第二十八条规定的对原重组方案的重大调整。

尽管如此，让人对巴克斯酒业在2015年一季度业绩"迅猛"增长的背景下调低评估价值与交易价格感到疑惑，营业收入7.75亿元，实现营业利润4.02亿元，实现净利润3.02亿元，净利润率达到39%，而巴克斯酒业在此次重组中承诺，2015年预计将实现净利润3.83亿元，这意味着仅仅是今年一季度其净利润指标就已经完成79%。

本次交易的交易价格是以标的资产的资产评估结果为依据，经交易各方协商确定。其中交易价格略低于评估价值8 004万元，表明上市公司几乎接受评估价值，而对于同一控制下的企业合并的本案例而言，在发行股份价格一定（定价基准日之前20个交易日均价及随后分红派息调整）的情况下，交易价格决定了向被合并方股东发行股份的数量，发行股份数量既影响股权变化，在购买交易完成后股价变动又直接影响被购买方原股东财富。在对上市公司购买资产高成长预期下，股价大幅上涨是必然，按照"2014年7月22日，上证指数大涨1%，是本轮牛市的启动位置"的观点，本次交易启动于牛市开始，股份价格偏低，导致发行股份数量较多。从股价走势来看，本次交易完成前夕的2015年5月22日达到182元的高点，在新发行股份上市交易的6月18日，143.3元收盘，相比交易定价基础的每股17.17元，上涨7.35倍，据此可认为被合并方的市值为412.7亿元，从这个方面来判断，以评估价值为基础的交易价格49.45亿元，对上市公司而言是划算的。

4. 本次合并交易中的会计处理

根据《企业合并会计准则第20号——企业合并》，同一控制下控股合并会计处理方法有两个重要特点：一是被合并方资产、负债按合并日的账面价值入账，支付对价与取得被合并方净资产账面价值差额调整权益（按资本公积、留存收益的顺序调整）；二是只要标的企业在期初之前就在最终控制方控制之下，被合并方合并日之前、之后的收入、费用都并入合并期间的合并报表。

（1）合并成本的确定。

发行权益性证券实现企业合并的，以发行权益性证券的面值确定，因此本次发行2.88亿股，面值1元的股份作为合并对价，所以合并成本为2.88亿元。另外，本次股份发行中，股票发行费用为 -10 042 461.06元，直接从溢价发行中扣除（虽然本次发行目的是购买资产，没有收到现金），之所以认定为溢价发行，是因为其按定价的17.17元/股计算合并价格。

（2）母公司控股合并取得子公司长期股权投资入账价值。

对于同一控制下的企业合并，母公司在个别报表中对子公司的长期股权投资入账价值按合并日被合并方所有者权益的账面价值入账。本案例中，在2014年12月31日，巴克斯酒业净资产账面价值为305 159 003.71元，加上合并前实现的净利润568 413 588.16元，合计为873 572 591.87元，这是在百润股份母公司报表中体现的对巴克斯酒业长期股权投资的金额。需要说明的是，2015年上半年，巴克斯酒业利润大增，使其净资产增加86%，这相应减少了冲减资本公积的金额。

（3）"母以子贵"合并前的业绩贡献。

同一控制下企业合并产生的子公司期初至合并日的当期净损益，是5 684 135 898.16元，报告期内，由于巴克斯酒业销量较上年同期大幅增长，纳入合并范围后，2015年1~6月公司经营业绩大幅度增长，其中营业收入较上年同期增长 278.43%，达到 16.88 亿元；实现归属于上市公司股东的净利润 6.13 亿元，较上年同期增长 329.50%。本期报告，主营业务收入来源于两个板块：传统的香精香料业务板块和新并入的预调鸡尾酒板块。2015 年 1~6 月，公司香精香料业务板块实现营业收入 8 404.40 万元，与上年同期基本持平；而新合并的巴克斯酒业，在 2015 年上半年的预调鸡尾酒业务板块实现营业收入 16.17 亿元，较上年同期大幅增长，增幅达到 342.80%。预调鸡尾酒业务板块收入大幅增长，一方面是由于国内预调鸡尾酒市场整体蓬勃发展，更重要的是巴克斯酒业的锐澳（RIO）牌预调鸡尾酒市场占有率大幅提升。根据立信出具的《百润股份备考盈利预测审核报告》，2014 年度、2015 年度百润股份备考盈利预测的合并报表，营业总收入预测数分别为 116 650.99 万元和 208 307.63 万元，净利润预测数分别为 28 503.31 万元和 46 329.92 万元，本报告期实际完成情况远超盈利预测数，详见表 3-15。

表 3-15　　　　标的公司业绩预测与实际完成情况表

项目	2014 年度预测数（元）	2014 年度实际完成数（元）	完成比例（%）	2015 年度预测数（元）	2015 年半年度实际完成数（元）	完成比例（%）
营业总收入	1 166 509 867.89	1 134 305 297.08	97.24	2 083 076 298.98	1 688 045 389.67	81.04
净利润	285 033 099.14	286 880 245.15	100.65	463 299 194.58	612 861 876.08	132.28

资料来源：Wind 数据库。

(4) 母公司资本公积的变动。

根据百润股份 2015 上半年财务报告，与母公司个别财务报表相比，合并财务报表所有者权益较少，具体变动情况见表 3-16。

表 3-16 2015 年上半年母公司报表与合并财务报表所有者权益比较

单位：元

项目	合并报表	母公司报表
股本	448 000 000.00	448 000 000.00
资本公积	213 964 709.35	952 537 301.22
盈余公积	142 869 057.02	128 380 271.71
未分配利润	752 157 204.08	529 488 206.36
归属于母公司的所有者权益合计	1 556 990 970.45	2 058 405 799.29
所有者权益合计	1 556 990 970.45	

资料来源：Wind 数据库。

主要差异来自资本公积，分析母公司资本公积变动情况发现：取得子公司净资产金额 873 572 591.87 元，减去发行费用 10 042 461.06 元，再减去合并成本 288 000 000 元，最终增加资本公积 575 530 130.81 元，几乎相当于个别报表与合并报表所有者权益的整个差异。该做法的依据是：在合并中取得的净资产账面价值与支付的合并对价账面价值（或发行股份面值总额）的差额，调整资本公积中的股本溢价，资本公积中的股本溢价不足冲减的，调整留存收益。

标的公司巴克斯酒业连续两年业绩均未达标，承诺方应进行补偿。2016 年和 2017 年根据承诺业绩水平和约定补偿方式计算的应补偿股份数分别为 230 795 160 股和 180 502 190 股。应补偿股份回购并注销后，百润股份的总股本数由 93 110 万股减少至 53 174.27

万股，注册资本由 93 110 万元减少至 53 174.27 万元。由于承诺方所持股份充足，2016 年和 2017 年均采用股份补偿①。2018 年 6 月 28 日，股份回购和注销全部实施完毕，详见表 3 – 17。

表 3 – 17　　巴克斯酒业 2015～2017 年业绩承诺完成情况

项目	2015 年	2016 年	2017 年
净利润承诺（万元）	38 307.31	54 434.23	70 643.86
实现净利润（万元）	41 394.31	– 23 134.31	12 497.27
完成情况（%）	107.80	– 42.50	17.69
需补偿差额（万元）	—	77 568.54	58 146.59

资料来源：百润股份 2015～2017 年度报告。

5. 巴克斯酒业业绩承诺未完成原因分析②

（1）对预调鸡尾酒市场的预期过于乐观。

预调鸡尾酒作为我国酒类制造中其他酒类的细分行业，市场规模远不及传统酒业。尽管鸡尾酒作为时尚化新品类具有一定的成长空间，但相对啤酒的价格劣势、相对白酒的消费习惯劣势和消费渠道拓展的困难，以及香精带来的健康隐患等因素的存在，导致鸡尾酒规模更倾向于维持相对稳定或缓慢增长水平。然而，2011～2015 年鸡尾酒品牌锐澳和冰锐的强力营销，使鸡尾酒进入疯狂发展模式，舆论甚至预估鸡尾酒将成为百亿品类。洋河股份、五粮液、古井贡酒等传

---

① 数据来源：巨潮资讯网百润股份公告《上海巴克斯酒业有限公司 2016 年度业绩承诺完成情况的专项审核报告》和《上海巴克斯酒业有限公司 2017 年度业绩承诺完成情况的专项审核报告》。

② 本部分内容借鉴孔宁宁，吴蕾，侯瑞劼. 大股东参与定增并购、业绩承诺与利益输送——基于百润股份收购巴克斯酒业案例的研究［J］. 国际商务——对外经济贸易大学学报，2020（6）：122 – 136.

统白酒厂家纷纷推出鸡尾酒产品，吸引众多企业跟风。群雄并起但市场并未爆发，过度营销和消费市场后劲疲软使预调鸡尾酒厂商营收遭遇断崖式下跌，百润股份2016年年报显示，巴克斯业绩从2015年的22.13亿元缩水至2016年的8.13亿元，降幅高达63.26%。

（2）高额销售费用未带来同比营收增长。

巴克斯酒业自2013年开始实施精准广告营销策略，借力周迅等当红明星代言和粉丝文化的传播力，实现了品牌知名度快速提升和销量疯狂增长，营销投入一直居高不下。巴克斯酒业2014～2017年利润表主要数据如表3-18所示。2015年销售费用高达9.22亿元，2016年在营业收入和营业成本双双大幅下降的情况下，销售费用仍维持在7.41亿元的高水平，占营业收入的80%以上。预调鸡尾酒市场低迷导致巴克斯不得不加大广告投放力度以促进销售，结果一方面销售费用飙升，另一方面销售额仍在下降，最终导致2016年发生亏损2.31亿元，未能完成该年的业绩承诺。

表3-18　巴克斯酒业2014～2017年利润表主要数据　　　单位：万元

项目	2014年	2015年	2016年	2017年
营业收入	98 217.91	221 656.39	81 460.63	103 525.25
营业成本	24 059.17	51 907.66	22 110.32	29 189.01
销售费用	36 874.78	92 205.15	74 111.85	43 705.32
扣非归母公司净利润	22 987.56	41 394.31	-23 134.31	12 497.27

注：据年报附注披露，销售费用主要是巴克斯酒业广告费与销售人员费用。
资料来源：百润股份2014～2017年度报告。

（3）高业绩承诺为承诺期间完不成业绩承诺埋下隐患。

巴克斯酒业承诺期前历史净利润和承诺净利润如表3-19所示，

首年承诺净利润与承诺期前一年净利润之比为 10.97（22 165.65/2 021.15），首年和次年承诺净利润之和与承诺期前两年净利润之比为 23.99[（22 165.65 + 38 307.67）/（499.63 + 2 021.15）]，"高承诺"① 特征显著。巴克斯酒业为达承诺目标在尚未收到经销商订单的情况下将产品提前售出，经销商则因看好预调鸡尾酒市场发展前景囤货投机，但事实是市场销售增速放缓，从而导致经销商库存严重积压。相关数据显示，2015 年巴克斯酒业出货 1 800 多万箱，经销商卖出约 1 500 万箱，年末约有渠道库存 400 多万箱②。因此，2016 年巴克斯酒业主要致力于与经销商沟通和调整库存结构，公司端出货量明显低于终端，导致营业收入大幅缩水，进而发生亏损而完不成业绩承诺。

表 3-19　巴克斯酒业承诺期前历史净利润与承诺净利润金额及增长率

项目	报表披露数		业绩承诺数			
	2012 年	2013 年	2014 年	2015 年	2016 年	2017 年
净利润（万元）	499.63	2 021.15	22 165.65	38 307.67	54 434.23	70 643.86
增长率（%）	—	304.53	996.68	72.82	42.09	29.77

资料来源：百润股份公告《上海百润香精股份有限公司发行股份购买资产暨关联交易报告书》。

重组后，百润股份虽然是"香精香料 + 预调鸡尾酒"双主业，但是预调鸡尾酒一直占营收的 87% 左右，对公司的业绩起决定性影响，具体见表 3-20。自 2018 年上半年推出微醺系列后，RIO 销量

---

① 王竞达和范庆泉（2017）将"高业绩承诺"定量化为首年承诺业绩与承诺期前一年业绩之比以及首年及次年承诺业绩之和与承诺期前两年业绩之和之比大于 2。
② 祁豆豆. 百润股份去库存显效 RIO 新品将点亮三季报 [EB/OL]. （2016-07-18）[2020-02-16]. http://ggjd.cnstock.com/company/scp_ggjd/tjd_tt/201607/3846803.htm.

又开始逐渐回升,业务结构发生了质的变化,实现营业收入122 999.13万元,同比增长4.95%,实现净利润20 137.09万元,同比增长10.25%;2019年度,公司稳健运行,管理更加高效,运营效率显著提升。2019年度公司实现营业收入146 43.96万元,同比增长19.39%,实现归属于上市公司股东的净利润30 033.03万元,同比增长142.67%。

表3-20 百润股份重组后(2015~2020年上半年)不同业务收入占比

单位:%

项目	2015年	2016年	2017年	2018年	2019年	2020年上半年
食用香精	5.80	12.09	11.89	14.66	12.33	10.68
预调鸡尾酒(含气泡水)	94.14	87.12	87.81	84.96	87.12	89.02
其他	0.06	0.79	0.30	0.38	0.55	0.30
合计	100	100	100	100	100	100

资料来源:Wind数据库。

3.2.4 案例启示

巴克斯酒业从2009年被百润股份剥离到本次重组中的高溢价赎回,其受质疑的焦点包括:基于收益法评估价值的高溢价、同一控制下企业合并的会计方法、借壳上市的认定标准以及标的公司巴克斯酒业在本次合并之前股权的低价频繁变动等[①]。然而,本次交易

---

① 赵彦锋. 百润股份收购巴克斯酒业之案例分析[J]. 财会月刊, 2016 (4): 82-83.

被证监会无条件通过，说明了交易的合规性，同时，标的公司在被剥离后的成功孵化，也值得上市公司借鉴：新项目可以先在上市公司之外进行培育，成熟时再择机注入上市公司，这类似于近年来我国上市公司热衷于通过成立并购基金参与企业合并的手法①。需要指出的是，孔宁宁等（2020）对该案例的研究发现，大股东主要通过"先低价剥离再择机定增"以构造关联并购、签订高业绩承诺以获取高并购溢价、运用股利政策进行高额派现和转增、承诺期间实施盈余管理实现"精准达标"、承诺期后利用信息优势实施精准减持套现、通过股权质押进行个人投资等方式实现利益输送，本研究与此较为一致，暗示了本案例企业"类借壳"上市中潜藏的大股东利益输送，这也是监管层应该关注的关联方重组的焦点。

  本部分的两个案例的共同特点是：非上市企业通过被合并成为上市公司的子公司而实现上市，合并方与被合并方有着相同的最终控制方，因此，从本质上来看，依据《企业合并》准则实质上属于同一控制下的企业合并，但是却因认定为不同的合并类型，一方面采用了不同的会计处理，另一方面更为重要的是通过重组实现上市公司业务＋重组新业务的双主业模式，由于重组双方被相同自然人控制，从有利方面来看，便于重组后的整合，不利的方面体现为重组中的利益输送，不过随着上市公司内外部治理环境的改善，基于家族企业财富与控制企业财富的高度相关性以及传承意愿②，家族企业控股股东会着眼于长远利益实施重组，包括将集团下的优质资

---

① 康永博，王苏生，彭珂. 风险投资发挥监督作用了吗？——风险投资对公司创业投资（CVC）信息披露制度作用发挥的影响研究［J］. 管理评论，2019（5）：203－212.
② 徐炜，马树元，王赐之. 家族涉入、国有股权与中国家族企业国际化［J］. 经济管理，2020（10）：102－119.

产注入上市公司,实现证券化,该方式为民营企业集团整体上市提供了新思路。此外,我们还需考虑基于最终控制方而言属于同一控制下的企业合并,而基于上市公司而言则未必能反映交易的实质,这凸显了同一交易对不同会计主体有不同的经济后果,由此需考虑以下问题:基于集团层面判断为同一控制下企业合并,在集团层面按账面价值法编制合并报表,集团层面的合并处理方法下推至上市公司是否合适值得商榷,因为就上市公司而言,该合并对非控股股东影响重大而需要采用购并法处理①。

---

① 这一点在国际会计准则理事会 2020 年 11 月 30 日发布的《同一控制下企业合并(讨论稿)》(*Business Combinations under Common Control*)中得以明确,其规定"在满足成本效益原则和考虑其他实施条件的情况下,同一控制下企业合并影响合并方非控股股东的,原则上采用购买法,并明确如果合并方为上市公司,该交易应当采用购买法。"

第 4 章

"类借壳"上市模式之资产规模控制研究

在重组中,如果控制权变更,并且向取得控制权的一方购入资产,此时要规避借壳认定,就需要将购买资产规模降低在借壳标准以下。控制财务指标的具体操作方式包括减少收购标的体量、分步购买标的资产、临时做大上市公司资产规模等,即人为影响计算相关指标时的分子或分母。西藏旅游与拉卡拉重组失败案例,是刻意通过控制购入资产规模规避借壳的典型。

4.1 西藏旅游与拉卡拉重组[①]

西藏旅游 2016 年 2 月 5 日公布了此后广受市场关注的跨界重组方案,该交易若达成,西藏旅游主营业务将由旅游变为旅游加第三方支付。西藏旅游当时表示,虽然发生实际控制人变更,但因为交

---

① 案例中的相关资料、数据来自 Wind 数据库西藏旅游公司公告。

易中从孙陶然、孙浩然、蓝色光标手中购买的拉卡拉 15.8% 股权作价只相当于西藏旅游总资产的 93.79%，未达 100% 规模标准，因此，自行认定为不构成借壳上市。该重组案发布后，上交所于 2016 年 3 月 23 日、5 月 12 日分别发出了问询函，第一封问询函涉及了拉卡拉业务模式、重组是否构成借壳等，而第二封问询函则集中问询重组是否构成借壳，是否存在刻意增加资产、规避借壳上市的行为，均指向是否构成借壳。在尚未回复上交所第二次问询的情况下，宣布终止本次重组，在资本市场上引起广泛关注。

4.1.1 交易主体及背景

1. 交易背景

首先，受宏观经济景气度下降、国内经济结构调整以及西藏自治区内旅游环境变化的影响，加上公司资产负担重，景区及酒店等业绩释放需要一定的周期，公司近年业绩下滑，经营压力大上市公司业务转型迫在眉睫，拟通过本次重组谋求长期、健康发展。此外，虽然自 2011 年来，受国内外宏观环境影响，国内需求受到一定的不利影响，但自新一届政府继任以来，我国陆续出台了一系列刺激居民消费的政策措施，并获得良好成效。其次，顺应市场化重组政策，从而进一步拓宽并购融资路径。作为传统旅游业上市公司，西藏旅游积极顺应消费产业升级以及互联网产业革命所带来的变革，主动探求产业升级转型。最后，拉卡拉日益创新与丰富金融服务和产品，将与上市公司的旅游产品相结合，开展交叉销售，实现双主业齐头并进，增强盈利能力。

2. 交易主体概况

西藏旅游股份有限公司，简称西藏旅游，是西藏自治区第一家上市公司,也是该地区唯一一家以旅游为主业的上市公司,成立于1996年9月28日,并且在1996年10月15日于上海证券交易所上市。国风集团持有公司股份比例为28.42%,是其控股股东。公司主业是旅游,有以下三大块业务:(1)景区开发及运营业务;(2)旅游服务;(3)广告传媒文化产业。其中,景区的开发与运营是公司主营业务的主要组成部分,2015年收入占比为68.90%;旅游服务业务包括酒店业务、旅行社业务、旅游客运等,是公司主营业务的辅助组成部分,2015年占比为8.04%;广告传媒文化业务包括广告业务等,是公司主营业务的补充组成部分,2015年占比为23.05%。公司报告期内主营业务收入构成情况如表4-1所示。

表4-1　　西藏旅游2013~2015年主营业务收入构成

项目	2015年		2014年		2013年	
	金额(万元)	占比(%)	金额(万元)	占比(%)	金额(万元)	占比(%)
景区业务	9 902.25	68.91	10 130.04	64.81	11 731.95	68.29
旅游服务业务	1 155.81	8.04	1 786.52	11.43	1 959.63	11.41
传媒文化	3 313.18	23.05	3 713.23	23.76	3 486.46	20.30
合计	14 371.24	100.00	15 629.79	100.00	17 178.04	100.00

资料来源:《西藏旅游行股份有限公司发行股份及支付现金购买资产并募集配套资金暨关联交易报告书(草案)》。

被收购方拉卡拉起源于2005年1月6日成立的乾坤时代,其间经过四次实质性更名①、四次增资与六次股权转让,截至本次重组前其

---

① 2006年3月,乾坤时代变更为拉卡啦信息咨询;2007年10月,变更为拉卡啦电子账单;2009年10月,变更为北京拉卡拉网络;2012年8月,变更为拉卡拉有限公司;2015年整体变更为本次重组前的拉卡拉股份有限公司。

股权结构如图 4-1 所示。其冲刺上市经历了曲折的历程：先瞄准海外，后转向国内①，其中，截至 2015 年 6 月解除红筹架构的努力具有重要意义②，成为其备战 A 股市场最关键、并且也是耗时较长的阶段。

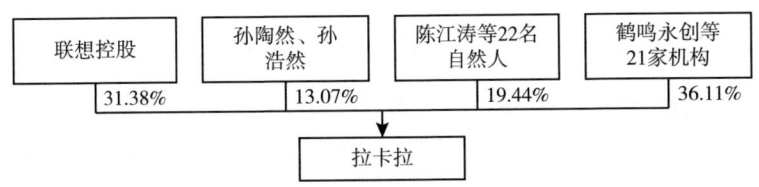

图 4-1 拉卡拉上层股权结构

资料来源：《西藏旅游行股份有限公司发行股份及支付现金购买资产并募集配套资金暨关联交易报告书（草案）》。

拉卡拉的核心业务为向企业用户及个人用户提供第三方支付服务，并以支付为入口提供相关的增值及金融服务。作为我国最早一批专业从事第三方支付业务的企业，经过十多年的经营，积累了丰富的支付行业经验，沉淀了大量的优质用户，已逐步成为以支付为核心的综合服务商。

4.1.2 交易方案

根据发布的交易预案，本次西藏旅游向孙陶然等 46 名交易对手

---

① 与我国大多数互联网企业一样，首先瞄准海外，始于其 2006 年起通过境外特殊目的公司设立返程投资企业，并以协议控制方式搭建了相关境外融资、返程投资的红筹架构，但因为拉卡拉业务在中国、根在中国，因此打消了去海外上市的念头，随后又于 2010 年开始，通过股份回购、境内重组、终止协议控制文件等行动来解除红筹架构，最终于 2015 年完成，之后很快就开始了本次重组。
② 所谓的红筹架构，也叫红筹模式，是指中国境内的公司（不包含港澳台地区）在境外设立离岸公司，然后将境内公司的资产注入或转移至境外公司，实现境外控股公司海外上市融资的目的。VIE 模式是红筹架构的一种演变。VIE（variable interest entity），即可变利益实体，又称协议控制，是指境外注册的上市实体与境内的业务运营实体相分离，境外的上市实体通过协议的方式控制境内的业务实体，业务实体就是上市实体的 VIE。

购买的标的资产——拉卡拉 100% 股权,整体交易价格 110 亿元[1],对价支付方式由股份和现金两部分组成,这构成了本次交易方案的两个主体部分:(1)发行股份支付 85 亿元对价,由此就会导致上市公司(西藏旅游)控制权的转移;(2)现金支付 25 亿元,就现金对价而言,其已远远超出上市公司总资产规模,不过不用担心支付不起的问题,因为与本次重大资产重组的配套融资有 25 亿元,根本不需要上市公司掏腰包。本次交易中的股份支付与配套融资每股发行价均为 18.65 元。

4.1.3 交易性质认定

1. 构成重大资产重组

本次交易中,上市公司拟购买拉卡拉 100% 股权。拉卡拉经审计的主要财务数据、交易作价与上市公司的财务数据比较如表 4-2 所示。

表 4-2　　　西藏旅游 2015 年重大资产重组统计

项目	上市公司(万元)	拉卡拉(万元)	财务指标占比(%)
资产总额	185 330.69	1 100 000.00	593.53
净资产额	63 474.27	1 100 000.00	1 732.99
营业收入	15 204.85	158 838.94	1 044.66

资料来源:《西藏旅游行股份有限公司发行股份及支付现金购买资产并募集配套资金暨关联交易报告书(草案)》。

---

[1] 其作价依据是标的资产收益法评估结果,截至评估基准日 2015 年 12 月 31 日,拉卡拉股东全部权益的评估价值为 1 110 845.13 万元,较股东权益账面值 172 859.34 万元增值 937 985.79 万元,增值率 543.05%。

上市公司的资产总额、净资产额及营业收入取自经审计的2015年度财务报表，拉卡拉的资产总额、净资产额均根据《重组办法》的相关规定确定为本次拉卡拉100%股权的交易金额110亿元，拉卡拉的营业收入取自经审计的2015年度财务报表。本次交易拟购买标的资产的金额占上市公司最近会计年度（2015年）经审计的合并财务报表期末资产总额、净资产额的比例均达50%以上，且标的公司在最近的一个会计年度（2015年）产生的营业收入占公司同期经审计的合并营业收入比例达到50%以上，根据《重组办法》的规定，本次交易属于重大资产重组。

2. 构成关联交易

西藏旅游与作为本公司的潜在关联人孙陶然及孙浩然、蓝色光标，潜在关联人联想控股以及鹤鸣永创等7家合伙企业的合伙人昆仑天创，配套融资认购方欧阳旭以及配偶王芸、西藏国资等关联人之间存在关联关系，构成关联交易。

4.1.4 重组交易过程

2016年2月4日，西藏旅游董事会、监事会审议通过《关于发行股份以及支付现金购买资产并募集配套资金暨关联交易报告书（草案）》等议案，该预案在2月6日披露于上海证券交易所网站。2016年3月23日，公司收到上海证券交易所《关于对西藏旅游股份有限公司发行股份以支付现金并募集配套资金暨关联交易报告书（草案）信息披露的问询函》，问询的核心是：草案中创新性地紧贴"原资产100%红线"规避借壳的"设计"，主要涉及购买资产规模的计算,这里的核心是标的资产的控制权。2016年5月4日,公司针对上海证券交易所的问询函回应《关于对西藏旅游股份有限公司发行股份以支付现金并募集配套资金暨关联交易报告书(草案)信息披露的问询函》的回复,其中西藏旅游通过列举大量事实说明孙陶然及其一致行动人不控制拉卡拉,上市公司向其购买的资产总额,合计为拉卡拉15.8%的股权,占收购方公司2015年末资产总额的93.79%,坚持其草案中非借壳的认定。回复8天后的5月12日,西藏旅游收到《关于上海证交所对公司发行股份以及支付现金购买资产并募集配套资金暨关联交易报告书(草案)信息披露的二次问询函的公告》,这次问询更是直指要害,全部针对市场关注的焦点:拉卡拉董事长孙浩然与戴启军等4个拉卡拉主要管理层股东是否构成一致行动人?2015年末西藏旅游借入大量短期借款是否为规避借壳上市?经过一轮问询与回复的回合,并在第二次问询尚未回复之际,随着证监会《重组办法》修订意见征求意见的公布,西藏旅游于6月23日公告称,"由于本次交易方案公告后证券市场环境、政策等客观情况发生了较大变化,各方无法达成符合变化情况的交易方案。经各方协商后,一致决定终止本次资产重组活动。"至此,该重组案以失败而告终。其终止重组公告理由过于笼统,仍在刻意回避其借壳的实质,其实,早就有分析人士指出,本次重组会失败,因为其刻意规避借壳的手法太露骨,并且监管层正在严管跨界并购、类金融资产证券化,作为互联网金融企业,拉卡拉恰好撞上了枪口。

西藏旅游与拉卡拉之间的这次重大资产重组,从预案公布到最终自行终止,经历了4个多月,广为关注,然而其焦点是否构成借壳，这以上海证券交易所对其两次问询为代表①，可谓是跨界"类借壳"上市方案的典型代表。

4.2 西藏旅游重组拉卡拉"类借壳"的操作手段

本次交易前，国风集团直接持有上市公司16.10%的股份，是上市公司的控股股东，但是本次交易完成后，上市公司控股权发生变更，由此前的国风集团变为孙陶然、孙浩然和蓝色光标等构成的"一致行动人"，孙陶然和孙浩然成为上市公司的实际控制人。其中孙陶然通过蓝色光标间接控制上市公司0.54%的股份；孙陶然、孙浩然、蓝色光标合伙控制上市公司28.14%的股份。由此，西藏旅游的控制权发生变更是毋庸置疑的，即满足借壳上市的第一个条件，争议的焦点集中第二条，购买资产规模占上市公司上年末（2015年）经审计的资产比例是否超过100%，其交易设计中通过以下方面实现低于100%，试图闯关，由此引发借壳与否的争议。其中，谁是拉卡拉的实际控制人，对本次重组是否构成借壳上市，至关重要。重组方案称，孙陶然及其一致行动人持有的拉卡拉

---

① 交易所以前对并购重组的监管思路是事前沟通不出正式问询函，自2015年5月以后重组项目基本都会发问询函了。据21世纪经济报道记者统计，2016年初以来，已有约135家上市公司披露了交易所的重组问询函以及回复，所提问题涉及交易价格溢价高、转让价格短时间内飙升、资产和诉讼瑕疵、股权结构、资金来源、关联关系等焦点问题以及跨界收购、规避借壳等热点问题。虽然沪深交易所针对并购重组已经发出上千份问询函，但是"二次问询函"依然罕见。西藏旅游就公布了上交所针对其收购拉卡拉发出的"二次问询函"，这或是A股首家披露交易所二次问询函的上市公司。实际上，在西藏旅游之前，已有不少上市公司因并购重组也收到过交易所的二次问询函，但并没有公告披露。

15.80%股权的作价占公司 2015 年末资产总额的 93.79%，未达到借壳上市认定标准规定 100%的界限，因此，并不构成借壳上市。

4.2.1 标的资产——拉卡拉的控制权归属

戴启军等 4 个主要管理层股东直接和通过持股平台间接持有拉卡拉 25.86%股权，并且孙陶然与该管理层股东存在共同投资的经济利益关系，从而，孙陶然及戴启军持有的拉卡拉的股权比例上升为 40.73%，超过联想控股持股 31.38%的比例，成为拉卡拉的第一大股东。那么，该重组方案及对问询函的答复中是如何计算收购资产比例的呢？

1. 否认孙陶然与主要管理层的关联关系

为避免借壳上市的嫌疑，西藏旅游在一次问询函中表示：在股东大会决策时，各自根据实际需要独立行使股东决策权，不会存在相互委托投票、相互征求决策意见、共同推荐董事或者其他可能导致一致行动的情形，此外主要管理层在之前关于是否共同投资北京云核有限公司的事项中，戴启军与孙陶然存在意见不一致的情况，也就是说孙陶然与主要管理层股东历史上存在对经理管理和重要事项的决策分歧，并且为此发表书面声明，据此证明自己在这次合并重组中不存在关联关系。

表面看来，孙陶然与戴启军等股东是独立的，但是股东联合发表声明声称不存在关联关系应对证监会质疑，本身就表明了双方之间的关联关系。所以，仅仅通过控制权发生变更以及比例达到100%就能界定借壳上市吗？值得深思。

2. 否认创始人兼第二大股东控制拉卡拉

在联想控股为拉卡拉财务投资者身份的前提下，否认孙陶然兼具第二大股东以及创始人对拉卡拉不具有控制权。一次问询函的回复显示：在2014年8月之前，联想控股以及关联方君联创投共同持有拉卡拉股权，联合持有股权超过50%，但在2014年8月，后者股权转让退出拉卡拉，其中联想控股持股比例在30%以上，孙陶然及其一致行动人孙浩然以及蓝色光标持有14.78%股权，即无论是联想以及关联人拥有超过50%的股权还是改制后联想控制大于30%股权，孙陶然及其一致行动人仅仅控制14.78%，从而双方都无法单方面控制股东会议、对股东会议产生决定性影响。

值得关注的是，本次交预案公布后不久的2016年3月15日，孙陶然放弃对持有拉卡拉1.72%股权的蓝色光标的控制权，通过此办法就缩减了其在计算相关指标时的购买资产规模，增加不构成借壳的砝码，但是我们的看法恰恰相反，这是其对本次交易能否通过审核的担心。

3. 联想控股但不控制拉卡拉

根据标的公司第一大股东联想控股出具的《关于不谋求上市公司控制权的承诺函》，联想控股持有拉卡拉31.38%的股份，由于有关拉卡拉的经营及融资决定的董事会议案需要超过2/3投票权批准，且本公司对拉卡拉的投资为财务性投资，以获取投资收益为目的，不单独或联合谋求对拉卡拉的控制，所以联想控股虽然是拉卡拉的第一大股东，但是对其并无控制权。

因此，标的公司属于无控股股东、无实际控制人。由此，收购资产仅包括孙陶然及其一致行动人持有比例的标的资产，而不是全部,由此降低了其计算比例中的分子。具体购买资产比例见表4-3,由此计算的分子时,对应的拉卡拉股权比例为15.802%,相应交易对价为173 821.73万元,去除西藏旅游2015年末经审计资产总额,占比为93.79%,低于100%的借壳上市认定标准。

表4-3　西藏旅游向孙陶然及其关联人购买资产明细

交易双方	项目	交易金额(万元)
孙陶然	直接持有的卡拉卡7.6740%的股份	8 441 400
	通过末名集间接持有的拉卡拉0.0431%的股份	47 410
	通过创金兴业间接持有的拉卡拉0.0092%股权	100.92
孙浩然	直接持有的拉卡拉5.3940%股权	59 334.00
	通过鹤鸣永创间接持有的拉卡拉0.5885%股权	6 473.68
	通过台宝南山间接持有的拉卡拉0.3620%股权	3 982.11
蓝色光标	直接持有的拉卡拉1.7220%股权	18 942.00
	通过创金兴业间接持有的拉卡拉0.0092%股权	100.92
上市公司向孙陶然及其关联人购买的资产总额合计		173 821.73
上市公司2015年末资产总额		185 330.69
比例		93.79%

资料来源:《西藏旅游行股份有限公司发行股份及支付现金购买资产并募集配套资金暨关联交易报告书(草案)》。

4.2.2　收购方期末资产突增

从西藏旅游公布的2015年第3季度报告,我们可以看到该公司

第4章 "类借壳"上市模式之资产规模控制研究

此时的资产总额为 13.07 亿元,在第四季度,其通过临时负债增加短期借款 4.18 亿元,同时扩大了资产总规模,结果截至 2015 年 12 月 31 日,其资产总额为 18.53 亿元。因此在进行计算时,可以通过临时借款增大分母,使比率不超过 100%。

西藏旅游对于 4.18 亿元的短期借款解释如下:由于公司 2015 年 11 月 27 日获得中国证监会发审委审核通过的非公开发行西藏旅游 A 股股票申请因筹划重大资产重组事宜未能如期推进,公司未能按计划获得补充流动资金及归还银行贷款所需的募集资金,因此公司需要筹集部分短期资金用于补充流动资金和调整债务结构。2015 年 12 月 25 日向建设银行申请了 4.18 亿元的借款。这笔借款同时满足了支付公司职工工资等需求,实质上是利用本次间接融资替代准备实施的直接融资。

我们假设西藏旅游在 2015 年 12 月 25 日没有进行该笔短期借款,那么公司资产总额是 13.07 亿元,根据西藏旅游《2015 年西藏旅游行股份以支付现金并募集配套资金暨关联交易报告书》中孙陶然及其关联人购买的资产总额为 17.38 亿元,那么 17.38/13.07 = 132.98% > 100%。这表明,临时增加的 4.18 亿元短期借款增加了西藏旅游总资产,从而降低借壳上市认定中购买资产在上市公司总资产中的比例,降低被认定为借壳的概率。

从后续发展来看,鉴于公司未能按照计划于 2016 年 1 月底与部分银行就提前偿还部分贷款达成协议,又面临春节长假,为减少财务费用支出,经公司统筹安排,归还了其中的 4 亿元短期借款,资金来源为自有资金和尚未使用的前述借款。这进一步印证了其力图为本次重组,增大交易认定中的分母而规避规模超过借壳的 100% 标准。

综上所述，本案例的争议集中在以下两个方面：一是孙陶然是否控制拉卡拉，上交所质疑孙陶然以及关联人控制拉卡拉，而对上交所的质疑，孙陶然及其关联人联合发表声明，并通过大量事实及案例说明，拉卡拉是无实际控制人的①，这提出了标的资产控制权认定的问题，理应与控制权变更采用同样的标准。二是2015年末西藏旅游期末资产总额变动原因不明。西藏旅游解释欲上市筹资未实现，因此在2015年12月15日向建行申请4.6亿元借款，但是在2016年1月底还掉4亿元。这笔借款的真正意图值得商讨，但是，值得肯定的是，难以脱逃被认为通过增大分母来规避收购资产总额低于100%的借壳嫌疑②，而这也成为控制权发生转移的前提下，设计"类借壳"的关键，也是监管层重点关注的重组交易类型。

4.3 拉卡拉"类借壳"重组失败后转战 IPO 上市

拉卡拉作为国内领先的第三方支付机构，致力于整合信息科技，协同"支付、金融、电商、信息"四大科技业务板块，服务线下实体，从支付切入，在加快对已投放市场的"云小店""汇管店""收款码""云收单"等云战略产品迭代升级的基础上，新推出了面向行业类客户及其上下游生态体系的分账类云解决方案"钱账通"，并正式推广手机POS产品，步入4.0战略，支付+创新业务不断融

---

① 拉卡拉在IPO后仍保持无实际控制人的状态，这提供了本次重组声明的后验证据。
② 赵彦锋. 蓝光发展"借壳"迪康药业抑或解读[J]. 财会月刊, 2016 (15): 103-104.

第4章 "类借壳"上市模式之资产规模控制研究

合发展,扩大了产品覆盖的商户范围,全维度为中小微商户的经营赋能。2019年4月25日,剥离增值金融类业务后的拉卡拉通过IPO登陆创业板,股票简称"拉卡拉",以33.28元/股的价格发行40 010 000股,募集资金20亿元,是我国首家A股支付公司。行情数据显示,上市首日,拉卡拉股价封涨停板,报收47.92元,较发行价上涨14.64元,涨幅达43.99%,总市值为191.7亿元,与本次重组中的估值110亿元相比,增值74.27%,侧面反映了重组估值相对较为合理。就股权结构来说,由于公司股权结构相对分散,虽然第一大股东联想控股持股比例为31.38%,其仍处于无控股东、无实际控制人状态①。随后被纳入创业板300、创业板50指数,并成为深股通标的公司,2020年2月,拉卡拉被纳入富时罗素全球指数。

截至2019年,拉卡拉已连续5年保持盈利状态,且发展态势强劲,研发投入增长较快,近5年业绩情况见表4-4。从其上市后的首份年报来看,在收入下滑的情况下,归属于股东的净利润同比增长34.5%,达到8.06亿元,总资产达到111.87亿元,同比增长

---

① 具体原因如下:(1)根据联想控股出具《关于未对拉卡拉支付股份有限公司实施控制的声明函》,说明"①截至声明函出具之日,联想控股与公司的任何其他股东之间不存在任何书面、口头或实际的一致行动关系;②公司董事会的现有成员中,仅李蓬为联想控股提名的董事;公司现有高级管理人员中不存在联想控股推荐的人员,且联想控股从未向公司推荐过任何高级管理人员候选人;③联想控股对公司仅为财务性投资入股,以获取投资收益为目的,不单独或联合谋求对公司的控制。联想控股自投资入股公司以来,从未将公司纳入合并财务报表范围。"(2)公司股权结构相对分散,且主要股东之间不存在一致行动安排,故无关联股东能实际支配公司经营。(3)公司主要股东中的孙陶然和孙浩然为兄弟关系,其对公司的合计直接持股比例为13.07%,不足以达到单独决定公司的经营方针和重大事项或能够实际支配公司的公司行为的程度。除该等亲属关系外,公司的主要股东之间不存在一致行动协议或类似安排。(4)在公司的现任4名非独立董事中,孙陶然、舒世忠由孙陶然提名、张双喜由陈江涛提名、李蓬由联想控股提名,包括联想控股在内的任何单一股东均无法通过董事会决议单独决定公司的经营方针和重大事项,或能够实际支配公司的公司行为。(5)公司未通过认定不存在实际控制人规避发行条件或监管。

122.04%。拉卡拉最新的2020年度三季报数据显示，前三季度，公司营收41.2亿元，同比增长11.65%，归属上市公司股东净利润7.35亿元，同比增长19.35%，基本每股收益0.92元，同比增长13.58%。前三季度经营活动产生的现金流量净额为9.83亿元，同比增长65.06%。截至2020年12月25日，总市值达229.29亿元。

表4-4　　　　　　　拉卡拉近5年业绩增长情况

项目	2020年9月30日	2019年	2018年	2017年	2016年	2015年
营业总收入（万元）	416 777.39	489 942.16	567 941.16	278 521.24	255 996.69	158 838.94
同比增长（%）	12.94	-13.73	103.91	8.80	61.17	73.55
营业总成本（万元）	330 958.73	400 753.35	493 692.09	233 580.59	228 151.91	141 473.41
营业利润（万元）	88 485.92	89 675.71	71 682.91	45 140.96	24 336.56	17 277.13
同比增长（%）	27.51	25.10	58.80	85.49	40.86	197.65
利润总额（万元）	88 056.02	89 194.72	73 790.93	46 810.34	25 391.31	18 597.92
同比增长（%）	22.90	20.87	57.64	84.36	36.53	194.47
净利润（万元）	74 015.67	81 693.34	60 638.26	46 429.28	32 640.60	12 356.34
同比增长（%）	18.50	34.72	30.60	42.24	164.16	162.74
归属母公司股东的净利润（万元）	73 532.11	80 634.24	59 949.16	46 964.34	33 501.25	12 453.48

续表

项目	2020年9月30日	2019年	2018年	2017年	2016年	2015年
同比增长（%）	19.35	34.50	27.65	40.19	169.01	163.43
非经常性损益（万元）	2 615.06	1 307.24	2 040.54	2 176.83	−308.40	1 173.79
扣非后归属母公司股东的净利润（万元）	70 917.04	79 327.00	57 908.62	44 787.51	33 809.64	11 279.69
同比增长（%）	19.37	36.99	29.30	32.47	199.74	163.15
研发支出（万元）	15 955.04	25 154.58	27 340.79	19 371.17	13 566.48	8 490.73
EBIT（万元）	—	91 756.38	85 368.53	47 100.87	96 635.31	25 182.92
EBITDA（万元）	—	109 504.69	100 948.05	57 342.53	102 359.30	25 182.92

资料来源：Wind 数据库。

结合拉卡拉曲折上市路及上市一年半来的财务业绩与市场业绩表现，回看拉卡拉上轮重组中的"类借壳"设计具有较高的合理性，尤其是备受质疑的控制权问题被证明是实际情况，估值相对 IPO 而言也是合理的，不过其业务的金融属性属于严加管范畴，加上借壳新政的严厉成为其重组失败的原因，这也表明选择上市方式需要考虑国家导向与监管导向，否则可能面临上市失败而贻误时机。

第 5 章

"类借壳"上市模式之第三方交易研究

"三方交易"是指在控制权变更的情形下,上市公司随即向无关联的第三方(即新控股股东、实际控制人及关联人)收购资产的重大资产兼并收购行为。"三方交易"的通常做法是先通过协议将上市公司的控制权转让给有资金实力的股东,然后在引入新股东的同时,向非关联的第三方"跨界"购买大体量资产,有的公司还会通过由新实际控制人或者其他关联方认购配套融资的方式以巩固新控股股东的控制权[①],"三方交易"主要通过规避向收购人及其关联方购买资产实现"类借壳"资产注入,即新取得控制权的交易方不是向上市公司注入新业务的主体。现实中演化出不同的具体交易方案,如昆百大与我爱我家属于先引入第三方,再购入非上市企业,而三爱富与奥威亚则属于更典型的"三方交易",控制权转让给第三方与购入非上市标的互为条件、几乎同步实施。

---

① 邱霖. 新监管环境下的"三方交易"模式及其经济后果——基于南通锻压重大资产重组的案例研究[D]. 广州:广州大学,2019.

第5章 "类借壳"上市模式之第三方交易研究

5.1 我爱我家"曲线类借壳"案例研究①

在房地产中介市场上颇有竞争力的我爱我家,连续3年营收和净利润均未达到IPO的条件。由于最严新规的借壳上市不允许配套融资的规定,存在较大融资需求的我爱我家另辟蹊径,选择与昆百大A进行重大资产重组实现曲线上市。从2017年2月26日上市公司昆百大A首次发布交易预案,到10月12日重大资产重组审核获得无条件通过,期间五次修改交易方案以迎合监管,最终昆百大A以发行股份及支付现金的方式购买我爱我家84.44%的股权,交易价格为55.31亿元。2018年4月10日,昆百大A证券简称变更为"我爱我家",我爱我家"类借壳"重组后正式登陆A股。上市之后的我爱我家,市场声誉有了显著的提高,融资能力也不断增强,公司治理日渐完善。

由于我国证券发行实施核准制,IPO上市存在排队公司多、审核时间长、条件苛刻等特点,一些公司出于择机和加速融资等目的,往往青睐成本相对较高但速度更快的借壳方式上市。在房地产中介市场上颇有竞争力的我爱我家,连续3年营收和净利润均未达到IPO的条件,而且2016年9月,我国证监会进一步严格了借壳上市的认定标准,通过借壳上市存在较大政策风险,并且不能配套融资,存在较大融资需求的我爱我家另辟蹊径,选择与昆百大A进行

---

① 案例中的相关资料、数据来自Wind数据库昆百大(更名后为我爱我家)公司公告。

重大资产重组,曲线上市。从 2017 年 2 月 26 日,上市公司昆百大A 首次发布交易预案,到 10 月 12 日,重大资产重组审核获得无条件通过,期间五次修改交易预案,数次妥协,最终昆百大 A 以发行股份及支付现金的方式购买我爱我家 84.46% 的股权,交易价格为 55.31 亿元。2018 年 4 月 10 日,昆百大 A 证券简称变更为"我爱我家",我爱我家通过"曲线类借壳"方式正式登陆 A 股。

5.1.1 我爱我家曲线上市动机

1. 交易双方概况

(1) 昆百大 A。

昆明百货大楼(集团)股份有限公司(以下简称"昆百大 A")成立于1959 年,是中华人民共和国成立后国家兴建的第一批大型商业企业,1994 年 2 月在深圳证券交易所挂牌交易,成为云南省首批上市公司。昆百大 A 自 1994 年在深交所上市以来,其实际控制人发生了多次变更。2001 年,自然人何道峰担任昆百大董事长,2006 年,何道峰从国资手中接过公司实控人的大权,对昆百大 A 进行了长达 10 年的转型,直到 2015 年,昆百大 A 实际控制人由何道峰变更为谢勇,谢勇先生以直接和间接的方式合计控制上市公司 27.88% 的股份。上市公司主营商贸,包括各种百货商品的零售及批发等,占总体业务的 70% 左右,另外公司还实行多元化经营,投资行业涉及冶金加工业、旅游业、广告业、金融业、房地产业等。

(2) 我爱我家。

北京我爱我家房地产经纪有限公司(以下简称"我爱我家")

成立于1998年,是中国最早成立的全国性房地产中介服务连锁企业之一,业务涵盖了包括代理销售、一手房分销、电商业务在内的新房业务,及包括二手房租售和房屋资产管理在内的存量房业务。我爱我家领先开设的二手房网上看房、二手房买卖进程查询、呼叫中心客户售后回访等服务,为房产经纪行业树立新的服务标准和服务理念。截至2016年12月31日,我爱我家净资产累计达4.78亿元,营业收入达81.58亿元,较上年增长67.92%,净利润达3.24亿元,较上年增长77.16%。至2017年3月31日,我爱我家直接或间接持有75家公司的股权,拥有2 269家直营门店,5万余名经纪人门店,遍布北京、上海、杭州、南京、苏州、天津等15个重要城市。我爱我家的主要发展历程如表5-1所示。

表5-1　　　　　我爱我家主要发展历程

年份	主要事件
2000	我爱我家房地产经纪有限公司正式成立
2002	完成第一轮全国布局,业务分布北京、上海、杭州、南京等城市
2008	我爱我家开始实行网络经营模式,千余家"网店"同步开张
2013	完成第二轮全国布局,业务拓展至武汉、长沙、成都等城市
2014	扩展海外业务,创建"海外有家"
2015	转型升级房屋管家业务,推出新品牌"相寓",并创立新房分销电商平台"汇金行"
2016	我爱我家国内业务覆盖15个大中型城市,国际业务覆盖50余个国家和地区
2017	我爱我家与昆百大A完成重组,成为我国首家在A股上市的房地产经纪企业
2018	引入中航信托、海尔集团、58同城三大战略股东,并且与中国建设银行签订战略合作协议;国内业务覆盖城市达17个,社区连锁门店达3 500余家

资料来源:《昆百大A:发行股份及支付现金购买资产并募集配套资金暨关联交易报告书(草案)》(五次修订稿);Wind数据库。

我爱我家在1998年发起设立时有陈早春、蔡芒华两个股东，持股比例分别为78.6%与21.4%。在2001年，我爱我家37%的股权转让给伟业策略，因此，伟业策略成为我爱我家第一大股东以及实际控制人。2016年6月，伟业策略向刘田、林洁、张晓晋和李彬分别转让股权10.27%、9.56%、8.34%和8.34%，一房和信成为最大股东，持股比例为20%，这是本次交易前的股权结构。

2. 交易动机

自2016年以来，国内经济形势日益严峻，实体经济持续低迷。中华全国商业信息中心的监测数据显示，2016年全国50家重点大型零售企业商品零售额累计较2015年同比下降0.5%，2015年累计较2014年同比下降0.2%，近3年全国50家重点大型零售企业商品零售额持续下滑。上市公司昆百大A的主营业务为商业零售业，同时涉及旅游酒店服务业和物业管理。近年来由于电子商务等线上业务的发展，传统商业零售行业正面临前所未有的危机，上市公司原有主营业务盈利能力下滑，因此公司积极寻求新的盈利增长点。昆百大A 2014~2016年的盈利能力情况如表5-2所示。

表5-2 昆百大A 2014~2016年度的盈利能力情况　　　　单位：万元

分类	2016年1~9月	2015年	2014年
营业收入	136 729.69	133 848.42	164 019.62
归属于母公司股东的净利润	7 106.27	3 082.75	7 106.27

资料来源：Wind数据库。

国家去库存及各级政府产业政策的不断出台，使得房地产中介服务行业飞速发展，不断壮大。即使在国家对房地产行业进行周期性调控的不利影响下，房地产行业也能凭借其经济基础地位，不断拓展市场空间。对于我爱我家的创始团队来说，一方面，在夯实互联网能力、打造线上平台的同时，公司也悄然布局了大数据、AI等创新领域，以多年来雄厚的数据积累打底，需要借助资本力量提升行业效率，提升客户服务体验。另一方面，如果我爱我家能够早于链家上市，将成为中介第一股，势必会在房地产中介市场占有更多的主动权。因其自身不符合IPO条件，借壳或"类借壳"成为首选方案①。我爱我家近几年公司业绩情况如表5-3所示。

表5-3　　　　　我爱我家2015~2017年度业绩情况

项目	2017年1~3月		2016年		2015年	
	金额（万元）	占比（%）	金额（万元）	占比（%）	金额（万元）	占比（%）
经纪业务	138 352.19	71.09	554 220.80	67.94	343 164.51	70.64
新房业务	30 010.08	15.42	169 632.33	20.79	89 984.13	18.52
资管业务	21 534.28	11.06	78 015.04	9.56	43 673.67	8.99
其他主营业务	994.48	0.51	1 284.56	0.16	641.24	0.13
主营业务合计	190 891.04	98.08	803 152.73	98.45	477 463.55	98.28

资料来源：昆百大A 2015~2017年度报告。

---

① 爱我家虽然在2015年、2016年分别盈利18 338.11万元和32 487.22万元，但在2014年亏损额达6 718.24万元。我爱我家并不满足上海主板或者深圳中小板上市连续3年盈利的要求。而创业板倾向于"两高""六新"企业（高科技、高成长性、新经济、新服务、新农业、新能源、新材料、新商业模式），科创板更是要求拟上市公司拥有核心科技技术。我爱我家主要向顾客提供新房业务服务、经纪业务服务、资管业务服务等房地产中介服务，虽然在运营模式上有一定的创新，但远远达不到创业板以及科创板的要求。因此，采用"类借壳"模式的动机强烈（方辉，2020）。

5.1.2 我爱我家"类借壳"上市之路

1. 交易方案

最先披露的收购预案显示,昆百大A发行股份及支付现金购买我爱我家94%股权的交易价格为61.82亿元,其中发行股份支付对价43.8亿元,现金方式支付对价18亿元。为了打消掉证监会对我爱我家借壳上市的疑虑,双方又调整了新方案,原交易对方中自然人林洁持有的我爱我家9.56%的股权将不再纳入本次重组交易标的。这样一来,昆百大A收购我爱我家的股权比例就由94%减至84.46%,交易价格也相应的由61.82亿元降至55.31亿元(另有6%股份为协议转让)。其中以现金方式支付交易对价16亿元,以8.62元/股的价格发行股票4.55亿股,支付交易对价39.24亿元。同时,拟向包括公司控股股东西藏太和先机投资管理有限公司在内的不超过10名特定对象非公开发行股份募集配套资金不超过16.6亿元,非公开发行股份将不超过2.34亿股。

2. 交易性质认定

(1)构成重大资产重组。

本次交易以昆百大A最终收购我爱我家84.46%股权而非100%股权而结束,因此,判定是否构成重大资产重组时,以标的公司84.46%股权成交金额计算,我爱我家占经审计的上市公司昆百大A资产总额、营业收入、净资产比例见表5-4。

第5章 "类借壳"上市模式之第三方交易研究

表5-4　　　　　　　重大资产重组认定相关指标计算

项目	资产总额（元） 2016年12月31日	营业收入（元） 2016年度	净资产（元） 2016年12月31日
昆百大A	668 679.90	191 660.32	376 530.48
标的公司财务数据及成交金额孰高	590 945.99	815 795.01	590 945.99
占昆百大A相应指标比重（%）	88.38	425.65	156.95

资料来源：Wind数据库。

昆百大A的资产总额、净资产额及营业收入取自经审计的2015年度财务报表，我爱我家的资产总额、净资产额及营业收入取自未经审计的2015年度财务报表。本次交易拟购买标的资产的金额占上市公司最近会计年度（2015年）经审计的合并财务报表期末资产总额、净资产额的比例均达50%以上，目标的公司在最近一个会计（2015年）产生的营业收入占上市公司同期经审计的合并营业收入比例达到50%以上，根据《重组管理办法》第十二条规定，本次交易属于重大资产重组。

（2）构成关联交易。

上市公司控股股东太和先机是本次交易补偿义务人，同时，太和先机为本次交易非公开发行募集配套资金认购对象之一。因此本次交易构成关联交易。本次交易完成后，交易对方刘田及其一致行动人、东银玉衡持有上市公司的股份比例将超过5%，因此，根据《上市规则》，刘田及其一致行动人、东银玉衡将被视同上市公司关联方。

（3）本次交易不构成借壳上市。

2015年4月，谢勇以其实际控制的太和先机参与了昆百大A非公开发行的认购并于同年11月以协议方式受让了上市公司原实际控制人何道峰先生控制的华夏西部所持有的股份。截至2015年11月，谢勇先生以直接和间接的方式合计控制上市公司27.88%的股份，上市公司实际控制人变更为谢勇。截至本次交易前，谢勇先生通过直接持股及其控制的太和先机仍合计控制上市公司27.88%的股份，为上市公司的实际控制人。本次交易拟购买的标的资产为我爱我家84.44%的股权，不涉及向谢勇及其关联人购买资产，且本次交易完成后，在不考虑非公开发行募集配套资金的情况下，谢勇及其一致行动人将合计控制上市公司20.07%的股份，仍为上市公司实际控制人，重组前后股权变化情况见表5-5。本次交易前后不涉及实际控制人的变更。因此，本次交易不属于《重组管理办法》第十三条规定的借壳上市。

表5-5　　　　　　　　重组前后股权变动情况

项目	本次交易前		通过本次交易取得的股份数量（股）	本次交易后	
	股份数量（股）	持股比例（%）		股份数量（股）	持股比例（%）
太和先机	226 289 043	19.33	—	226 289 043	13.92
谢勇	100 000 000	8.55	—	100 000 000	6.15
谢勇及其一致行动人	326 289 043	27.88	—	326 289 043	20.07
刘田	—	—	56 801 950	56 801 950	3.49
新中吉文	—	—	27 642 516	27 642 516	1.70
刘田及其一致行动人	—	—	84 444 466	84 444 466	5.20
徐斌	—	—	1 205 462	1 205 462	0.07
茂林泰洁	—	—	27 642 516	27 642 516	1.70
徐斌及其一致行动人	—	—	28 847 978	28 847 978	1.77

续表

项目	本次交易前		通过本次交易取得的股份数量（股）	本次交易后	
	股份数量（股）	持股比例（%）		股份数量（股）	持股比例（%）
张晓晋	—	—	46 080 007	46 080 007	2.83
李彬	—	—	46 080 007	46 080 007	2.83
达孜时潮	—	—	19 791 947	19 791 947	1.22
陆斌斌	—	—	4 912 257	4 912 257	0.30
东银玉衡	—	—	146 171 694	146 171 694	8.99
伟业策略	—	—			0.00
瑞德投资	—	—	25 861 263	25 861 263	1.59
要嘉佳	—	—	6 493 928	6 493 928	0.40
赵铁路	—	—	1 593 602	1 593 602	0.10
西藏利禾	—	—	6 022 777	6 022 777	0.37
太合达利	—	—	24 253 850	24 253 850	1.49
执一爱佳	—	—	14 617 169	14 617 169	0.90
其他股东	843 946 891	72.12	—	843 946 891	51.92

资料来源：《昆百大A：发行股份及支付现金购买资产并募集配套资金暨关联交易报告书（草案）》（五次修订稿）；Wind数据库。

3. "类借壳"交易过程

2017年2月26日，昆百大A第八届董事会第五十次会议审议通过《公司发行股份及支付现金购买资产并募集配套资金暨关联交易预案》等与本次重大资产重组相关的议案。根据2月27日公布的两个公告，我爱我家的全部股份计划分两次注入上市公司，其中6%部分股权按63亿元估值以3.78亿元以现金购买，另外94%股权按照 66.58 亿元估值收购，总对价 61.82 亿元，用股份支付和现金支付两种方式，其中股份形式支付对价约 43.79 亿元。

2017 年 3 月 9 日，深交所向公司发出重组问询函，细究昆百大 A 并购我爱我家这一重组方案，其中"是否存在刻意规避重组上市"及"交易对手方的业绩承诺"等问题是此次问询的重点。公司于 2017 年 3 月 24 日在巨潮资讯网披露《公司关于深圳证券交易所〈关于对昆明百货大楼（集团）股份有限公司的重组问询函〉之回复》以及《公司发行股份及支付现金购买资产并募集配套资金暨关联交易预案（修订稿）》，这是重组方案的第一次修订。5 个月之后，昆百大 A 又发布了第二次修订草案。9 月 25 日晚，昆百大 A 披露关于重大资产重组方案调整的公告，宣布拟以发行股份及支付现金的方式购买我爱我家 16 名股东合计持有的 84.44% 股权，合计支付对价为 55.3 亿元。这是重组方案的第三次修订。仅仅不到半个月的时间，昆百大 A 就完成了重组方案的第四次修订。2017 年 10 月 8 日，昆百大 A 再次调整重大资产重组之配套融资方案，取消"分散式长租公寓装配项目""房产综合服务与智能管理平台项目"两个募集资金投资项目，拟募集配套资金再降至不超过 16.6 亿元。

历时 10 个月，在 2017 年 10 月 12 日，昆百大 A 终于盼来了喜讯——重大资产重组审核获得无条件通过。10 月 13 日，昆百大 A 发布公告称，经证监会并购重组委审核，其重大资产重组事项获得无条件通过。据了解，此次交易完成之后，昆百大 A 共计持有我爱我家 90.44% 股权，作价 59.09 亿元。重组完成后，我爱我家将成为昆百大 A 的控股子公司，实现"曲线上市"。本次交易具体实施过程如表 5-6 所示。

表 5-6　我爱我家与昆百大 A 的重组交易的过程

时间	有关重组交易的重大事项
2017 年 2 月 26 日	上市公司首次披露《公司发行股份及支付现金购买资产并募集配套资金暨关联交易预案》
2017 年 3 月 24 日	上市公司在巨潮资讯网上刊登本次交易预案的首次修订稿,并针对 3 月 9 日深圳交易所问询函中的相关事项进行回复
2017 年 6 月 9 日	上市公司对本次重大资产重组交易预案进行第二次修订
2017 年 9 月 25 日	昆百大 A 进行第三次的预案修订,对我爱我家股权的购买由 94% 降至 84.44%
2017 年 10 月 8 日	完成方案的第四次修订,再次调整重大资产重组之配套融资方案,拟募集配套资金不超过 16.6 亿元
2017 年 10 月 12 日	经中国证监会上市公司并购重组审核委员会审核,昆百大 A 本次交易获得无条件通过
2017 年 12 月 29 日	实施完成重大资产重组之发行股份及支付现金北京我爱我家房地产经纪有限公司 84.44% 股权事项
2018 年 2 月 5 日	完成了本次重组之非公开发行股份募集配套资金事项
2018 年 4 月 10 日	中文简称更名为"我爱我家"

资料来源:《昆百大 A:发行股份及支付现金购买资产并募集配套资金暨关联交易报告书(草案)》(五次修订稿);Wind 数据库。

本次重组完成后,公司在原有业务的基础上增加了包括存量房经纪业务、新房业务不动产资管和房地产综合服务业务。根据上述变化,经公司 2018 年 4 月 26 日召开的 2018 次临时股东大会批准,并经昆明市工商行政管理局核准,公司经营范围变更地产经纪业务;房地产开发经营;停车服务;商场经营管理;柜台租赁、国内贸易、物资供销;进出口贸易;电子商务平台营运建设管理;建筑装修工程的设计及施工;经济信息咨询;企业形象管理策划;企业营销咨询。以下范围限分公司经营：文化娱乐业、酒店业；饮食服务；日用百货连锁经营。

4. "类借壳"方案的不断调整：保持控制权规避借壳认定

本次交易前，谢勇通过直接持股及其控制的太和先机，合计控制上市公司27.88%的股份，是上市公司昆百大A的实际控制人①。本次交易拟购买的标的资产为我爱我家84.46%的股权，不涉及向谢勇及其关联人购买资产，且本次交易完成后，在不考虑非公开发行募集配套资金的情况下，谢勇及其一致行动人将合计控制上市公司20.07%的股份，仍为上市公司实际控制人，因此，本次交易前后不涉及上市公司实际控制人的变更。因此，本次交易不属于《重组管理办法》第十三条规定的重组上市。为了达到不被认定为"借壳"的目的，本次重组过程中，在股权结构、募集资金、业绩奖励等方面三次调整交易方案向证监会妥协以获审批，具体调整情况如表5-7所示，显示了本次重组中保持控制权不变以规避被认定为借壳的决心。

---

① 本次实际控制人变更过程如下：2015年4月23日，谢勇实际控制的西藏太和先机投资管理有限公司参与认购的昆百大A非公开发行股票9 000万股完成过户登记手续。2015年11月17日，谢勇控制的富安达资产—宁波银行—富安达—昆百大资产管理计划协议受让的华夏西部经济开发有限公司所持昆百大A10 000万股股份完成过户登记手续。该次股份转让完成后，谢勇通过西藏太和先机投资管理有限公司等一致行动人合计控制昆百大A股份32 628.9043万股，占总股本的27.88%，昆百大A控股股东由华夏西部经济开发有限公司变更为西藏太和先机投资管理有限公司，实际控制人由何道峰变更为谢勇。如果将本次控制权变更与收购我爱我家股权联系起来，本次取得控制权的西藏太和先机可以看作是为规避收购我爱我家被认定为借壳上市而引入的第三方，谢勇在2017年初以自然人身份进入公司前十大股东更是强化了这一推断：事先布局强化对上市公司的控制权，维持重组前后的控制权不变，谢勇与西藏太和先机投资管理有限公司为一致行动人，谢勇为本公司实际控制人，其控制的西藏太和先机投资管理有限公司为本公司控股股东。

第5章 "类借壳"上市模式之第三方交易研究

表 5–7　　　　　　　　　重组方案的主要调整内容

调整项目	原方案	调整策略	最终结果
最终控股数	昆百大A原计划收购我爱我家17名股东合计持有的94%股权，合计支付对价为61.8亿元	持有我爱我家9.56%股份的林洁已辞去董事职务，不再参与本次交易	昆百大拟以发行股份及支付现金的方式购买我爱我家16名股东合计持有的84.44%股权，合计支付对价为55.3亿元
募集配套资金	昆百大A拟募集配套资金不超过23.1亿元，其中支付本次交易现金对价及中介机构等交易费用为16.6亿元，投入分散式长租公寓装配项目5.5亿元，房产综合服务与智能管理项目1亿元	取消了非公开发行股份募集资金发展长租公寓及房产综合服务及智能管理平台项目	宣布原计划募集配套资金由不超过23.1亿元调整为不超过16.6亿元，取消两个募集资金投资项目
业绩奖励	原方案显示，如果承诺期内实现累积净利润超过18亿元，超出累积净利润部分20%将补偿予昆百大A的大股东	不再执行本次交易奖励安排事项	我爱我家所实现的净利润将全部留在上市公司

资料来源：《昆百大A：发行股份及支付现金购买资产并募集配套资金暨关联交易报告书（草案）》（五次修订稿），Wind数据库。

股权收购方面，最早披露的收购预案显示，昆百大A发行股份及支付现金购买我爱我家94%的股权，按照这一交易预案，谢勇在完成交易后虽然仍是上市公司的实际控制人，但其持有的股份将会降至19.45%，而我爱我家所有原股东完成交易后将合计持有上市公司16.85%的股份，与实际控制人谢勇显示的持股比例仅差2.6%，与原控股股东较为接近的持股比例引起了证监会对其刻意分散股权规避借壳上市的怀疑。为了打消证监会的疑虑，持股我爱我家9.56%股权的林洁决定退出此次交易。修订后的交易预案显

· 165 ·

示，谢勇及其一致行动人对昆百大 A 的持股比例变更为 20.07%，我爱我家原股东方合计持股 14.15%，与昆百大 A 实际控制人谢勇持股比例相差 6 个百分点，进一步加强了原控股股东在昆百大的控股地位。

募集资金方面，根据最先披露的交易预案，昆百大 A 拟向包括大股东在内的 10 名特定对象非公开发行股票募集配套资金 25 亿元，其中 18.5 亿元用以支付收购我爱我家的交易对价，5.5 亿元投入分散式长租公寓装配项目，剩余 1 亿元投入房产综合服务及智能管理平台项目。但证监会 2018 年开始审慎监管上市公司的过度融资，2 月份的时候证监会已经对非公开发行的部分条文进行了修改，限定申请非公开发行股票数量不得超过发行前总股本的 20%。为了防止证监会在审慎监管时出现问题，昆百大 A 直接取消了非公开发行股份募集资金发展长租公寓及房产综合服务及智能管理平台项目，募集资金全部用于支付收购我爱我家的股权对价。

业绩奖励方面，昆百大 A 在最先披露的交易预案里，安排了业绩承诺及业绩奖励，明确公司在 2017～2019 年实现累计净利润分别不低于 5 亿元、11 亿元和 18 亿元。如果承诺期内实现累积净利润超过 18 亿元，超出累积净利润部分 20% 将补偿给昆百大 A 的大股东，不过在业绩补偿中，仅我爱我家创始人股东及核心管理层会参与业绩承诺，其他股东则不参与，昆百大 A 的大股东对业绩补偿金额未覆盖这次交易对价的剩余部分承担兜底承诺。证监会在反馈意见中询问昆百大 A 设计将业绩奖励予大股东的合理性，并且是否有利于保护上市公司和中小股东权益。为消除证监会对业绩承诺的疑虑，昆百大 A 最终决定取消对大股东业绩承诺外的奖励。

5.1.3 我爱我家"类借壳"上市的经济后果

1. 市场价值提升

上市公司的市场价值往往受诸多因素如公司业绩、市场情况、国家政策、企业大事件等的影响，处于不断波动的状态。2016年6月，昆百大A旗下公司组建嘉兴棉贝基金，半年后，嘉兴基金就几乎全盘收购了伟业策略，这无疑向外界传达了两者有意合并的信号。所以从2016年9月起，昆百大A的股价开始直线上升，特别是在2017年2月26日重组预案首次披露后，上市公司股价数次涨停，市值高达220亿元。之后随着交易方案的不断修订，股价也随之波动，但整体处于上升趋势。2017年10月，昆百大A与我爱我家重大资产重组方案的顺利过会，以及2018年4月，上市公司昆百大A更名"我爱我家"，都给其资本市场的绩效又带来一波行情。但2018年4月以来，我爱我家经历了数名高管的辞职风波，其股价也受到了一定影响，根据Wind数据统计，2018年5月2日到9月27日收盘，我爱我家股价下跌19.72%，其市值从170亿元跌至130亿元，不过相对于之前，重组之后的昆百大A的市场价值还是得到了一定的提升。2019年，我爱我家的市值有所回落并逐渐趋于稳定，2019年初的市值为104.58亿元，年中市值为116.36亿元，2019年9月为105.76亿元，整体市值在110亿元期间波动。

2. 提高市场声誉

声誉是保持契约精神的保证，市场经营者所获得的声誉是长期动态重复博弈的过程。企业的市场声誉是市场对企业已经证明的创造价值能力的认知。交易完成前，上市公司已经在云南省内形成了较高的品牌知名度。本次交易的标的公司我爱我家经过多年经营，其拥有的"伟业顾问""我爱我家"等业务已经在全国范围内形成了良好的品牌形象，并在市场及行业内均拥有较高认知度。2014年，"我爱我家"被评为房地产中介行业中唯一的"全国驰名商标"。本次交易完成后，上市公司将拥有我爱我家旗下众多业务品牌，从一家具有较强区域品牌影响力的公司升级为一家具有全国性品牌影响力的上市公司，其影响力的不断扩大将有效促进上市公司各项业务的经营发展。

两者重大资产重组的认定历时一年多，期间重组预案的每一次修改，都充分吸引业内外人士的关注，众多财经新闻争相报道，各界学者积极评论，我爱我家和昆百大A的知名度在无形之中扩大。2017年10月12日，证监会审核通过了昆百大的重大资产重组，我爱我家成为国内首家成功登陆A股主板市场的房地产经纪企业，品牌效应进一步得到提升。

2018年4月10日，昆百大A发布公告，宣布拟将公司中文名称由"昆明百货大楼（集团）股份有限公司"变更为"我爱我家控股集团股份有限公司"；公司证券简称相应变更为"我爱我家"，英文名称缩写变更为"5i5j"，公司证券代码000560保持不变。昆百大A此次更名也将对我爱我家未来业务的发展带来影响，进一步提升品牌影响力，这些因素都将有助于其业绩增长，重组前后的主要收入构成及其变化见表5-8，从该表可以看出，在重组完成的2018年，收入比之前的2017年增加710.71%，2019年也延续了良好的增长势头，营业收入增速也达到4.86%。

表 5-8　　　　　　　　重组前后业务构成变化　　　　　　单位：万元

项目	2019 年	2018 年	2017 年	2016 年
营业总收入	1 121 145.44	1 069 213.55	131 853.63	191 660.32
经纪业务	567 957.78	548 524.78		
资产管理业务	162 651.94	165 467.97		
新房业务	191 178.27	163 527.62		
商业租赁及服务	20 977.97	20 218.08	21 353.52	10 671.29
商品销售	79 171.32	86 635.27	89 467.59	88 237.01
房地产	8 293.79	12 024.89	13 115.32	80 761.81
物业费				
资金引荐				
医药				
旅游、物业及其他	10 212.13	22 130.03	6 350.00	9 335.32
其他业务	80 702.24	50 684.91	1 567.20	2 654.88

资料来源：Wind 数据库。

3. 双方优势资源互补

昆百大 A 主营业务能与我爱我家产生协同效应，协同效应的产生使得保持昆百大 A 主营业务反而有助于我爱我家业务的发展。昆百大 A 具有多年酒店物业管理经验，酒店物业管理业务从业态形式上与资管业务高度重合。本次资产注入有助于我爱我家借助昆百大 A 资产管理经验发展自身资管业务。而我爱我家作为一个业务区域遍布全国 15 个一、二线城市企业，具备线上和线下同步发展的能力，昆百大 A 与我爱我家的融合有助于昆百大 A 借助我爱我家的业务站点来突破自身地域发展的限制，实现重资产发展模式向轻资产运营模式的转型①。

---

①　方辉. 我爱我家"类借壳"资产注入行为探究 [D]. 南昌：江西财经大学，2020.

4. 融资能力增强

2015年易主谢勇之后的昆百大A，成立了多个投资公司，但净利润连续亏损，昆百大A为了保壳，频频"卖子求生"，进行一系列资本运作。2016年正是国家大力倡导房屋租赁业务的好时机，房地产中介行业发展异常迅速，迫切需要资金来抢占市场。经历了一年多的坎坷，我爱我家与昆百大A于2017年10月正式完成重大资产重组，成功上市，重组之后的昆百大A，由于新业务的注入，融资能力有了显著的提高，具体数据见表5-9。

表5-9　　　　　　　我爱我家的融资能力　　　　　单位：万元

融资能力指标	2018年第一季度		2018年半年度		2018年第三季度	
	期末	期初	期末	期初	期末	期初
短期借款	25 141.47	40 141.47	94 141.47	40 141.47	132 517.00	40 141.47
长期借款	22 400.00	22 400.00	12 800.00	22 400.00	42 800.00	22 400.00
吸收投资收到的现金	166 600.00	0	166 600.00	0	166 600.00	0
取得借款收到的现金	0	100 000.00	94 000.00	59 000.00	172 517.00	104 100.00
收到其他与筹资活动有关的现金	2 632.88	1 542.54	4 985.21	3 715.49	6 647.03	6 533.95
筹资活动现金流入小计	169 232.88	25 425.35	265 585.21	96 154.93	345 164.03	169 439.51

资料来源：Wind数据库。

本次交易完成后，上市公司的融资能力进一步增强。我爱我家2018年前三季度的财务报告显示，上市公司的短期借款能力和长期借款能力均有不同程度的加强，其中短期借款能力增加了70%，长期借款能力增加近48%。筹资活动现金流入，第一季度的增长率为85%，半年度增长率64%，第三季度增长率为51%，且上市公司交易完成后现金较为充裕、盈利能力增强，我爱我家现金流情况较好，因此，重大资产重组交易的完成增强了上市公司的融资能力。本次重组后的直接融资情况见表5-10，也体现了本次规避借壳上市带来的直接融资优势。

表5-10　　　　　　　我爱我家重组后融资情况

公告日期	融资方式	年度	发行价（元）	募资总额（万元）	募资净额（万元）
2017年12月28日	定向增发	2017	8.62	392 357.35	392 357.35
2018年2月2日	定向增发	2018	8.90	166 000.00	162 090.00

资料来源：Wind数据库。

5. 对公司治理的影响

2017年10月12日，昆百大A与我爱我家的重大资产重组交易顺利过会，公司本次的股份变动只涉及董事、监事和高级管理人员，具体变化如表5-11所示。

表5-11　　　　　　昆百大A高管的持股变化情况

姓名	职务	本次变动前		本次变动后	
		持股数量（股）	比例（%）	持股数量（股）	比例（%）
谢勇	董事长/总裁	100 000 000	8.5453	100 000 000	6.1523
文彬	董事/副总裁/董事会秘书	32 937	0.0028	32 937	0.0020

续表

姓名	职务	本次变动前		本次变动后	
		持股数量（股）	比例（%）	持股数量（股）	比例（%）
代文娟	董事/财务总监/财务负责人	21 643	0.0018	21 643	0.0013
顾俊	监事会主席	1 000	0.0001	1 000	0.0001
潘斯佳	副总裁	10 000	0.0009	10 000	0.0006

注：谢勇作为自然人股东，2017年1月以8.55%的比例进入上市公司前十大股东之列，该比例持续到本次重组之前；本次重组导致其持股比例下降到6.15%，刘田因本次重组获得3.49%的股份亦进入前十大股东，成为该公司前十大股东中持股比例最高的前两位自然人股东，截至目前该种格局几乎没有改变。

资料来源：Wind数据库。

根据表5-11持股比例的变动可以看出，在本次重大资产重组完成之后，几位大股东的持股比例均有下降，但公司第一大股东谢勇的持股数占总股数的比例仍相对较大，这使得大股东更有动力去监督管理层，而监管层有效的监督反过来又能较好地维护大股东的利益，加强了公司治理的有效性。此外，相对集中的股权给大股东提供了监督公司经营者的有利条件，能够减少一些经营者对公司发展无效的投资经营活动，优化公司的发展。

高管人员的变动情况及管理能力对公司治理有很大的影响。本次交易完成后，公司的独立董事和非独立董事成员保持不变，均为原上市公司昆百大A的董事成员，其中非独立董事4名，独立董事3名，能够充分发挥董事会在公司治理中的核心作用。我爱我家方面的管理团队同样基本保持不变，原我爱我家高管曹晓航、何洋、胡景晖等分别担任昆百大的副总裁。重组完成后，公司的控制权和高管团队都较为稳定，这将有利于公司的治理绩效。

我爱我家从2017年完成重大资产重组交易至2018年12月，共召开将近15次董事会会议，分别对本公司出租物业、募集资金、回购股份、高管任职等方面进行讨论，促进公司积极全面发展。

5.1.4 我爱我家"类借壳"上市潜藏的风险

2017年10月12日，昆百大A发布公告称，昆百大A发行股份及支付现金收购我爱我家84.46%股权的交易获得无条件通过，而昆百大A也将在10月13日复牌。此前，昆百大A已持有我爱我家6%的股权，此次交易完成后，昆百大A将持有我爱我家90.46%股权，我爱我家将成为昆百大A的子公司，即将实现曲线上市。

昆百大A收购我爱我家是典型的"蛇吞象"式交易，回首这一年多的重组历程，昆百大A和我爱我家走得着实辛苦。从2017年2月27日整整287页的首次重组预案，到10月12日终于过会，昆百大A进行了五次方案调整，一次又一次对证监会妥协，成功来之不易。但是成功上市并不是最终圆满的结局，潜在的风险已悄然而至。

1. 高业绩承诺的压力

本次交易方案的业绩承诺为2017～2019年实现的扣除非经常性损益及募集配套资金影响后的合并报表口径下归属于母公司股东的累积净利润分别不低于5亿元、11亿元及18亿元。业绩承诺方为我爱我家的创始人股东、核心高管、员工持股平台、我爱我家总裁杜勇之配偶赵巍巍所控制的企业。由于只有部分交易对方参与了业绩承诺，本次交易业绩承诺覆盖率为51.24%，不能完全覆盖本次交易对价。昆百大A的解决方案是，由控股股东太和先机就补偿金额未覆盖的48.76%承担兜底承诺，补偿金额最高为269 713.99万元。从而保证了本次交易业绩承诺的补偿安排对本次交易总对价的100%覆盖。我爱我家近几年财务数据如表5-12所示。

表5-12　　　　　我爱我家两年一期的财务数据　　　　单位：亿元

项目	2016年1~9月	2015年	2014年
营业收入	63.37	51.12	31.73
营业利润	3.55	1.83	-0.88
利润总额	4	1.99	-0.67
净利润	3	1.49	-0.67
归属母公司净利润	2.65	1.43	-0.66

资料来源：Wind数据库。

我爱我家近几年的财务数据显示，2014~2016年连续3年来我爱我家的最高净利润都没有达到业绩承诺的最低标准，即使在2016年房地产形势大好的情况下，业绩都没有达到承诺数据，而2017年后持续的业绩增长会受行业监管政策趋严的不利影响，我爱我家高业绩承诺将面临不小的挑战[1]，大量重组案例也表明，跨界并购中预期业绩实现存在较大困难，因而重组失败[2]。

---

[1] 不过从后续3年累计业绩承诺完成率为104.17%来看，并没有转化为实际的风险，也表明了重组给标的企业带来了较好的发展契机。
[2] 例如，2016年2月，金瑞矿业发布消息称，公司拟合计作价7.2亿元收购廖继志等8名股东持有的成都魔方100%股权。金瑞矿业的主营业务为煤炭及锶盐产品的生产销售。受产能过剩、国家战略资源调整的影响，煤炭消费和市场容量持续下滑，近年来公司盈利能力出现大幅下滑。金瑞矿业拟将煤炭资产出售，并通过此次交易进入未来盈利能力强、资产质量良好的游戏行业。时隔3个多月之后，5月21日，金瑞矿业宣布终止此次收购，理由是收购标的业绩未达标。金瑞矿业介绍，成都魔方全体股东与金瑞矿业在附条件生效的《发行股份及支付现金购买资产协议》中约定："如成都魔方2016年度第一季度经审计的扣除非经常性损益后的经营性净利润低于当年业绩承诺金额（6 000万元）的1/4的80%的，即低于1 200万元的，任何一方均有权通知对方行使单方解除权。"经会计师审计测算，成都魔方2016年一季度经营业绩未达到1 200万元，针对该事项，经公司综合考虑，决定终止本次重大资产重组事项。除了行业属性不同之外，跨界收购的标的业绩不达标也是导致重组失败的重要原因（参见张敏.33家上市公司跨界并购遇阻并购估值泡沫化引监管层关注［EB/OL］.（2016-05-25）［2017-10-16］.http://stock.hexun.com/2016-05-25/184038282.html）。

2. 高商誉的减值风险

我国整个资本市场 2016 年以前"并购潮"形成风险释放的重要信号，商誉减值成为近年来拖累业绩的重要因素[①]。本次交易中，昆百大 A 以发行股份及支付现金的方式合计购买我爱我家 84.46% 的股权，合计支付对价为 553 146.00 万元，其中，以发行股份的方式支付交易对价 392 357.37 万元，以现金方式支付交易对价 160 788.66 万元。中发国际出具的《资产评估报告》显示，我爱我家母公司账面净资产为 7 268.92 万元，归属于母公司净资产为 42 055.4 万元。收益法评估下的我爱我家净资产价值为 657 800.00 万元，归属于母公司账面净资产增值 650 531.08 万元，增值率 8 949.49%。根据我国现行会计准则，非同一控制下的初始计量按公允价值（合并成本）计入长期股权投资，支付对价的差额按付出资产公允价值与账面价值的差额计入损益，合并发生的审计、法律服务、评估咨询等合并费用在发生时直接计入当期损益，企业合并成本超过被合并企业可辨认净资产公允价值的部分将被确认为商誉。根据上市公司与我爱我家的最终重组方案，本次合并中，昆百大 A 的合并成本合计为 590 945.99 万元，取得的可辨认净资产公允价值份额为 149 969.92 万元，合并成本小于取得的可辨认净资产公允价值份额的金额即商誉为 440 976.07 万元，本次合并商誉的具体计算过程如图 5-1 所示。

---

① 孙瑞泽. 深市公司商誉减值与监管应对分析 [J]. 证券市场导报，2020 (11)：49-56.

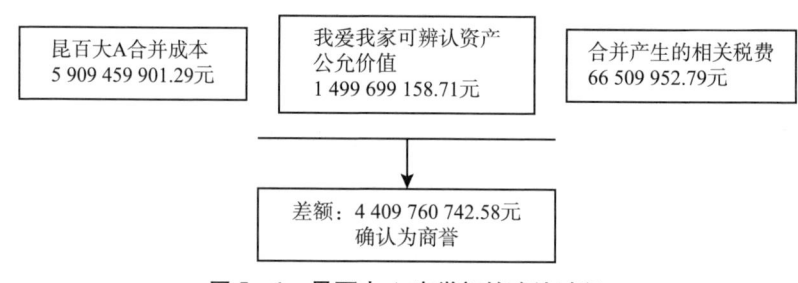

图 5-1　昆百大 A 商誉初始确认过程

资料来源：昆百大 A 2018 年报；Wind 数据库。

　　形成的高额商誉对重组上市公司后续发展而言，存在较大的不确定性[①]，一旦我爱我家业绩出现问题，就将发生商誉减值，直接影响上市公司净利润，商誉越高，后续计提减值损失的可能性越大，因此会对利润造成巨大冲击[②]，2018 年的商誉暴雷[③]，引发了监管部门的高度重视[④]，2018 年 11 月发布《会计监管风险提示第 8 号——商誉减值》[⑤]，2019 年 3 月 29 日，财政部监督检查局下发关

---

　　① 廖青. "类借壳"下商誉减值风险研究——以坚瑞沃能为例 [D]. 成都：西南财经大学，2019.
　　② 虽然我爱我家大股东对本次并购的业绩承诺已完成，但是高额商誉潜藏的风险，已被审计师连续 3 年作为关键审计事项予以披露，特别是 2018 年、2019 年分别以"商誉减值、商誉减值测试"披露。以 2019 年为例，商誉达到净资产 46.65%。
　　③ 韩宏稳，唐清泉，黎文飞. 并购商誉减值、信息不对称与股价崩盘风险 [J]. 证券市场导报，2019（3）：59-70
　　④ 张新民，祝继高. 经营资产结构影响高商誉企业的市场价值吗——基于 A 股上市公司的实证研究 [J]. 南开管理评论，2019（2）：114-127.
　　⑤ 证监会就商誉减值的会计处理及信息披露、商誉减值事项的审计、与商誉减值事项相关的评估三方面常见的问题以及监管关注事项予以明确。其中，涉及商誉减值会计处理及信息披露时，证监会列出以下四方面的要求：要定期或及时进行商誉减值测试，并重点关注特定减值迹象；合理将商誉分摊至资产组或资产组组合进行减值测试；商誉减值测试过程和会计处理要符合相关法律法规；公司应在财务报告中详细披露与商誉减值相关的、对财务报表使用者作出决策有用的所有重要信息。以公司在确定商誉减值测试时点为例，通常存在以下问题：第一，未至少在每年年度终了进行商誉减值测试。第二，未充分关注商誉所在资产组或资产组组合的宏观环境、行业环境、实际经营状况及未来经营规划等因素，未合理判断商誉是否存在减值迹象。在商誉出现特定减值迹象时，未及时进行减值测试，且无合理理由。第三，简单以并购重组相关方有业绩补偿承诺、尚在业绩补偿期间为由，不进行商誉减值测试。

第5章 "类借壳"上市模式之第三方交易研究

于进一步加强商誉减值监管的通知,针对大幅计提商誉减值的上市公司,要求各事务所应关注以前年度从未计提商誉减值而在本年度大幅计提商誉减值的理由和依据是否成立,尤其应关注以前年度商誉减值测试数据与期后实际情况或本期预测数是否存在重大偏差,以及损失金额是否已在当期损益中确认等。

除了重组交易本身产生的巨额商誉,我爱我家高额业绩承诺完成情况对商誉的潜在风险仍不能忽视。根据最终交易预案,我爱我家2017~2019年实现的扣除非经常性损益及募集配套资金影响后的合并报表口径下归属于母公司股东的累积净利润分别不低于5亿元、11亿元及18亿元。从我爱我家业绩承诺完成情况来看,2017年实际实现利润约为5.06亿元,业绩完成率仅为101.34%,2018年实际实现利润为6.30亿元,完成率105%,2019年实现利润7.75亿元,完成率为110.71%,3年累计业绩承诺达成率为104.17%,具体完成情况见表5-13所示,完成情况较为理想。

表5-13 我爱我家2017~2018年业绩完成情况

项目名称	2017年	2018年	2019年
业绩承诺金额(亿元)	5	6	7
实际实现金额(亿元)	5.06	6.30	7.75
差额(亿元)	0.06	0.30	0.75
完成率(%)	101.34	105.00	110.71

资料来源:Wind数据库。

3. 实际控制人高比例股权质押风险①

我爱我家2018年11月24日发布公告显示，太和先机将其持有的本公司4 820万股有限售条件流通股股份质押给浙商银行股份有限公司，质押开始日为2018年11月22日。具体质押情况如表5-14所示。

表5-14　　　　　　　我爱我家本次股权质押情况

股东名称	是否为第一大股东及一致行动人	质押股数（股）	质押开始日期	质押到期日	质权人	本次质押占其所持股份比例（%）	用途
西藏太和先机投资管理有限公司	是	48 200 000	2018年11月22日	至办理解除质押登记之日	浙商银行股份有限公司	11.73	融资

资料来源：Wind数据库。

本次质押完成后，我爱我家公司实际控制人谢勇通过自持及通过太和先机持有合计控制本公司54 102.9689万股股份，占公司总股本的22.97%，占谢勇所控制公司股份的92.59%，股票市值近30亿元。此外，我爱我家另外两个大股东昆明汉鼎世纪和宁波子衿

---

① 股权质押（pledge of stock rights）又称股权质权，是指出质人以其所拥有的股权作为质押标的物而设立的质押。近年来，我国资本市场的控股股东股权质押现象较为普遍，并且存在一定的"爆仓"风险，成为资本市场的不稳定因素。2020年10月，国务院印发《关于进一步提高上市公司质量的意见》，将股权质押风险列为上市公司亟待解决的突出问题。根据国泰安数据库的数据统计，截至2018年底，A股市场有1 586家公司存在控股股东股权质押行为，占比高达41.78%，平均质押比例达63.61%（马连福、张晓庆，2020）。

第5章 "类借壳"上市模式之第三方交易研究

和达也对其所持有的部分股权进行了质押。其中宁波子衿和达从 2018 年 5 月以来对我爱我家进行了 4 次减持，合计减持股份数量为 4 504.66 万股，按照交易均价计算套现 3.33 亿元。

我爱我家发布的公告中表明，本次股权质押是为了进行融资，但融资的具体用途没有说明，因此，并不排除大股东借助质押股权进行曲线套现的可能。此外，股权质押融资属于风险相对较大的融资方式，如果股东无法偿还资金赎回股票或者股票价格跌到双方约定的平仓线比例，资金融出方往往会通过抛售股票来保全债券，这势必会影响上市公司股价的稳定。而我爱我家本次的股票质押比例高达 93%，在影响公司未来股价稳定的同时也表明其可能存在一定的资金压力。

4. 整合风险

截至 2018 年 2 月 5 日，昆百大 A 和我爱我家的重大资产重组已经完成，我爱我家正式成为昆百大的控股子公司。这当然对两家公司来说是一个令人无比欣慰的消息，但是两者在战略、财务、组织结构等方面的整合风险仍不能小觑。资料显示，2015 年、2016 年及 2017 年一季度，我爱我家营收分别为 48.58 亿元、81.58 亿元和 19.46 亿元，对应净利润分别为 1.8 亿元、3.2 亿元和 9 353.34 万元。昆百大 A 同期营收分别为 13 亿元、19 亿元和 3.3 亿元，对应净利润分别为 1 369 万元、2 127 万元和 1 450 万元。相比之下，其业绩远逊于我爱我家，这样的重组模式必将会对公司带来不可忽视的财务风险。上市公司昆百大 A 的性质是控股性集团公司，公司的各经营业务均以下属相应的专业公司为主体来开展经营，如昆百大商业公司、昆百大家电、新纪元大酒店等。业务区域遍及全国各地的我爱我家，是房地产经纪行业的龙头企业，其主营业务包括不动产经纪及运营管理、新房交易、房屋租赁等，并且实行线上线下一体化的经营模式。重组交易完成后，昆百大A在其原有业务领域的基础上增加了标的公司的房地产中介服务业，该业务具有经营规模较大、门店分布广泛、员工数量庞大等特点，这不免对上市公司的协调管理能力提出了考验。同时，由于上市公司与我爱我家在组织模式、管理制度、公司文化和地域等方面存在差异，这些差异的存在会增加上市公司的管理成本及业务整合成本；而且上市公司与我爱我家之间能否有效融合尚存在一定的不确定性，整合过程中可能会对上市公司和我爱我家的正常业务发展产生不利影响。

5. 业务发展与政策风险

我爱我家通过曲线方式成功上市，拓宽了融资的渠道，增强了融资能力，但与此同时，我爱我家可能会面临失去公司控股权、业务发展受到限制等危机。现如今昆百大A主营业务涵盖包括商业零售业、酒店物业管理在内的商业不动产运营管理业务及包括经纪业务、新房业务、资管业务在内的房地产中介服务业务。资料显示，昆百大A 2016年度商品销售业务的收入占比将由46.04%降至8.76%，房地产业务的收入占比由42.13%降至8.02%。而新介入的经纪业务、新房业务及资管业务，收入占比分别达到55.01%、16.84%和7.74%。由此可见，我爱我家的业务收入在未来也将成为昆百大A主要的收入来源，二者在相关业务战略上能否保持一致显得至关重要。但在这次交易中，我爱我家原股东及团队最终拿到了上市公司10%左右的股份，这也就意味着失去了对我爱我家的控制权,若未来在经营战略上出现分歧,可能会对我爱我家的业务发展造成重大影响。一方面,从2017年10月12日我爱我家与昆百大A重组方案顺利过会到2018年11月,仅一年时间,我爱我家控股集团股份有限公司出现了多名高管离职的现象,这不免会被理解为,两者刚刚完成重大资产重组,双方在企业文化、业务模式、制度背景等方面的差异还没有充分整合①,企业内部仍然面临着重大调整。另一方面,上市公司股东目前处于急功近利阶段,与诸多高管在公司未来的业务发展上面存在较大分歧。

房地产中介服务业与房地产行业的关系密不可分,两者的发展同样息息相关。近年来各地房价的高速增长已经引起了社会各界包括中央各级政府的关注。我们国家从2003年以来就开始运用行政、税收、金融等方式遏制房价上涨,特别是2015年下半年,国家又陆续出台了限购、限贷、限价和增加首付比例等政策来稳定房价和调控房地产市场。2017年10月,党的十九大报告提出,"坚持房子是用来住的、不是用来炒的定位,加快建立多主体供给、多渠道保障、租购并举的住房制度,让全体人民住有所居",再次为房地产市场确立了主基调。房地产产业政策的变化会在很大程度上影响房地产中介服务行业的发展。若我爱我家不能适应产业政策的变化,经营管理和未来发展将会受到很大影响,存在较大不确定性。

---

① 王艳,阚铄. 企业文化与并购绩效 [J]. 管理世界,2014 (11): 146 - 157, 163.

5.1.5 案例"类借壳"模式的思考

本案例保持原上市公司控股股东控制权不变的"类借壳"交易的关键有两点：交易中标的资产股东的持股比例以及配套融资的金额。针对前者，降低收购标的资产（我爱我家）股权比例：从94%降至84.46%，相应的交易价格也从61.82亿元降至55.31亿元[①]，具体交易情况如表5-15所示，由此相对扩大原上市公司控股股东与标的股东持股比例差距，交易完成后，我爱我家原股东将持有上市公司10.85%的股权，与上市公司实际控制人谢勇及其一致行动人持有的20.08%差距达9.23%，股份支付形式发行股份4.55亿股；对于配套融资，下调至不超过16.6亿元[②]，增发1 861.69万股。因此，本次重组将合计发行股份4.63亿股，合计也仅占重组前发行在外股份的38.89%，而其他指标已超过100%的比例，因此，关键是巩固原上市公司控制权不变来规避被认定为借壳上市。现金+股权的组合支付方式是本次重组中原控股股东控制权的另一方式，包括现金对价16.08亿元，向谢勇及其一致行动人配套募资89 887 641股，进一步巩固原控股股东控制权。

---

① 本次交易中，昆百大A拟向刘田、张晓晋、李彬等7名自然人股东以及茂林泰洁、新中吉文、达孜时潮、东银玉衡、伟业策略、瑞德投资、西藏利禾、太合达利和执一爱佳发行股份及支付现金购买其合计持有的我爱我家84.46%的股权，合计支付对价为553 146.00万元，其中，以发行股份的方式支付交易对价392 357.37万元，以现金方式支付交易对价160 788.66万元。

② 本次发行股份募集配套资金的定价基准日为本次非公开发行股票发行期首日，即2018年1月17日，发行价格不低于定价基准日前20个交易日公司股票交易均价的90%，即不低于8.85元/股。最终价格确定为8.90元/股，发行1 861.69万股，募集资金16.61亿元，发行费用为0.39亿元，募集资金净额16.21亿元，发行对象为：西藏太和先机投资管理有限公司（原股东）、天津海立方舟投资管理有限公司（特定投资者）、青岛中建新城投资建设有限公司（特定投资者），本次获得股份的锁定期为36个月。

第 5 章 "类借壳"上市模式之第三方交易研究

表 5-15　　交易对手及对价支付情况

交易对方	标的公司股权比例（%）	支付方式（股份对价）股份数（股）	支付方式（股份对价）金额（万元）	支付方式（现金对价）金额（万元）	合计支付的对价（万元）
刘田	10.27	56 801 950	48 963.28	20 984.26	69 947.54
张晓晋	8.34	46 080 007	39 720.97	17 023.27	56 744.24
李彬	8.34	46 080 007	39 720.97	17 023.27	56 744.24
茂林泰洁	5.00	27 642 516	23 827.85	10 211.94	34 039.78
新中吉文	5.00	27 642 516	23 827.85	10 211.94	34 039.78
达孜时潮	3.58	19 791 947	17 060.66	7 311.71	24 372.37
陆斌斌	0.89	4 912 257	4 234.37	1 814.73	6 049.09
徐斌	0.22	1 205 462	1 039.11	445.33	1 484.44
东银玉衡	20.00	146 171 694	126 000.00	—	126 000.00
伟业策略	12.03	—	—	75 762.21	75 762.21
瑞德投资	3.54	25 861 263	22 292.41	—	22 292.41
要嘉佳	0.89	6 493 928	5 597.77	—	5 597.77
赵铁路	0.22	1 593 602	1 373.68	—	1 373.68
西藏利禾	0.82	6 022 777	5 191.63	—	5 191.63
太合达利	3.32	24 253 850	20 906.82	—	20 906.82
执一爱佳	2.00	14 617 169	12 600.00	—	12 600.00
合计	84.46	455 170 945	392 357.37	160 788.66	553 146.00

资料来源：《昆百大 A：发行股份及支付现金购买资产并募集配套资金暨关联交易报告书（草案）》（五次修订稿）；Wind 数据库。

5.2 三爱富与奥威亚"三方交易类借壳"案例研究[①]

2015年9月停牌5个月的有机氟化工企业三爱富发布重组预案,拟以现金收购标的奥威亚和东方闻道两家教育资产,其后向大股东上海华谊集团及其关联方出售氟化工相关资产,最后大股东上海华谊集团将20%股权转让给中国文化发展集团。该公告标志着这家成立于1963年、1993登录上交所的老企业开启了"三方交易"的资产重组新道路。

2017年1月9日晚,三爱富公告,预计2016年度经营业绩将出现亏损,归属于上市公司股东净利润为-3亿元,因此,将出现最近两个年度经审计的净利润连续为负的情况,根据《上海证券交易所股票交易规则》的相关规定,公司股票将在2016年年报披露后被实施退市风险警示,即被ST。根据三爱富发布的重大资产重组预案,由于涉及被从严监管的"三方交易"模式,停牌15个月,被上交所三次问询,重组方案三易其稿,重组过程坎坷。"三方交易"模式的跨界重组是指向一方转让上市公司控制权,同时或随即向非关联的第三方购买大体量资产,而新购买的资产与上市公司原主业不属于同行业或上下游,属于典型"跨界"。"三方交易"模式的跨界重组一直是严监管对象,在2016年重组办法发布前,该类交

---

① 案例中的相关资料、数据来自Wind数据库三爱富公司公告。

易有过会案例,而重组办法修订后再无过会新例①,而三爱富最终于 2017 年 8 月 3 日过会②,引发我们的深思。

5.2.1 重组各方概况

1. 上市公司三爱富基本情况

三爱富公司前身是 1960 年 4 月 16 日成立的上海市合成橡胶研究所,1992 年 2 月 26 日上海市有机氟材料研究所申请组建上海三爱富新材料股份有限公司,同年 5 月,上海市人民政府同意以有机氟材料研究所相关资产作为公司发起人设立"上海三爱富新材料股份有限公司"(以下简称三爱富),同年 7 月,中国人民银行上海市分行同意公司向社会公开发行股票。是目前国内规模最大、品种最全、历史悠久的集科研、生产、经营于一体的有机氟化工行业龙头企业,核心竞争优势在于研发构筑的国内最完整的有机氟产品链,公司产品广泛应用于工业、农业、国防、航空、医药、民用等领域。

重组前公司控股股东为上海华谊,实际控制人为上海市国资委,最近三年控股股东及实际控制人未发生变动。

2. 中国文化产业发展集团基本情况

中国文化产业发展集团(以下简称"中国文发")是国务院

---

① 具可比性的是 2016 年 ST 狮头与山西潞安纳克碳一化工有限公司重组的案例,也是控股权转让后,现金收购后者资产,对比交易完成前后,公司股权结构未发生变化,公司仍然为无实际控制人,不会导致实际控制权发生变更,最后终止。

② 本次三爱富重组是央企和民企共同参与,既顺应混合所有制改革要求,有利于调动多方参与国企改革的积极性,也有助于改善上市公司经营和财务状况,提高抗风险与可持续发展能力,是一次央地联手推进上海国资国企改革的有益探索,也彰显各方看好国资国企深化改革和供给侧改革、加快转型发展的信心和决心,为上海市竞争类企业深化国资国企改革树立了一个标杆。

国有资产监督管理委员会直属企业中国国新控股有限责任公司的全资子公司，是中央企业系统的大型文化产业集团之一，其前身为中国印刷集团公司，成立于2003年2月，由原新闻出版总署所属三家大型印刷企事业单位组建而成，现主要从事文创园区开发经营、文化产业投资、传媒咨询服务、印刷出版发行、技术研发与应用、文化金融服务等文化产业相关业务，拥有全资、控股企业32家。其致力于建设成为文化产业投资运营平台。多年来，中国文发集团在文化产业领域积极探索，坚持发展和服务实体经济。在印刷出版领域中，已成功打造了"新华印刷""科印传媒""全印展""科印网""汉仪字库"等知名品牌。在园区开发运营方面，已经在北京市黄金地段建设了"新华1949"首都文化金融产业集聚区、"人民美术"文化园和"百花"建筑设计园三个不同类型的文创园区，成为具有园区规划、建设、运营、产业孵化能力的开发运营商。在文化产业投资方面，中国文发集团与北京市国有文化资产监督管理办公室通力合作，先后成立了文化创意产业投资基金和文化科技融资租赁公司，为文化产业中小企业搭建融资平台。

3. 广州奥威亚电子科技有限公司基本情况

奥威亚成立于2005年1月，是一家以IT产品为主，集研发、生产、销售为一体的新兴高科技企业。公司致力于先进的流媒体技术、网络控制技术、多媒体音视频切换及传输技术，是教育智慧录播系统整体应用解决方案的专业提供商。奥威亚从单一教育录播产品到丰富的录播产品线，从精品课程录播到班班简易录播，从优课到微课，从课程应用到校园文化传播，从学校应用到区县应用，到整个全省的教育应用，均能提供完整的视频应用解决方案。目前奥威亚的教育信息化产品以教育视频录播与应用为核心,分硬件设备、软件及平台两大类。

重组前奥威亚股权结构如表 5 – 16 所示。

表 5 – 16　　　　　　　重组前奥威亚股权结构

序号	股东名称	出资额(万元)	出资比例(%)
1	姚世娴	1 647.8571	38.45
2	关本立	570.00	13.30
3	钟子春	285.00	6.65
4	叶叙群	240.00	5.60
5	钟师	150.00	3.50
6	欧闯	142.7143	3.33
7	邹颖思	128.5714	3.00
8	姚峰英	107.1429	2.50
9	樟树市睿科投资管理中心(有限合伙)	1 014.4286	23.67
合计	—	4 285.7143	100

资料来源:Wind 数据库。

5.2.2 "三方模式"重组交易方案

2017 年 8 月 4 日,在经历三次重大修改后,三爱富发布的重大资产重组最终方案包括以下三个方面。

1. 重大资产购买

三爱富拟以现金方式向姚世娴等 9 名股东购买其持有的奥威亚 100% 的股权。根据合同约定:根据本次标的股权的评估值,本次收购奥威亚 100% 股权的现金对价为 19 亿元,由三爱富按照协议签署日各股东所持奥威亚的股权比例向各股东支付,奥威亚各股东通过本次转让股权获得现金对价的具体情况如表5–17所示。

表5–17　　　　收购奥威亚向各股东支付现金对价情况

序号	股东名称	股权比例（%）	获得的现金对价（万元）
1	姚世娴	38.45	73 055.00
2	关本立	13.30	25 270.00
3	钟子春	6.65	12 635.00
4	叶叙群	5.60	10 640.00
5	钟师	3.50	6 650.00
6	欧闯	3.33	6 327.00
7	邹颖思	3.00	5 700.00
8	姚峰英	2.50	4 750.00
9	樟树市睿科投资管理中心（有限合伙）	23.67	44 973.00

资料来源：Wind数据库。

2. 重大资产出售

三爱富拟将其持有的三爱富索尔维90%股权、常熟三爱富75%股权、三爱富中昊74%股权、内蒙古万豪69.9%股权、三爱富戈尔40%股权、华谊财务公司6%股权及其他与氟化工相关的部分资产出售给上海华谊、新材料科技、氟源新材料三家关联企业。

3. 控制权转让

在本次重大资产重组之前,公司控股股东上海华谊通过公开征集方式将其持有的三爱富20%的股权（即89 388 381股）转让给中国文发,该股份转让完成后,公司控股股东将由上海华谊变更为中

第5章 "类借壳"上市模式之第三方交易研究

国文发,公司实际控制人由上海市国资委变更为国务院国资委,由地方企业升级为中央企业。本环节,三爱富净资产经过重新评估后,中国文发集团以高于三爱富停牌价每股13.8元50%的溢价,即每股20.26元、总额18.11亿元的高价受让三爱富20%、8 940万股股权。这不仅确保国有资产增值,对上海市国资委有利,而且对二级市场投资者亦有利。上海华谊协议转让给中国文发的股份于2018年1月18日完成了过户登记手续,完成了控制权变更。

而本次重大资产重组与上述股份转让的交割先后顺序为重大资产购买交割、重大资产出售交割、股份转让交割。若重大资产出售中任何一事项未获得所需的批准或未成功实施,则该股份转让将不再实施,本次交易终止,本次交易模式如图5-2所示。

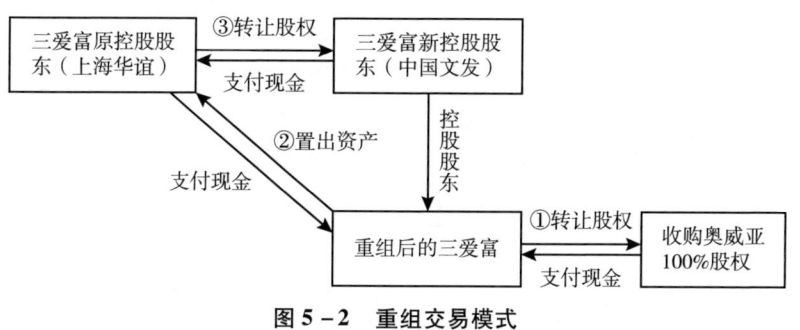

图5-2 重组交易模式

资料来源:作者自行绘制。

4. 三爱富本次重组交易过程

三爱富本次重组交易过程主要事件如表5-18所示,从初次公告到完成历时1年零3个月,经过与监管部门的博弈与方案调整,最终完成。

表 5-18　　　　　　　　三爱富重组主要事件时间

时间	事件
2016 年 5 月 9 日	三爱富控股股东上海华谊正在筹划涉及公司股权转让事宜
2016 年 7 月 11 日	上海华谊拟以公开征集受让方的方式转让其所持的三爱富 20% 股权
2016 年 7 月 29 日	上海华谊与中国文发签署《附条件生效之股份转让协议》
2016 年 8 月 5 日	上海华谊、三爱富与中国文发签署《重大资产重组框架协议》
2016 年 10 月 22 日	三爱富收到证监会一次问询函
2017 年 3 月 7 日	三爱富收到证监会二次问询函
2017 年 3 月 30 日	公司实施退市风险警示股票简称由"三爱富"变为"*ST 爱富"
2017 年 5 月 18 日	三爱富收到证监会三次问询函
2017 年 8 月 4 日	三爱富公布重组方案第三次修订稿同时发布股票复盘提示性公告
2017 年 8 月 18 日	召开第八届董事会第十四次（临时）会议，会议审议通过了本次重大资产重组事项的相关议案
2017 年 11 月 10 日	发布*ST 爱富关于重大资产重组事项获得上海市人民政府批复的公告
2017 年 12 月 14 日	发布*ST 爱富关于股权转让事项获得国务院国资委批复的公告
2018 年 1 月 13 日	发布关于重大资产出售资产完成交割公告
2018 年 1 月 18 日	上海华谊协议转让给中国文发的股份完成过户
2018 年 8 月	更名为国新文化控股股份有限公司

资料来源：Wind 数据库。

5. 重组交易性质

（1）本次交易构成重大资产重组。

根据《重组管理办法》的相关规定以及三爱富 2016 年年报、标的资产经审计的财务数据以及本次交易作价情况，相关指标计算如表 5-19 所示。

第5章 "类借壳"上市模式之第三方交易研究

表 5-19　　　　　　重大资产重组认定相关指标计算

项目	资产总额 2016年12月31日	资产净额 2016年12月31日	营业收入 2016年度
三爱富（亿元）	41.59	30.65	47.37
拟出售资产（亿元）	35.23	22.90	25.88
拟购买资产（亿元）	19.00	19.00	2.94
拟出售资产、拟购买资产孰高（亿元）	35.23	22.90	25.88
占比（%）	84.71	74.71	54.63

资料来源：Wind 数据库。

根据《重组办法》，拟购买资产的资产总额、资产净额以其截至 2016 年 12 月 31 日的账面资产总额、资产净额和交易金额的较高者为准；拟出售资产的相关数据为其全部资产总额、营业收入以及资产净额。根据上表测算结果，按《重组办法》的规定，本次交易构成中国证监会规定的上市公司重大资产重组行为。

（2）本次交易不构成借壳上市。

本次交易完成后，根据上海华谊与中国文发于 2016 年 7 月 29 日签署的《附条件生效之股份转让协议》，在上海华谊将其所持有的三爱富 20% 的股份转让给中国文发之后，公司控股股东由上海华谊变更为中国文发，公司实际控制人由上海市国资委变更为国务院国资委。本次交易本身并不会导致公司实际控制权变更，且不涉及向收购人及其关联人购买资产的情形，因此不构成《重组办法》第十三条规定的交易情形，即不构成重组上市，不需要提交中国证监会审核。

5.2.3 重组中规避借壳的重要设计

1. 本次交易与上市公司实际控制人变更

（1）不会导致公司实际控制人变更。

本次交易本身不涉及控股股东变更，并不会导致公司实际控制权人变更。重组期间，上市公司控股股东仍为上海华谊，实际控制人仍为上海市国资委，重组事项仍需按照上海市国资委的相关要求履行国资审核程序。

（2）在本次交易实施完毕且股份转让完成后，公司实际控制人由上海市国资委变更为国务院国资委。

上海华谊与中国文发的股份转让于本次交易完成之后交割。经国务院国资委核准后，上海华谊将其所持有的三爱富20%的股份转让给中国文发，上市公司控股股东由上海华谊变更为中国文发，实际控制人由上海市国资委变更为国务院国资委。上述股权转让将会导致实际控制人发生变更，符合《中国证监会上市部关于上市公司监管法律法规常见问题与解答修订汇编》第十九条"上市公司国有股在不同省、自治区、直辖市的国有企业之间，国务院国资委和地方国有企业之间进行转让时，视为实际控制人发生变化"的规定。

综上，本次重大资产购买及重大资产出售本身并不导致公司实际控制人变更。上海华谊将其所持有的三爱富20%的股份转让给中国文发后，公司实际控制人发生变更，该认定符合《中国证监会上市部关于上市公司监管法律法规常见问题与解答修订汇编》第十九条的规定，完成上市公司控制权变更，为后续购买资产做铺垫。

2. 现金购买标的奥威亚100%股权的影响

（1）约定奥威亚股东二级市场购买股票。

本次交易中，上市公司以现金收购奥威亚100%的股权。《奥威亚重大资产购买协议》及其补充协议约定在奥威亚股权交割完成后15个工作日内（不晚于2017年12月31日），三爱富向奥威亚全体股东支付现金总对价的50%。同时，上市公司将现金总对价的剩余50%支付至三爱富监管的奥威亚全体股东各方指定银行账户，由奥威亚全体股东各自在收到该部分资金后18个月内（除上市公司董事会同意延期外）用于分别在二级市场购买三爱富的股票①，但奥威亚全体股东购买股票的比例合计不超过三爱富总股本的9%（即按三爱富现有股本测算不超过40 224 771股，奥威亚全体股东各方分别所购买的股票数量上限 = 40 224 771股 × 奥威亚全体股东各自所持有的奥威亚的股权比例，奥威亚全体股东各方购买股数为100股的整数倍，超出百位数部分十位数四舍五入，个位数舍去）②。

若奥威亚全体股东各自购买股票的数量超过前述数量上限，三爱富有权以总价人民币1元价格回购奥威亚全体股东各自超额购买的股票并予以注销；如奥威亚全体股东各自现金对价的50%已经全

---

① 奥威亚原股东的增持计划于2018年7月5日实施完毕。
② 其中奥威亚原股东之一钟子春因误操作超额买入5 020股公司股票。根据重组方案，公司拟以总价人民币1元回购注销钟子春超额买入的5 020股公司股票。2019年2月15日，公司完成上述5 020股回购股份的过户，并取得中国证券登记结算有限责任公司上海分公司出具的《过户登记确认书》。2019年2月18日，公司申请在中国证券登记结算有限责任公司上海分公司注销该部分股份。

部购买股票但仍未达到前述股票数量上限的,奥威亚全体股东各自无需也不得再购买三爱富股票。奥威亚全体股东各自按协议约定购买的上市公司股份与文发集团所购买的三爱富20%股份的锁定期保持一致,即60个月。

本次交易中约定奥威亚股东二级市场购买股票能实现交易对方和上市公司的利益绑定,有利于上市公司股价稳定,有利于保护上市公司及中小股东的利益,这也是本案例特殊之处。

(2) 奥威亚原股东对上市公司实际控制权的影响。

奥威亚全体股东增持上市公司股票的下限为本次交易对价的50%/购买股票的价格与40 224 771 股孰低,增持上市公司股票的上限为40 224 771 股,占上市公司总股本的比例为9%。奥威亚全体股东所增持的股票自中国文化产业发展集团公司购买的股份获得登记过户之日起60个月不以任何形式转让。与交易完成后上市公司控股股东中国文发20%股份的相差较大,无法对上市公司股东大会的决议产生重大影响,因此,无法对上市公司实施控制。

同时,《奥威亚重大资产购买协议》及其补充协议未对奥威亚剩余50%现金对价用途进行约定,鉴于此,奥威亚全体股东出具如下承诺:"本人/本企业除将本次交易现金总对价的50%在二级市场择机购买三爱富的股票外,不会用本次交易剩余50%现金对价增持三爱富的股票。"不会谋求上市公司控制地位,不会导致上市公司实际控制权发生变化。此次交易安排不是规避重组上市认定标准的特殊安排。本次重组前后前三大股东持股变化情况证明了这一点,详见表5-20。

表5-20　　2017~2018年前三大股东持股比例变动

序号	股东名称	2017年		2018年		2019年	
		比例（%）	变动	比例（%）	变动	比例（%）	变动
1	中国文化产业发展集团有限公司	0	不适用	24.66	新进	24.66	不变
2	上海华谊（集团）公司	31.60	不适用	11.60	转让	11.60	不变
3	姚世娴	0	不适用	3.46	新进	3.46	不变
4	中央汇金资产管理有限责任公司	2.74	不适用	2.74	不变	2.74	不变
5	重庆信三威投资咨询中心（有限合伙）-润泽前程4号私募基金	0.96	不适用	1.17	增加		退出

资料来源：Wind数据库。

3. 中国文发在本次交易中的作用

（1）中国文发与本次交易对方之间不存在关联关系和一致行动关系。

中国文发为全民所有制企业，本次交易对方向上追溯后的最终出资人均为自然人，与中国文发不存在关联关系。经逐条对照《上市公司收购管理办法》第83条的规定[1]，中国文发与交易对方之间

---

[1] 核对以下方面：（1）投资者之间有股权控制关系；（2）投资者受同一主体控制；（3）投资者的董事、监事或者高级管理人员中的主要成员，同时在另一个投资者担任董事、监事或者高级管理人员；（4）投资者参股另一投资者，可以对参股公司的重大决策产生重大影响；（5）银行以外的其他法人、其他组织和自然人为投资者取得相关股份提供融资安排；（6）投资者之间存在合伙、合作、联营等其他经济利益关系；（7）持有投资者30%以上股份的自然人，与投资者持有同一上市公司股份；（8）在投资者任职的董事、监事及高级管理人员，与投资者持有同一上市公司股份；（9）持有投资者30%以上股份的自然人和在投资者任职的董事、监事及高级管理人员，其父母、配偶、子女及其配偶、配偶的父母、兄弟姐妹及其配偶、配偶的兄弟姐妹及其配偶等亲属，与投资者持有同一上市公司股份；（10）在上市公司任职的董事、监事、高级管理人员及其前项所述亲属同时持有本公司股份的，或者与其自己或者其前项所述亲属直接或者间接控制的企业同时持有本公司股份的；（11）上市公司董事、监事、高级管理人员和员工与其所控制或者委托的法人或者其他组织持有本公司股份；（12）投资者之间具有其他关联关系。

也不存在应当认定为一致行动人关系的情形。中国文发与本次重大资产购买的交易对方均已出具确认函,确认相互之间不存在任何关联关系及一致行动人关系,不存在未披露的协议或利益安排。本次交易过程中,由于中国文发不享有标的资产以及交易对方的任何权益,也未向上市公司委派董事,因此上市公司董事会根据标的资产实际情况自主做出的购买决策无需征得中国文发的同意。

(2) 中国文发有能力控制和管理拟购买的标的资产。

本次交易完成后,奥威亚将成为公司的全资子公司,由上市公司根据上市公司治理的相关规定对标的资产进行控制和管理。本次拟购买标的企业,在教育信息化领域经营了十多年,拥有稳定的核心团队,在细分领域处于领先地位。本次重组成功和股份转让后,中国文发将全面支持上市公司和标的企业发展壮大,以市场化方式促进文化教育产业化和教育资源均衡化:①充分发挥中国文发的资源优势。一是发挥中国文发良好的政商资源,提高销售效率,迅速扩大市场占有率;二是发挥中国文发文化金融业务的协同优势,通过融资租赁等方式,进一步丰富营销手段,扩大销售规模。②充分发挥上市公司的平台优势。中国文发在成为上市公司控股股东后,在夯实标的资产经营业绩的基础上,将继续开展行业整合,进一步完善文化教育产业链。同时,积极发挥上市公司公开透明的监管优势,着力构建国有资本、上市平台、市场团队优势互补、协调共赢的混合所有制企业运营机制,推动上市公司成为文化教育领域最主要的行业整合平台。

(3) 中国文发溢价46%获得上市公司控制权的原因。

①本次受让是中国文发战略发展的需要。中国文发通过市场化竞争受让三爱富20%股权,是贯彻落实中共中央、国务院《关于深

化国有企业改革的指导意见》的有关精神有利于规范公司治理结构，有利于形成运行高效灵活的经营机制。中国文发作为中央企业，致力于建设成为国家级文化产业投资运营平台，充分发挥国有资本对文化产业的引领和带动作用，助力文化产业的大发展大繁荣。因此，控股一家具有强大行业整合能力的上市公司平台十分必要。

中国文发获得上市公司控制权后，将借助上市公司向文化教育产业多元化发展的契机，利用自身优势大力推进文化教育产业的整合，有利于提高文化教育行业的集中度和产业化水平，有利于促进教育资源的优化配置和均衡发展。

②本次溢价受让是完全市场化竞争的结果。上海华谊通过公开征集受让方的市场化竞争方式，按照有利于上市公司长远发展，保护中小股东利益的原则，从3家竞标方中选择了中国文发作为最终的合作方。公开征集的过程及结果均根据"公开、公平、公正"的市场化原则。

上海华谊之所以选择中国文发系基于其具备能够提高上市公司价值、维护股东利益的能力，最能满足上市公司未来发展方向，保证国有资产保值增值。上海华谊转让控制权是为了更好地实现股东价值，帮助上市公司走出亏损的状态，从而保障所有股东的利益。

中国文发基于对自身体制机制改革、产业长远发展和对上市公司未来发展充满信心等多方面统筹考虑，并参考了可比公司估值水平并将上市公司前次定增价格作为其参与竞标公司的竞价依据，最终经其有权决策机构研究决定以溢价46%获得上市公司控制权，本次受让溢价具有其合理性。

同时，2016年5月9日（停牌日）公司股票价格13.86元/股，市值 61.95 亿元，上市公司的股价通常由企业经营情况、资产成长性、行业市盈率等因素综合决定。中国文发的本次受让股权价格是充分考虑了重组完成后上市公司的经营情况，并考虑了其拟通过本次股权转让实现针对教育类资产的协同发展和实现良好的整合效果和可比公司估值水平和上市公司前次定增价格等各种因素综合确定的，具有合理性。

（4）中国文发受让 20% 股权对上市公司实际控制影响。

根据《上海三爱富新材料股份有限公司详式权益变动报告书》的披露及中国文发的说明，中国文发暂无在未来 12 个月内继续增持上市公司股份的具体计划，若发生相关权益变动事项，中国文发将严格按照法律法规履行信息披露义务。中国文发在本次交易完成后 12 个月内不以任何方式转让其因此所持有的三爱富的股份，但向同一实际控制人控制的其他主体进行转让不受前述 12 个月的限制。为保障本次交易完成后三爱富控制权的稳定，中国文发已就所受让的 20% 股份的未来处置事宜作出如下承诺：①自公司与上海华谊依据双方签署的《附条件生效之股份转让协议》完成股份交割之日起五年内，公司本次受让的三爱富股份将不进行减持和转让；②自公司取得上市公司控制权之日起五年内，三爱富不因重组上市导致其控制权发生变更。通过这些安排较好的维护了上市公司新、老股东以及标的公司股东的利益。

5.2.4 交易模式分析[①]

1. "三方交易"模式

"三方交易"是上市公司、并购标的企业和与并购标的企业无关

---

① 崔李雪. "三方交易"模式在企业并购中的应用研究——以三爱富并购重组为例[D]. 杭州：杭州电子科技大学，2019.

第5章 "类借壳"上市模式之第三方交易研究

联的第三方股权收购人,由此形成了交易中的利益三方。该模式中,一般是由上市公司的原股东以转让股权的方式将控制权转移给第三方企业或者第三方企业通过认购募集配套资金获得上市公司的控制权,但由于第三方企业在获得控制权前与上市公司的拟收购标的资产没有关联关系,以此来规避监管对于借壳的认定。在规避意图过于明显的实控权转移至非关联第三方模式屡屡遇挫后,合规风险更小的改良版"三方交易"模式出现了,即现金收购版的"三方交易",如图5-3所示,该模式将上市公司的控制权转移到第三方企业,不一样的地方在于整个交易要使用现金支付,由于现金支付不属于认定为借壳的重大资产重组,该交易方案只需要向交易所报备登记,由公司股东大会表决通过就可以实施。因为不需要并购重组委的审核认定,现金版"三方交易"的通过概率大大增加,效率也更高。通过现金支付的"三方交易"模式要求企业全部使用现金支付对价,所以需要企业拥有足够的现金流,要求企业具备一定的资金实力。除此之外,还要找到资产状况良好的标的资产和资质优良、背景强大的第三方,并且要均衡各方利益,本案例就属于这种模式,各方利益得到较好的平衡。

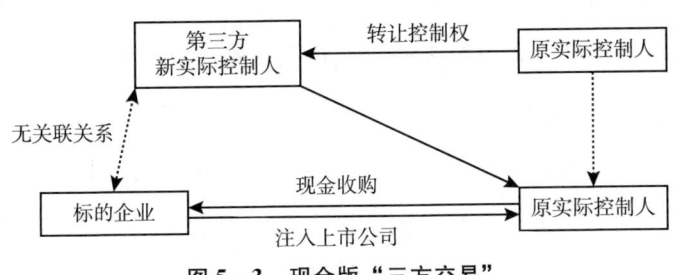

图5-3 现金版"三方交易"

资料来源:崔李雪. "三方交易"模式在企业并购中的应用研究——以三爱富并购重组为例[D]. 杭州:杭州电子科技大学,2019.

2. 收购方式

如前所述，三爱富属于现金版的"三方交易"，还优化了细节。关键点在于其找到了具有央企背景的第三方——中国文发，中国文发资金实力雄厚，国资背景既可以协调各方利益又可以借其国企背景搭上国企混改的车，得到各方支持，可以说中国文发是资质优良的第三方企业，同时，三爱富选择的标的企业——奥威亚也是优质的、能与中国文发形成协同效应的、有前景的资产。

与一般的"三方交易"相比，本案例的特殊之处在于，三爱富多了一步向原控股股东出售资产的步骤，同时与新引入的第三方大股东的股权转让发生在重大资产购买和出售之后，若前两步资产购买和出售没有完成则与新股东不进行股权转让交易。向原控股股东出售资产，既可以将原来的核心资产剥离上市公司，也可以为并购奥威亚提供资金上的支持。对于原控股股东上海华谊来说，在已经决定出售三爱富的前提下，购买三爱富的核心资产也可以整合自己的业务，完善自己在化工领域的布局。对于新股东中国文发来说，本次"三方交易"既可以拥有一个上市公司平台来注入资产，同时由于并购标的奥威亚也是自己向三爱富推荐的几家文教领域企业之一，便于自己在并购重组之后在文教领域的产业链完善。

3. 支付方式分析

并购重组的支付方式主要有现金支付、股票支付和混合支付三种方式。现金支付方式的优点是只要不构成借壳则不需要证监会审核，可以让收购在短时间内快速高效的完成，缺点则是由于一般并购案金额较大，根据现金流有限理论，现金支付会受到公司发展所需现金流的影响，一般企业难以负担巨额现金的需求或者只能通过借款贷款支付；股票支付的优点是现金支出压力小，缺点则是根据控制权稀释理论，又会对大股东的持股比例造成影响，稀释原有股东所持股份，也因为股票支付需要发行新股，也就需要经过证监会的审核，耗时长效率低，因此大部分并购案会选择混合支付方式，即现金支付与股权支付相结合。本次并购案最终成功的关键点之一就在于支付方式不涉及股票支付，采用了全现金支付的方式进行交易，同时通过出售资产获得的对价来支付购买资产的对价，解决了企业在采用现金支付方式时往往难以负担的问题。

本次交易方案中，原控股股东上海华谊及其子公司购买三爱富出售的资产采用了全现金支付的方式，交易总价格为25.50亿元，三爱富向奥威亚购买100%股权的交易价格为19亿元，同样采用全现金支付方式，使上市公司现金流入流出基本匹配。以卖出资产获取现金来支付购入资产所需现金收购模式，设计既解决了全现金交易的缺点，也可以享受到全现金交易的好处，不受证监会监管的审核，同时，由于不发行股份也就不会稀释股权，因此可以维持设定的股权结构。

4. 不构成借壳的说明

（1）关于标的公司管理层的安排。

为规范标的资产的公司治理，加强上市公司对标的资产的控制，本次交易的《奥威亚重大资产购买协议》对标的公司的董事会席位做了安排，在本次交易完成后，上市公司将对奥威亚的董事会成员进行调整。其中奥威亚董事会成员合计5名，全部由上市公司委派（其中包括奥威亚现有全体股东推荐的董事人选2名）。在本次交易完成后，除上市公司对标的公司从股权层面控制外，上市公司在奥威亚董事会层面,实现对奥威亚的控制。

为了奥威亚的稳定发展和继续保持核心竞争力,根据《奥威亚重大资产购买协议》的安排,本次交易完成后,上市公司维持奥威亚管理人员稳定,不改变奥威亚现有总经理、副总经理等核心管理人员的原有安排。上市公司将向奥威亚委派1名财务经理,参与奥威亚的日常经营管理,从财务规范性和资金的收支方面对奥威亚进行监督。

(2)股份转让与本次重组。

①股份转让和本次重组的背景存在特殊性。

为落实国务院《关于进一步促进资本市场健康发展的若干意见》的文件精神,上海市人民政府于2014年先后发布《关于推进本市国有企业积极发展混合所有制经济的若干意见(试行)》《关于本市进一步促进资本市场健康发展的实施意见》,提出打造符合市场经济运行规律的公众公司;要求依托资本市场推进企业改革与发展,充分发挥资本市场的资源配置功能,推动国有控股上市公司、非上市公司开放性市场化重组。上海华谊作为上海市国资系统内的化工产业综合集团公司,积极响应国有企业改革的指导精神,已于2015年完成核心资产上市。为继续深化国企国资改革,推进管理组织优化、提升集团整体竞争力,三爱富于2016年5月9日开始停牌,开始筹划股权转让及重大资产重组事宜。2016年7月,上海华谊通过公开征集受让方的市场化竞争方式,按照有利于上市公司长远发展,保护中小股东利益的原则,从3家竞标方中选择了中国文发作为最终的合作方。公开征集的过程及结果均根据"公开、公平、公正"的市场化原则。

我国教育产业化和集中度不高,中国文发作为国务院国资委、中国国新旗下的综合型文化央企，在整合行业优质资产方面具有先天优势，致力于通过取得上市公司控制权的方式打造文化教育产业发展与整合的核心平台，投资控股文化教育产业细分领域领先企业，不断做大做强文化教育产业，促进国有资产保值增值。

②股份转让和本次重组实施的条件较为特殊。

股份转让和本次重组均应取得相应有权审批机构的批准和同意方可实施，实施条件包括但不限于：上海华谊将持有的三爱富的股份转让给中国文发需取得国务院国资委审批；本次重大资产购买和重大资产出售构成的重大资产重组需取得上海市人民政府同意；重大资产重组的评估结果需取得上海市国资委核准。

（3）股份转让和本次重组不构成重组上市。

本次购买资产的交易对方为奥威亚全体股东。交易对方与中国文发之间不构成一致行动关系、不存在关联关系，不存在其他协议或利益安排。中国文发为全民所有制企业，上述交易对方向上追溯后的最终出资人均为自然人，与中国文发也不存在关联关系。本次重组不属于《上市公司重大资产重组管理办法（2016年修订）》第十三条所规定的"向收购人及其关联人购买资产"的情形，因此，上市公司本次重大资产购买及出售，以及上海华谊与中国文发股权转让不构成重组上市，无须提交证监会重组委审核。

综上所述，上海华谊作为国有企业本着以大局为重，对上市公司和全体股东负责的精神，并未选择出价最高者，而是选择了最符合上市公司长远发展利益的中国文发作为最终的受让方，并且上海华谊在转让控股权后仍然作为上市公司的第二大股东，与新股东协同促进上市公司的发展。三爱富三方交易成功的原因主要有：一是关注了监管动向与趋势;二是选择了资金背景强大的第三方企业中国文发;三是跨界新进行业是国家计划大力发展的文教产业;四是选择了最适合自己的"三方交易"模式。

5.2.5 重组后的影响与后续发展

1. 确认巨额商誉与业绩承诺完成情况

在取得奥威亚100%的股权中,支付19亿元人民币现金作为合并成本,在合并日2017年12月31日,标的企业100.00%权益的可辨认净资产公允价值为人民币480 513 802.03元①,差额14.19亿元确认为本次合并的商誉,在随后年份没有发生减值,对此事项,在2017~2019年年报审计中,商誉减值及相关事项被作为关键审计事项披露。截至2019年12月31日该公司合并资产负债表商誉账面价值为14.54亿元,占资产总额41.18%,商誉形成及其变化情况见表5-21。

表5-21　　　　　2016~2019年商誉变化情况　　　　　单位:万元

类别	2019年	2018年	2017年	2016年
常熟三爱富振氟新材料有限公司(商誉)	3 429.16	3 429.16	3 429.16	3 429.16
广州市奥威亚电子科技有限公司(商誉)	141 948.62	141 948.62	141 948.62	

---

① 标的企业合并日可辨认净资产公允价值依据上海东洲资产评估有限公司的评估价值调整后确定,需要指出的是,在评估中无形资产账面价值为834 309.94元,公允价值为68 579 109.94元,增值81.20倍。

续表

类别	2019年	2018年	2017年	2016年
内蒙古奥特普氟化学新材料开发有限公司（商誉）			0.00	1 237.40
内蒙古三爱富万豪氟化工有限公司（商誉）			0.00	2 213.42
合计（商誉）	145 377.78	145 377.78	145 377.78	6 879.98

资料来源：Wind 数据库。

根据公司与奥威亚原股东签订的《奥威亚重大资产购买协议》，奥威亚原股东承诺奥威亚 2016 年度、2017 年度、2018 年度实现的扣除非经常性损益后且不考虑股份支付因素影响的归属于母公司股东净利润分别不低于人民币 11 000 万元、14 300 万元、18 590 万元。2016 年、2017 年、2018 年，奥威亚已实现扣除非经常性损益后且不考虑股份支付因素影响的归属于母公司股东净利润分别为 12 264.20 万元、16 415.27 万元、19 707.19 万元，每年均完成的基础上，累计完成率为 110.25%，在业绩承诺期内标奥威亚经营业绩保持快速增长趋势，这是商誉未减值的坚实基础。

2. "三方交易"模式形成双主业

本次交易在保留高端新型氟化工资产的前提下，通过"三方交易"模式向第三方收购文化教育类资产，形成"文化教育+氟化工"双主营业务，适度多元化，降低业绩周期性波动风险，提高公司抗风险能力与可持续发展能力，并借助中国文发与上海华谊各自优势，确保双主业稳定运行，提升整体价值，为股东带来更高回报。未来上市公司将依托奥威亚，紧紧抓住教育产业大发展的机遇，积极布局学校教育、"互联网+教育"等领域，积极构建线上线下产品服务体系，打通境内、境外优质资源整合，并积极形成完整的文化教育产业链。重组前后双主业收入构成情况见表5-22，公司主营业务由"重"的化工材料变更为"轻"的文化教育（杨俏文和黄思涵，2019），并且原化工业务也实现了向精细化工的升级。重组后业务结构发生变化，以完成重组的2018年为例，原来业务升级为氟聚合物及精细化学品，占比71.71%；新购入的教育信息化录播产品收入占比28.29，并且增速明显，2019年新增业务占比增长34.64%，占比达38.09%。由于奥威亚属于民营企业，三爱富对于奥威亚的资本引入能够在一定程度上实现国有企业的股权多元化发展，这对于三爱富的股权制衡和未来的良性发展具有积极作用。由于现金回投期限为18个月，因此奥威亚并不会立即成为上市公司的第三大股东。也就是说，在短期内，奥威亚在上市公司董事会中的话语权会与其持股比例不相匹配①。

表5-22　　　三爱富本次重组前后营业收入构成变化　　　单位：万元

项目	2019年	2018年	2017年	2016年	2015年
营业总收入	124 822.05	166 357.84	524 337.01	473 709.22	357 119.05
氟聚合物及精细化学品	76 318.26	119 300.95			
教育信息化录播产品	47 541.60	41 376.65			
CFC及其替代品			259 077.33	187 215.27	164 614.82

①　杨俏文，黄思涵. 上市公司并购重组"类借壳"模式应用案例研究 [J]. 中国注册会计师，2019（10）：117-122.

续表

项目	2019 年	2018 年	2017 年	2016 年	2015 年
含氟聚合物			65 597.63	82 721.30	61 136.71
其他业务	962.19	5 680.24	199 662.05	203 772.65	131 367.52

资料来源：Wind 数据库。

重组后的 2018 年，三爱富随着原来氟化工业务的出售，纳入合并范围的子公司大幅减少①，导致重组后公司营业收入从 2017 年的 52.43 亿元降为 16.64 亿元，同比降幅高达 68.27%，然而研发费用大幅增加，同时由于资产处置取得的现金而获得较高利息收入，表现为财务费用在 1 500 万元以上，综合影响的结果表现为，利润出现可喜变化，净利润由 1.56 亿元提高到 5.45 亿元，三爱富重组前后主要业绩具体变化情况见表 5-23。

表 5-23 三爱富重组前后主要利润表数据 单位：万元

项目	2019 年	2018 年	2017 年	2016 年
营业总收入	124 822.05	166 357.85	524 337.01	473 709.22
营业收入	124 822.05	166 357.85	524 337.01	473 709.22
销售费用	11 814.24	9 834.05	9 721.85	9 813.91
管理费用	10 091.20	10 609.84	38 615.12	45 520.70
研发费用	7 408.98	5 705.01		
财务费用	-1 573.97	-1 686.07	6 485.80	-70.03
其中：利息费用	206.75	340.50		
减：利息收入	1 750.64	1 698.26		

① 原来的子公司由 8 家仅保留 1 家，新设两家承接重组后公司的新材料业务，其中处置原子公司而确认投资收益 6.71 亿元。

续表

项目	2019年	2018年	2017年	2016年
投资收益	2 224 790.64	671 491 309.84	11 818 388.42	
利润总额	18 828.95	82 837.39	24 351.04	−15 962.37
净利润	12 602.81	54 476.60	15 549.59	−23 026.77
持续经营净利润	15 242.28	13 655.78	−155.50	
终止经营净利润	−2 639.47	40 820.82	15 705.09	
综合收益总额	12 602.81	54 476.60	15 022.59	−22 979.77

资料来源：Wind 数据库。

2019年公司实现营业收入12.48亿元，较上年同期16.64亿元下降24.97%。主要原因是化工业务结构调整，化工板块收入减少；实现归属于上市公司股东的净利润11 941.22万元，较上年同期54 309.95万元下降42 368.73万元，下降的主要原因是上年归属于上市公司股东的净利润中包含重大资产重组收益；归属于上市公司股东的扣除非经常性损益的净利润14 211.96万元，较上年同期增加648.83万元，同比增加4.78%。2019年公司积极推动全资子公司奥威亚转型升级步伐，持续加强奥威亚在技术研发、销售、内部管理等方面工作，努力促进双方的业务协同和管理融合。作为完成业绩对赌后第一年，奥威亚在报告期内仍然在各方面工作取得了重大突破和进展，保持了持续的增长势头。奥威亚全年实现营业收入4.77亿元，同比增长14.96%，实现扣除非经常损益后的归母净利润1.98亿元，比上年略有增长。

奥威亚多款产品通过中央电教馆2019年"数字校园综合解决方案"物理检测，多款产品在全国普教展、省级教育展会荣获"金奖""优秀产品"。目前，奥威亚已成为国内教育信息化行业发展的主要领导力量，在全球视音频采集与传输、图像识别等领域处于领先地位。公司积极响应国家"互联网+教育"政策，在新时代下以央企新平台为契机，承担并推进新时代教育信息化发展的重大使命，不断推动资源、管理平台的互通、衔接与开放，探索专注于在线课堂、同步课堂、智慧教育等的建设，推动全连接教学解决方案的落地和实施。

3. 公司更名与证券简称为"国新文化"

2018年7月23日，公司召开第九届董事会第四次会议审议通过《关于变更公司名称、经营范围并修订〈公司章程〉的议案》，根据公司战略发展需要，公司拟将名称变更为"国新文化控股股份有限公司"。作为中国文发的控股子公司，公司将紧紧抓住文化产业大发展、大繁荣的机遇，积极拓展文化教育业务，打造成为具有国际竞争力、影响力和创造力的央企控股文化教育上市公司，故公司拟将名称变更为"国新文化控股股份有限公司"。此次更名符合中国文发和公司的战略布局，有利于提升公司的综合竞争力，公司名称变更于当年8月完成。2018年，公司实现营业收入166 358万元，扣非归母净利润13 563万元，其中奥威亚实现营业收入41 527万元，扣非归母净利润19 707万元，成为公司主要营业利润来源。2019年，为进一步聚焦文化教育业务，公司启动化工资产的置出工作；2020年3月，公司完成三爱富（常熟）新材料有限公司和上海华谊三爱富新材料销售有限公司置出。截至目前，公司化工板块仅有常熟三爱富振氟新材料有限公司。现经大信会计师事务所（特殊普通合伙）审计，2019年度公司实现营业收入124 822万元，其中教育产品主营业务收入 47 541.60 万元，占公司 2019 年度营业收入的 38.09%，符合上海证券交易所《上市公司变更证券简称业务指引》关于上市公司的新业务收入超过公司营业收入 30% 的要求。据此，原"三爱富"这一证券简称已经不能准确反映公司转型为文化教育企业的主业特征，容易对投资者造成误导，为符合公司文化教育主业的实际情况，提升投资者对公司的客观认知，公司拟将证券简称变更为"国新文化"[①]，据此，自 2020 年 5 月 8 日起，公司证券简称由"三爱富"变更为"国新文化"，与其公司名称一致。该重组案例从新业务注入上市公司到公司更名、证券简称变更经历 2 年多的时间[②]，这也是三方交易业务对上市公司业绩贡献逐步显现的过程，也说明了企业的业务升级转型需要艰辛的过程。

本部分的两个"类借壳"案例从标的企业上市程序来看，与借壳上市几乎完全相同：并购转移控制权、非上市业务注入上市公司、更名为与注入业务直接相关的公司名称与证券简称；从会计处理角度来看，参与并购的双方没有相同的最终控制方，而认定为非同一控制下的企业合并，因此，会计处理方法采用购并法，并且因购入的标的企业属于轻资产业务[③]，确认了巨额商誉[④]，而会对后续

[①] 重组完成后变更公司名称与证券简称是借壳上市必须动作，本案例类借壳模式交易完成之后也变更公司名称与证券简称，只不过与借壳上市两者同步实施不同，本案中两者间隔了近两年时间。

[②] 三爱富取得奥威亚控制权的合并日是 2017 年 12 月 31 日，到本次证券简称变更的 2020 年 5 月 8 日历时两年零 4 个月。

[③] 轻资产运营是指企业以少量的固定资产和存货等方面的资金投入，外包其不具备竞争优势的制造环节，集中资源专注于产品研发、品牌营销、客户管理等方面，进而占领价值链高端、提升企业财务绩效的商业模式（周泽将等，2020）。

[④] 张新民，祝继高. 经营资产结构影响高商誉企业的市场价值吗——基于 A 股上市公司的实证研究 [J]. 南开管理评论，2019（2）：114 - 127.

绩效产生重大影响①。该类三方交易的"类借壳"模式有以下三个特点②：（1）实际控制人通过多种方式巩固控制权；（2）提高现金支付比例相对减少标的公司实际控制人持有上市公司的股份，保证原上市公司实际控制人的控制地位③；（3）标的公司实际控制人在资产注入前，通过增资或转让等方式分散其所持股权，使得在收购方案实施后，目标公司实际控制人在资产注入后的上市公司中持有较少的股份，避免对上市公司原实际控制人的控制权构成威胁。

---

① 黄蔚，汤湘希.合并商誉对企业绩效的影响——基于盈余管理和融资约束的中介效应的分析［J］.山西财经大学学报，2019（12）：93 – 106.
② 方辉.我爱我家"类借壳"资产注入行为探究［D］.南昌：江西财经大学，2020.
③ 根据国泰安并购重组数据库，2010～2018年共85 346起并购事件，现金支付80 506起，股票支付1 581起，现金与股票混合支付1 403起；其中主并方为上市公司且并购成功的15 316起并购事件中，现金支付12 746起，股票支付1 207起，现金与股票混合支付1 045起。上述三类支付方式占我国并购市场的95%以上（曾江洪等，2020）。

第6章

"类借壳"上市模式之连环资产重组：武昌鱼与控股股东的重组及其经济后果

武昌鱼股份有限公司（以下简称武昌鱼）在上市两年后的2002年，即开启了其通过重组的转型之路，先有原国有控股股东湖北武昌鱼集团股份有限公司（以下简称武昌鱼集团）通过协议转让股权并逐步退出，经历2002~2007年国有大股东与民营大股东共治的部分民营化，随着2007年武昌鱼集团的退出而完全民营化。2002年就启动了通过由民营控股股东主导与控股股东的连环重组交易转型，先是转型房地产、后拟进军矿业，然而业绩并不理想，在连续亏损的情况下，其股票却因不同概念而几度受资本市场热捧。在我国大力提倡回归实体经济，而非一味地通过资本市场过度发展虚拟经济的背景下，该案例引发我们对以下问题的思考：与控股股东的资产重组中潜在的问题、重组转型的方式及效果、业绩与股价的关系等，尤其是其控制权从国有股东到民营股东的转移以及主业的更换，实质是借壳上市，但是由于该案例发生在我国资本市场刚开启阶段，缺乏认定依据、监管不到位，没有被认定为借壳上市，并且

第6章 "类借壳"上市模式之连环资产重组：武昌鱼与控股股东的重组及其经济后果

该案例迎合了那个时代国有企业民营化以提升经营效率的大势，不过从其后续发展来看，并不理想，反倒提供了因民营控股股东的"掏空"动机而将上市公司拖入亏损深渊的反面典型，而非民营化改善绩效的正面案例。

6.1 武昌鱼转型概况与出现的问题[①]

6.1.1 武昌鱼的转型概况

武昌鱼由国有企业武昌鱼集团2000年发起设立，并于2000年8月上市，至2002年5月，像我国早期大多数国有上市公司"一股独大"一样，国有大股东持股比例一直保持在68.69%。2002年6月，武昌鱼集团宣布将40.5%股权分别转让给以下两个股东：北京华普产业集团有限责任公司（以下简称华普集团）29%，之后其成为第一大股东；中联普拓技术开发有限公司（以下简称中联普拓）11.5%，之后其成为第三大股东。随着2003年2月28日本次股权转让登记的完成，控股股东变更为北京华普产业集团。实质上早在2002年8月华普集团实际控制人蒉英海已成为武昌鱼总经理，公司大股东及实际控制人已实质变更，但是武昌鱼集团董事长傅小安仍为董事长（2004年辞职）。自此进入武昌鱼的部分民营化、两大股

---

① 案例中的相关资料、数据来自Wind数据库武昌鱼公司公告。

东共治时代，呈现出表面上两大股东（国有法人大股东与民营法人大股东）利益代表相互制衡的治理格局①，然而形式上的一致性服务的股东制衡并未带来业绩的改善，反而一路下滑，其2002～2016年业绩如图6-1所示。

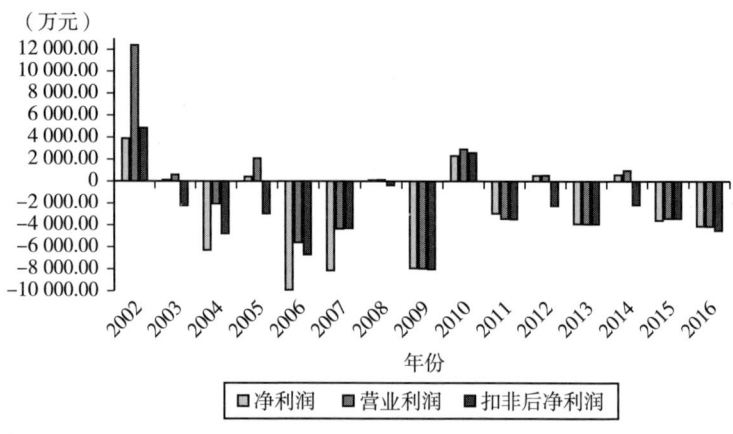

图6-1　武昌鱼2002～2016年业绩

资料来源：Wind数据库。

武昌鱼伴随着控股股东的变更，其主业也从上市之初的淡水鱼类及其他水产品养殖、加工、销售等业务，变更为双主业：原主业淡水养殖和从控股股东手中购入的房地产开发、经营、销售商品房等，而其原主业淡水养殖也自2004年起全部变更为租赁经营，房地产业务占比一度达到9成以上，然而该次转型的房地产业务并不成功②。为避免拖累业绩，2012年5月通过部分处置后进民营控股股

---

① 汤谷良，戴璐. 国有上市公司部分民营化的经济后果——基于"武昌鱼"的案例分析[J]. 会计研究，2006（9）：48-55.
② 正是从控制权变更、业务规模两个标准来看，本次重组应该被认定为借壳上市，不过，此时我国还没有借壳认定的相关办法。

东注入的地产公司股权,将房地产业务出表,回归原主业,而此时主业所剩资产惨淡,几乎沦为"壳公司",可谓"南柯一梦十年回原点"。随后三年执着的"采矿"转型路也以失败而告终,业绩多年处于亏损状态。2016 年 9 月以来,随着有多家国资背景的股东长金股权投资合伙企业(有限合伙,以下简称长金投资)举牌武昌鱼并明确了谋求控股权,其控股权之争悄然上演。

6.1.2 长期被出具"带强调事项段的审计意见"

武昌鱼自 2000 年上市以来,一直聘请中勤万信为其提供年报审计服务,从未更换过①,这是对其执业能力及勤勉、尽责的工作精神的肯定,特别是,审计师叶忠辉作为签字审计师 9 次出现在其审计报告中。就武昌鱼上市以来的审计意见类型来看有两种:2001~2007 年为"标准无保留意见";2008~2016 年的 9 年中一直是"带强调事项段的无保留意见"②,而强调事项均为"持续经营存在重大不确定性"③。2008~2012 年主要是指明控股子公司北京中地房地产开发有限公司与北京中天宏业房地产咨询有限责任公司关于商品房预售合同争议仲裁案尚未裁决,引发持续经营问题④;2012~

---

① 这验证了张敏等(2010)在《审计师聘任的实际决策者:股东还是高管?》一文中的重要研究结论:控制权转移对事务所变更没有显著影响,本案例中控股东改变并没有聘该会计师事务所。
② 在随后的 2017 年、2018 年、2019 年审计意见仍为该种类型。
③ 2008 年是针对更为具体的事项予以强调段,即截至审计报告日,控股子公司北京中地房地产开发有限公司与北京中天宏业房地产咨询有限责任公司关于商品房预售合同争议仲裁案尚未裁决。该仲裁事项存在重大不确定性,可能带来巨大的影响。
④ 其实这些问题在 2006~2008 年已出现,只是公司未能披露,这可由其 2012 年 2 月收到的《中国证监会行政处罚决定书(ST 昌鱼、蒉英海、王晓东、吴迪真等 10 名责任人)》中披露的处罚原因得以验证。

2016 年，针对退出房地产业务回归主业后，"主营业务收入较少，经常性业务持续亏损"，并能运用具体数据说明引发的持续经营问题。从其年报披露时间来看，绝大部分集中在 4 月中下旬①，甚至是卡点的 4 月 30 日，相对其业务量来说是较迟披露的，是会计信息质量不高的信号。从审计费用来看，除 2002 年因重组事项较多，审计收费提高到 91 万元之外，其他年份稳定在 60 万或 70 万元，存在会计师事务所审计收费的固化现象②。

6.1.3 两度被交易所实施"退市风险警示"处理

1. 第一次退市警示

因 2006 年、2007 年连续两个会计年度经审计的净利润连续为负值，上海证券交易所于 2008 年 4 月 30 日开始对其股票实施退市风险警示，股票简称变更为"*ST 昌鱼"。2008 年度经审计的净利润为正值，经公司申请，交易所批准，于 2009 年 12 月 30 日起撤销退市风险警示，而实施其他特别处理，简称变为"ST 昌鱼"。2010 年盈利、2011 年亏损，2012 年 5 月将涉诉多年的中地公司剥离，困扰公司多年的重大不确定风险（中地公司涉及巨额诉讼）已消除，向交易所申请撤销其他风险警示，于 2012 年 8 月恢复。

2. 第二次退市警示

2015 年度、2016 年度经审计的净利润分别为：-35 833 463.06

---

① 2001 年、2011 年、2012 年分别在 3 月 18 日、3 月 22 日和 3 月 27 日披露年报，是较早的 3 年。
② 蔡利，毕铭悦，蔡春. 真实盈余管理与审计师认知[J]. 会计研究，2015 (11)：83-89.

元、-41 372 595.09元。因连续2年亏损,根据《股票上市规则》,自2017年5月2日其股票交易再次被交易所实施退市风险警示的特别处理,因此股票简称变更为"*ST昌鱼"。而截至2017年第三季度结束,其当期营业收入仅为4 221 875.04元,而归属于上市公司股东的净利润为-28 340 122.03元,如果2017年继续亏损将被暂停上市。

6.2 武昌鱼集团转手控制权:退出路径与补偿安排

上市之初,与我国早期国有控股上市公司一样,武昌鱼"一股独大"最为明显,在引入华普产业集团之前的武昌鱼集团持股比例高达68.69%,从2002年到2007年通过协议转让、拍卖等方式经历短暂的部分民营化之后实现全身而退,完全民营化。

6.2.1 退出路径

1. 协议转让

2002年6月11日达成第一次股权转让协议,武昌鱼集团以每股3.03元的价格,将其对武昌鱼持股比例的29%、11.5%,分别转让给华普集团和中联普拓,7月25日签署了《〈股权转让〉之补充协议》,10月30日签署了《股份托管协议》。本次转让过户于2003年2月14日完成后,武昌鱼集团的持股比例降为28.19%,迈出了从上市公司退出关键的第一步——引入拟接盘的民营大股东。

2004年12月21日，武昌鱼集团与中国爱地房地产开发有限公司签订《股权转让协议》，以2004年6月30日本公司的每股净资产为依据，确定以1.7120元人民币/股的价格转让其剩余的全部股份，然而，本次转让于2006年6月因解除宣告失败。同时，武昌鱼集团开启向华普集团的第二次股权转让，价格以2006年第一季度报告的每股净资产价值为参考依据，确定为1.7795元。由于武昌鱼集团所持股份全部被冻结，本次转让88 479 418股的过户手续于2007年7月16日才完成。之后，武昌鱼集团不再持有上市公司股份，而华普集团持股177 569 217股，比例为34.90%，成为武昌鱼至今独一无二的第一大股东及控股股东①。

2. 司法拍卖

由于与武汉市京盛科技投资有限责任公司、鄂州市国有资产管理局的借款合同纠纷，武昌鱼集团持有的武昌鱼3 000万股在2007年7月1日被以每股5.07元的价格拍卖给湖北汇鑫投资有限公司，获得5.89%的股权，成为当时的第二大股东。如果说，之前武昌鱼由国有与民营两大股东共治，至此，随着武昌鱼集团从上市公司的完全退出，进入其民营股东的"一股独大"时代。自2008年后，自然人股东人数增加，并呈分散化、不稳定趋势。表现在前十大股东变化及持股比例较低，2003年开始自然人有3名进入前十大股东，自然人数量维持在7人左右，均在1%以下，并且前十大股东频繁变化，这种状况在2016年发生了变化：一是自然人持股比例提高；二是自然人股东与第二大股东形成一致行动人。该种变化在2017年进一步强化，截至2017年6月30日，随着长金投资增持计

---

① 2002年7月，民营大股东华普产业集团以不到1%的微弱优势成为最大股东。

划的完成，连同一致行动人的持股比例已达19.91%，与控股股东20.77%仅差0.86%，如果考虑控股股东股份质押或冻结影响的话①，长金投资的股权影响力已超过控股股东，引发控制权争夺。

3. 股权变动中的细节

在2003～2006年期间，除2003年当年协议转让完成，华普产业集团股权略大于武昌鱼集团，认定控股股东变更为前者，2004年年报披露武昌鱼集团凭28.19%的股权自动上位为第一大股东，并披露了控股股东再次变更为武昌鱼集团，而在双方股权差距较大并未发生明显变化的2005年，其年报在声明控股股东未变更的情况下，直接披露为华普产业集团，2006年仍如此。其2006年6月22日发布的《股东持股变动报告书》中对此的解释是，2003年12月华普产业集团因为上市公司担保而被划转4 000万股，并未因为持股比例低于武昌鱼集团而发生控制权变更，并说明华普产业集团委派和推荐的董事占上市公司的2/3，而武昌鱼集团虽为该期间的第一大股东，但未委派董事参与上市公司的决策管理，而这种说法与武昌鱼集团董事长傅小安，在2005年武昌鱼董事会换届之前兼任上市公司董事长时不一致②，只能理解为其在上市公司的职务是虚职，这种情况自2002年8月双方第一次股权转让尚未过户的情况下，华普集团实际控制人翦英海成为武昌鱼总经理开始，公司大股东及实际控制人已发生实质变更，公司实际控制人情况与信息披露不一致，也表明了信息披露的不足。2002～2007年武昌鱼两大股东持股

---

① 2007～2015年全部处于冻结或质押状态，2017年6月30日仍有75.71%股权处于质押状态。

② 并且从公司管理层的构成来看，5位管理者中包括常务副总和财务总监在内的3位均是国有股"独大"时代的留任者。

比例变化情况如表6-1所示,由此可以看出,武昌鱼集团退出上市公司历时5年,这为其获得补偿争取了充分的时间。

表6-1　　　　　武昌鱼两大股东股权比例变化

年度	武昌鱼集团（%）	华普产业集团（%）	当期股权变动情况及影响
2007	0	34.90	协议受让武昌鱼集团88 479 418股；武昌鱼集团另外3 000万股拍卖给汇鑫投资,武昌鱼集团完全退出上市公司
2006	23.72	17.51	实施股权分置改革的影响；该年也完成了从国有法人股到非国有股的转变
2005	27.12	20.01	2005年3月武昌鱼集团因债务纠纷,被春潮信用社司法划转1.07%的武昌鱼股份
2004	28.19	20.01	华普集团由于质押4 000万股被划转给工行
2003	28.19	29.00	协议转让的180 280 582股于2003年2月过户完成,华普集团成为第一大股东
2002	68.69	0	6月已签股权转让协议,但是截至年底,过户手续尚未办理,武昌鱼集团仍为第一大股东

资料来源：Wind数据库。

6.2.2　对武昌鱼集团退出的补偿

大小股东冲突的外在形式主要为利用控制权获取私人利益（Grossman et al.,1988）,公司控制人可能通过关联交易对小股东进行利益侵占（张静等,2006）,形式有关联交易、担保或挪占款项、股权转让、操控信息披露等,这为武昌鱼集团转让上市公司控制权的补偿提供路径,从具体形式来看,主要是通过股权的高卖低买实现。

1. 将莲花山公司溢价卖给上市公司

根据湖北众联咨询评估有限公司出具的《资产评估报告书》,截至2002年9月30日,莲花山康福旅游有限责任公司（以下简称莲花山公司）总资产调整后账面价值为 11 501.77 万元，评估值 14 012.50 万元，总负债调整后账面价值 2 852.87 万元，评估值 2 852.87 万元。净资产调整后账面价值 8 648.90 万元，评估值 11 159.63 万元，评估增值 2 510.73. 万元，增值率为 29.03%，以评估的净资产价值为基础确定 97.77% 股权的收购价格为 10 890 万元，以现金支付，收购价款的来源：变更尚未使用的建立市场营销网络的 1 200 万元及补充流动资金的 6 495 万元募集资金，其余价款缺口以自有资金解决。2002 年 1~9 月，主营业务收入 1 107.38 万元，净利润 67.72 万元（未经审计）。2002 年 10 月 30 日，公司第 2 届第 3 次董事会审议了《关于湖北鄂州莲花山康福旅游有限责任公司股权的议案》，2002 年 12 月 5 日召开公司本年第 3 次临时股东大会审议该项议案。12 月 31 日完成收购，形成借方"合并价差 13 678 856.72 元"，依据当时《企业会计制度》规定，该差额将分 10 年摊销，由此减少以后期间利润。

然而从原股东手中接手旅游资产，并未实现其推动市场拓展及跨行业经营，增加新的投资项目和商业机会的目的，反而成为上市公司的负担[1]。于是，2004 年 12 月 21 日，武昌鱼与湖北鄂商（集团）股份有限公司签订了《出资转让协议》[2]，拟转让莲花山公司 97.77% 的股权。本次股权转让是以 2003 年 12 月 31 日为基准日，调整后净资产账面价值（资产总额 10 897.41 万元，负债 3 616.39 万元）7 281.02 万

---

[1] 收购莲花山的第 2 年即 2003 年亏损 710.29 万元，2014 年亏损 315.33 万元，这还不算其合并价差每年摊销减少利润 1 367 885.67 元，这也是其急于出售的原因。

[2] 1997 年，鄂州市水产局与商业局下属公司合并，成立武昌鱼集团，当时的市商业局局长傅小安兼任武昌鱼集团董事长，鄂商集团即为武昌鱼集团成员之一。之后，鄂商集团与武昌鱼集团分开。但由于傅董事长的经历和上述渊源，武昌鱼与鄂商集团一直关系紧密，双方发生多项资产交易。

元，评估值（资产总额 15 466.44 万元，负债 3 616.39 万元）11 850.05 万元，评估增值 62.75%，以此为依据确定本次交易价格为 11 900 万元，其长期股权投资账面价值为 96 060 300 元①，因此，本次股权转让确认 22 939 666.94 元投资收益，通过本次出售莲花山公司的股权，武昌鱼退出计划中的教育业及旅游业，该项转让最终于 2005 年 1 月完成，该次转让可视为大股东对武昌鱼的支持之手，而其背景是业绩下滑，并出现主业上市以来的首次亏损，急需提振业绩。

2. 从上市公司以低于账面价值购买核心资产

将武昌鱼肉禽蛋加工厂、武昌鱼加工厂、武昌鱼销售分公司、高密度流水养殖武昌鱼项目在建工程出售给武昌鱼集团。出售作价以 2002 年 6 月 30 日为基准日，其调整后的账面价值情况如下：资产 13 227.76 万元，负债 917.79 万元，净资产账面价值 12 309.97 万元，评估值为 12 196.22 万元，评估减值 113.76 万元，增值率为 -0.92%，转让价格为 12 196.22 万元，现金支付。

3. 原实际控制人的个人隐形补偿

2004 年年报显示，董事长傅小安完成了对武昌鱼集团的管理层收购（MBO），而且持股比例高达 96.68%。由此可见，国有大股东的实际控制人，在武昌鱼部分民营化的过程中得到了资金，用于参与国有大股东法人集团的改制，并最终得到了武昌鱼集团的产权，其持有的武昌鱼 27.12% 股权，于 2006 年 6 月被湖北省国资委批准同意界定为非国有股，完成了武昌鱼的体制性民营化，这是原实际控制人获得的重要补偿。

该案例的关键步骤是作为国有控股股东的武昌鱼集团对武昌鱼

---

① 初始成本 2002 年合并形成"合并价差"13 678 856.72 元，当年摊销 0，2003 年、2004 年分别摊销 1 367 885.67 元，处置时将未摊销的 10 943 085.38 元转出，合并价差摊销，确认亏损。

控制权转移给华普产业集团这一民营股东,完成借壳上市第一步,为后续新晋控股股东相关资产注入上市公司实现实质借壳提供条件。

6.3 "类借壳"资产的"进"与"退"——地产业务及其业绩影响

6.3.1 注入中地公司——转型房地产业务

1. 中地公司注入上市公司过程

华普产业集团控制上市公司后,分别于2002年、2007年先后两次实现对北京中地房地产开发有限公司(以下简称中地公司)的全资收购。2002年9月,武昌鱼向华普产业集团收购中地公司51%的股权[①],以增值率147.73%的评估净资产价值71 691.66万元为基础,确定该部分股权交易价格为29 250.20万元,而当时,中地公司总负债15.12亿元,其51%股权相对应的净资产账面价值为0.98亿元,即本次收购溢价1.95亿元。现金支付的资金来源于出售高密度流水养殖武昌鱼在建工程项目的价款及尚未投入的募集资金,本次实现相对控股,而在该年度将其纳入合并范围,本次交易中资产重组统计情况见表6-2[②]。2006年6月,武昌鱼决定收购华

[①] 本次收购之后,中地公司剩余股权由北京中联普拓技术开发公司持有35%股权,北京华普产业集团有限公司持有14%股权。

[②] 从资产规模指标超过上市公司控制权变更上年末经审计资产比例的100%,符合借壳上市的规模指标,这是本书认为其有通过收购51%股权实现并表,而不是全部收购,回避借壳上市的考虑。不过这是我国A股市场2011年在《关于修改上市公司重大资产重组与配套融资相关规定的决定》中首次界定的借壳上市标准。

普集团持有的中地公司46%股权，以中地公司截至2005年12月31日的评估值78 852万元为依据，双方确定的46%股权转让价格为22 488.6万元，本次交易评估过程中，中地公司股权评估增值31.81%，并签署《股权转让协议》。之后因华普集团涉及债务纠纷，股权过户手续一直拖到2007年8月2日完成，由此对中地公司的股权增至97%，而在其2007年年报中直接作为全资子公司披露。

表6-2　　　　　　　收购中地公司中资产重组数据统计

2001年12月31日/2001年度	中地公司（万元）	交易金额（万元）	孰高额（万元）	武昌鱼（万元）	占比（%）
资产总额指标	170 365.27	57 353.33 *	170 365.27	88 748.81	191.96
资产净额指标	28 939.64	57 353.33	57 353.33	73 925.72	77.58
营业收入指标	46 213.63 **	—	—	8 977.78	514.76

注：*该数据=29 250.20/51%，即收购51%股权价格推算100%股权交易价格。
**该数据来自武昌鱼2002年度报告。
资料来源：Wind数据库。

2. 控股中地公司的会计处理及其变化

我国长期股权投资核算方法在2007年前后发生了重大变化。依据《企业会计制度》，2002年将支付对价与享有被投资单位净资产账面价值差额形成的股权投资差额194 634 455.02元，计入合并价差、分10年摊销，由此产生的影响是：减少2002年利润4 865 861.38元，2003~2006年均摊销19 463 455.50元而减少当期利润。随着2007年现行企业会计准则体系的执行，因其属于同一控制下企业合并产生的长期股权投资差额，未摊销完的差额129 233 176.07元，以调减2007年1月1日"留存收益"而全部结转。2007 年再次取得剩余股权时，则因已执行现行会计准则，按同一控制下企业合并从少数股东手中购买股权处理，即将收购价格超过中地公司购买日账面净资产部分冲减公司资本公积 126 040 223 元。

3. 控股中地公司后的业绩变化

武昌鱼对中地公司重组后，从 2003 年开始主营业务利润急剧下降，这是其自 2004 年起，将原主业水产养殖全部变更为租赁经营年租金收入约 200 万元的结果。从武昌鱼重组之后的主业利润构成来看，房地产业务逐渐占据了主导地位，占比一度达到 9 成以上，但由于其业绩波动大，如合并当年贡献净利润 1 939.33 万元，而第 2 年净利润仅有 41.63 万元，其地产业务的营业收入、利润率变化大，且各年差异很大，具体见表 6-3，结果是，本次转型的地产业务并没有成为武昌鱼的盈利支柱。

表 6-3   武昌鱼 2002~2013 年地产业务收入与成本

年度	营业收入（元）	营业成本（元）	增长（%）	利润率（%）	备注
2013					回归农产品加工
2012	-127 318.00	0		-120.54	中地房地产开发有限公司 1~4 月房屋销售面积差额收入
2011	619 944.00		-97.16	100	租赁收入为零
2010	169 333 024.00	65 449 123.52	130.03	61.35	
2009	73 296 046.00	96 493 002.00	584.41	-31.65	新增租赁收入
2008	16 596 831.33	7 177 836.00	100.00	56.75	
2007	0	0	-100.00	—	收入来自其他业务收入
2006	36 260 538.80	56 248 874.63	-55.12	-55.12	
2005	414 467 047.61	341 392 034.33	317.74	17.63	

续表

年度	营业收入（元）	营业成本（元）	增长（%）	利润率（%）	备注
2004	99 216 863.00	74 879 233.75	449.76	24.53	
2003	19 047 281.43	11 241 994.86	-96.09	40.98	
2002	462 136 307.00	343 537 866.72	—	25.66	

资料来源：Wind 数据库。

本次重组后武昌鱼的财务状况也不断恶化，体现在：随着合并高负债地产公司，资产负债率大幅攀升，具体情况见表6-3，变化趋势见图6-2。两个时点变化最为明显：一是纳入合并的2002年，合并报表资产负债率同比增加3.06倍，达到65.71%，而其母公司的资产负债率仅有22.09%；二是2007年取得中地公司剩余46%股权后，合并报表与个别报表资产负债率分别提高10个以上百分点，具体变化见表6-4。

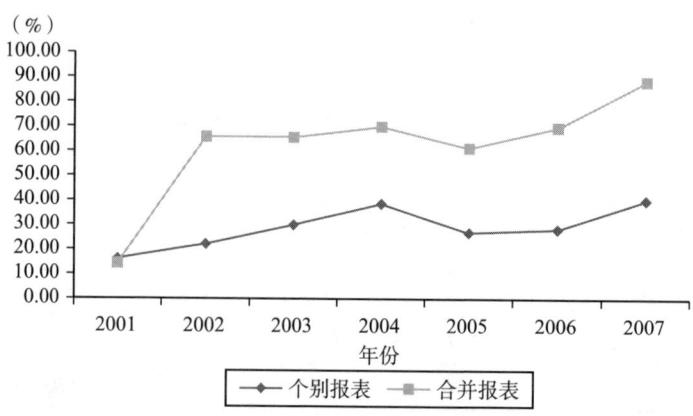

图6-2 合并前后合并报表与个别报表资产负债率变化

资料来源：Wind 数据库。

表 6-4　合并中地公司前后武昌鱼合并报表与个别报表资产负债率比较（2001~2007 年）　　单位：%

2001 年		2002 年		2003 年		2004 年		2005 年		2006 年		2007 年	
个别	合并	个别	合并	个别	合并	个别	合并	个别	合并	个别	合并	个别	合并
16.20	14.28	22.09	65.71	29.96	65.49	38.50	69.86	26.83	61.19	28.25	69.60	40.04	88.36

资料来源：根据公司公告整理。

6.3.2　抽身中地公司——回归原主业

1. 处置中地公司控制权及后续业绩

（1）处置中地公司控制权。

为了降低控股子公司——中地公司涉及诉讼对公司的不利影响，2012 年 2 月武昌鱼向实际控制人控制的北京华普投资有限公司（以下简称华普投资）转让中地公司 48% 的股权（包括其直接持有的 45%，通过湖北武华投资有限公司间接持有的 3%）。本次以评估基准日 2011 年 9 月 30 日的评估价值 10 171.31 万元为基础，确定交易价格为 10 600 万元。转让完成后，持有中地公司 49% 股权，由此丧失控制权，自 2012 年 5 月不再纳入合并范围[①]，而按合营企业对其采用权益法核算。由于中地公司资产总额及各报表项目占前期合并报表的比重较大，2012 年合并会计报表各项目金额与期初数及上期发生额均有较大的变动。其实早在 2009 年就准备全部出售其直接持有中地公司 94% 的股权，当时作价以中地公司 2009 年 3 月 31 日

---

① 由此，中地公司的控制权回到控股股东华普集团手中，实现方式是其子公司华普投资直接持有 48% 股权，通过当年 5 月对北京中联普拓技术开发有限公司 80% 股权的收购，间接持有 3% 的股权，合计持有中地公司 51% 股权，并改组了中地公司的管理层。

为基准日经审计的净资产价值为基础,溢价6%确定交易价格。

由于本次股权转让按权益法调整对中地公司剩余股权核算,调整本期期初未分配利润20 264 319.44元,其中按照投资时被投资单位净资产的公允价值调整初始投资成本增加年初未分配利润140 181 777.52元,调整初始成本后导致长期股权投资账面价值高于被投资单位转换日净资产的公允价值(102 349 601.23元),相应地计提减值准备119 917 458.08元,由于该减值是在对投资成本进行调整后才需要计提,所以影响金额计入年初未分配利润,导致年初未分配利润增加 - 119 917 458.08元,对长期股权投资的调整合计影响20 264 319.44元。

(2)处置地产公司后的业绩影响。

2012年由于处置股权,不再将中地公司纳入合并范围,使资产规模下降87.74%,负债下降96.51%,由此,资产负债率为26.06%,与2011年的91.82%相比,大幅下降;而营业收入仅下降3.22%,几乎没有影响;最重要的是,通过该项处置形成的"非经常性损益"使归属于上市公司股东的净利润由上一年的亏损 - 29 578 786.00元到本年度为盈利5 117 053.41元,由此于2012年8月实现摘帽[①]。之后,业务收入主要来源于农产品加工,业绩不温不火,具体见表6 - 5。

---

① 因2006年、2007年连续两个会计年度经审计的净利润连续为负值,上海证券交易所于2008年4月30日开始对本公司股票实施退市风险警示,股票简称变更为" * ST昌鱼"。2008年度经审计的净利润为正值,经公司申请,上海证券交易所批准,上海公司股票于2009年12月30日起撤销退市风险警示,并实施其他特别处理,股票简称变更为"ST昌鱼"。随后的2010年盈利、2011年亏损,2012年5月将涉诉多年的中地公司剥离,困扰公司多年的重大不确定风险(中地公司所涉之巨额诉讼)已消除,向交易所申请撤销其他风险警示。

表 6-5　　武昌鱼 2011～2016 年主要业绩指标　　单位：元

年份	主营业务收入*	营业收入	营业利润	归属于上市公司股东的净利润	归属于上市公司股东的扣除非经常性损益的净利润
2011	619 944.00	13 537 591.00	-34 370 855.19	-29 578 786.00	-34 832 747.65
2012	3 882 181.63	13 101 569.68	5 332 696.75	5 117 053.41	-22 649 144.48
2013	7 723 973.18	11 740 973.18	-39 166 066.63	-39 062 050.80	-39 182 582.80
2014	6 611 356.20	11 912 412.50	9 678 679.38	5 762 378.05	-21 874 658.31
2015	3 713 325.19	11 266 425.39	-34 095 527.22	-35 848 923.19	-34 122 619.09
2016	11 005 275.75	17 889 807.45	-41 345 666.09	-41 155 160.97	-45 021 723.59

注：*除 2011 年为房地产销售外，其他年份为农产品加工。营业收入与主营业务收入的差异是其他业务收入，从年报来看，其他业务收入包括农业资产出租、房产和车库出租收入，因此，在 2006～2011 年，原主业的农业收入为零，2012 年又将其从其他业务收入重分类到主营业务收入。

资料来源：Wind 数据库。

2. 处置中地公司剩余股权未果

2016 年 2 月 5 日，武昌鱼披露了重大资产出售方案，拟以 10 630 万元转让中地公司 49% 股权，交易分三期付款，受让方华普投资系上市公司实际控制人翦英海旗下企业。该方案一经公布，便引发市场质疑其向关联方"出售核心地段的房产掏空上市公司"。此后，公司又收到上交所问询函，就标的资产估值、近年来买卖估值溢价率"买高卖低"、标的资产出售后"额外付款"的安排是否损害上市公司利益、在主业空转仍剥离地产业务的情况下上市公司未来如何保证持续经营等问题提出疑问，并要求武昌鱼一一补充说明。最重要的质疑是：截至 2015 年 9 月 30 日，交易标的资产中地公司净资产账面价值为1.6亿元,评估值为2.17亿元,49%股权收益的评估值为1.062亿元,评估增值率为94.13%。据了解,中地公司主营房地产,其开发及销售的房地产项目主要是位于北京中心城区的华普中心项目,分为Ⅰ期、Ⅱ期、Ⅲ期。特别是完工于2002年的Ⅲ期项目为商住楼,位于北京市内东城区中心地段。对比北京房价2002年之后的走势,上交所质疑标的公司94.13%的溢价率有被低估的可能性。这已经不是武昌鱼与关联方第一次进行中地公司的股权交易,2002年上市公司购买中地公司51%股权,较调整前账面值增值率为274%;2006年,上市公司购买中地公司46%股权,增值率为217%。表现出交易作价典型的不对称性,即进入上市公司时高溢价,退出上市公司时则压低价格,而上市公司的交易对手均为控股股东。

面对监管层的质疑,武昌鱼一度以"部分事项需要核实"为由延期回复问询函,最终于2016年3月9日决定终止本次重组,并承诺在3个月内不再商议、讨论公司重组事项。对于终止的原因,公司公告是"鉴于公司本次出售中地公司49%的股权额外付款的实现目前存在诸多不确定性因素,导致交易价格无法作出合理的预估",而这也是上交所当初提出的诸多问题之一,显示了交易所问询函在对上市公司监管中的威力[①]。

[①] 为配套公司信息披露方式的变化,交易所一线监管模式也由"事前审核"转向"事后监管"。问询函是中国监管部门近年来为规范上市公司财务报告信息披露、完善市场监管而采取的关键非处罚性监管政策之一,其刚性和威慑力较行政处罚稍显不足(夏一丹等,2020)。年报问询函是事后监管模式的主要手段,其流程如下:上市公司发布年度报告后,交易所会在20个交易日内进行审核,针对年报中经营业绩、会计处理、内部控制等问题,向上市公司发放问询函,并同时在交易所网站"监管问询"板块公开,要求上市公司在规定时间内(通常为5个交易日)以回函形式进行解释说明、补充披露;通常,交易所与公司会经过一轮或多轮交流,直到其关注问题被全部解决,整个问询过程结束(李晓溪等,2019)。

6.3.3 保留49%中地公司股权的业绩影响

2012年丧失对中地公司控制权后，武昌鱼对中地公司的剩余股权按联营企业采用权益法核算，2012～2016年确认的投资收益如表6-6所示，除在2012年因转让中地公司48%股权而在合并报表中确认投资收益26 720 360.80元而大幅提升了业绩外[①]，其他年份都严重拖累业绩，表现为由此确认的投资收益均为负值，这也是促使其在2016年初试图通过处置该部分股权，完全退出房地产业务的主要原因，地产业务对业绩的影响情况见表6-6。

表6-6　2012～2016年对中地公司权益法确认投资收益与营业利润

单位：元

年度	投资收益	营业利润
2012	-1 131 307.90	5 332 696.75
2013	-13 275 114.38	-39 166 066.63
2014	-9 491 174.99	9 678 679.38
2015	-5 803 981.03	-34 095 527.22
2016	-14 503 089.95	-41 345 666.09

资料来源：Wind数据库。

[①] 母公司因处置子公司股权而丧失控制权时，在合并报表中，处置股权取得的对价与剩余股权公允价值之和，减去按原持股比例计算应享有子公司自购买日持续计算的净资产账面价值份额与商誉之和，形成的差额计入丧失控制权当期的投资收益；与原有子公司的股权投资相关的其他综合收益、其他所有者权益变动，也在丧失控制权的当期转入损益，由于被投资方重新计量设定收益计划净负债或净资产变动而产生的其他综合收益除外。

6.3.4 华普产业集团"类借壳"模式分析

武昌鱼对中地公司的合并与丧失控制权过程中,一方面代表了新晋的民营控股股东华普产业集团利用对上市公司的控制权,通过重大重组注入严监管的地产业务而实现"借壳上市",只差更名这一形式程序就完成了借壳上市的全部程序。另一方面从会计核算来看,又有利用股权比例这一形式上的控制判断标准操纵业绩与规避借壳上市认定的嫌疑:取得51%股权就纳入合并范围,不想纳入合并范围就处置48%股权,保留49%股权,转而采用长期股权的权益法核算,形式上表现出对合并范围判断基于股权比例形式的随意性,实质上是真实性盈余管理行为[①]。按照一般借壳上市认定标准中最关键的两条:(1)上市公司的控制权发生变更;(2)上市公司向收购人及其关联人购买的资产总额,占上市公司控制权发生变更的前一个会计年度经审计的合并财务会计报告期末资产总额的比例达到100%以上。这还是2016年修订之前较宽松的标准,即便如此,武昌鱼2002年6月对中地公司的重组也符合了"借壳上市"的条件,而没有被认定为借壳上市,可能的原因是,当时我国没有借壳上市监管办法而被有着发达资本市场经验的翦英海规避[②]。

---

① 按照是否影响现金流量,企业的盈余管理活动可分为应计盈余管理和真实盈余管理两类。在罗伊乔杜里(Roychowdhury,2006)提出度量企业真实盈余管理的模型之后,学术界针对企业真实盈余管理活动的影响因素进行了更为深入的研究。资本市场的业绩压力是企业进行真实盈余管理的重要影响因素。与应计盈余管理相比,真实盈余管理具有以下特点:因隐蔽性强而被市场识别的难度更大、对利润的操纵空间更大、对企业的后续影响更大(张海晴等,2020)。

② 翦英海创办的华普智通成立于2000年,2002年在香港创业板上市,并一直是该公司的第一大股东,这使翦英海非常熟悉我国香港资本市场运行规则,尤其是借壳上市规则,被其娴熟运用在利用武昌鱼让其控制的地产业务上市的操作中。

2016年9月修订后的标准更为严厉表现在：资产注入触及标准可以分为三个层次七项标准①，达到其中任何一项即触及借壳认定。

6.4 地产业务失败后的挣扎——与黔锦矿业三年之恋

武昌鱼在2012~2015年3年中，三次筹划重组的贵州黔锦矿业有限公司（以下简称黔锦矿业）成立于2007年7月，截至成为本次重组对象，经历6次股权转让，1次增资，三次重组前的股权结构如表6-7所示。由于武昌鱼与重组标的具有相同的最终控制人，属于同一控制下的企业合并，因此，不构成借壳上市，并购手法与收购中地公司类似。

---

① 第一个层次为五个100%的财务指标：资产总额、资产净额、净利润、营业收入、对价股份占原股本比例，具体为：（1）购买的资产总额占上市公司控制权发生变更的前一个会计年度经审计的合并财务会计报告期末资产总额的比例达到100%以上；（2）购买的资产在最近一个会计年度所产生的营业收入占上市公司控制权发生变更的前一个会计年度经审计的合并财务会计报告营业收入的比例达到100%以上；（3）购买的资产在最近一个会计年度所产生的净利润占上市公司控制权发生变更的前一个会计年度经审计的合并财务会计报告净利润的比例达到100%以上；（4）购买的资产净额占上市公司控制权发生变更的前一个会计年度经审计的合并财务会计报告期末净资产额的比例达到100%以上；（5）为购买资产发行的股份占上市公司首次向收购人及其关联人购买资产的董事会决议前一个交易日的股份的比例达到100%以上。第二个层次为导致上市公司主营业务发生根本变化。具体指上市公司向收购人及其关联人购买资产虽未达到前面五项标准，但可能导致上市公司主营业务发生根本变化。第三个层次为证监会认定可能导致上市发生根本变化。这其实是赋予了监管部门一个进行实质性判断的"兜底"条款。监管方与被监管方围绕认定标准博弈，但是修订后的标准赋予监管层较大的执法空间，对上市公司形成有效的制约。

表6-7 三次重组前黔锦矿业股权结构及其变化情况

次数	截至时间	股权结构	变化情况
第一次	2012年3月31日	华普投资33%、安徽皖投26%、神宝华通15.74%、世欣鼎成15%、京海通10.26%	2011年11月华普投资、京海通分别从神宝华通手中受让33%、10.26%股权，进入该公司
第二次	2013年3月31日	同上	无变化
第三次	2014年6月30日	同上	2014年10月，华普投资将其持有的该公司股权分别质押给中信并购投资基金、云南力达地球物理勘测有限公司16.5%；同时武昌鱼曾拟通过增资4%入股，未果

资料来源：Wind数据库。

6.4.1 第一次重组方案

2012年5月，武昌鱼因筹划收购黔锦矿业开始停牌，2012年8月公布交易预案，交易主要要素如表6-8所示。于2012年7月30日召开五届第三次临时董事会会议通过，但由于黔锦矿业未能如期办理矿山用地的出让手续，于2012年12月14日终止本次重组。

表6-8 第一次预案主要交易要素统计

评估基准日	账面价值与价值评估	交易价格	发行股份定价	配套资金金额及对象	配套资金用途
2012年3月31日	资产账面价值为10 856.23万元；预估增值额为209 143.77万元；预估增值率为1 926.49%	22亿元	6.96元/股	发行价格6.26元/股，募集配套资金不超过5亿元	募集的配套资金将用于标的公司产业链的完善及补充流动资金

资料来源：Wind数据库。

6.4.2 第二次重组方案

2013年4月9日起停牌①，经第五届六次临时董事会会议同意，武昌鱼5月30日发布重组预案，主要交易要素见表6-9。8月14日召开第五届六次临时董事会会议审议并通过交易方案，方案在8月30日召开的临时股东大会上以超过95%以上绝对多数通过，9月2日报送中国证监会审核，2013年9月10日公司收到《中国证监会行政许可申请受理通知书》，予以受理，11月28日公告近期予以审核，再次停牌，12月4日获并购重组审核委员会有条件通过，后因未能落实并购重组委审核意见予以重审，最终因标的资产价格评估的依据不可靠而在2014年1月2日被通知审核未获通过，终止本次重组，过程曲折，令人深思。

表6-9　　　　　　　第二次交易预案主要要素统计

评估基准日	估值	交易定价	发行股份定价	配套资金金额及对象	配套资金用途
2013年3月31日	资产账面价值为10 206.02万元；预估增值额为199 793.98万元，210 705.97万元；预估增值率为1 957.61%	21亿元	6.66元/股	发行价格5.99元/股，募集配套资金不超过5亿元	募集的配套资金将用于标的公司产业链的完善及补充流动资金

资料来源：Wind 数据库。

---

① 2013年4月22日，黔锦矿业作出股东会决议，各股东同意以其所持黔锦矿业股权认购武昌鱼新增发行股份，并同意互相放弃优先购买权。

2013年6月13日至6月24日期间，网上登载了《黔锦矿业：武昌鱼的"价值陷阱"》《黔锦矿业是武昌鱼的"馅饼"还是"陷阱"》等标题质疑本次交易的文章，从一个侧面反映了本次交易是"带病"重组。

6.4.3 第三次重组方案

2014年7月15日起，武昌鱼再次停牌筹划收购黔锦矿业。2014年10月22日，经董事会同意后公告交易预案，与上次相比，本次标的资产预估值由原来的21亿元降为17.45亿元，同时，黔锦矿业将由买矿石转为仅售深加工产品。

其间，目标公司股东京通海将其持有的10.26%股权，于2015年4月13日全部转让给了目标公司股东之一世欣鼎成的兄弟公司世欣资产，由于本次重大资产重组变更交易对象，导致本次重组方案发生重大调整，财务顾问中德证券也终止服务。由此对交易预案进行修订，2015年5月22日公布重组方案，与预案相比发生了重大变化，详见表6-10。

表6-10　　　　第三次重组中交易草案与预案的差异情况

项目	预案	报告书草案	备注
标的公司评估结果	预估值17.45亿元	评估值12.98亿元	差异幅度超过20%
购买资产发行对象	华普投资、安徽皖投、神宝华通、世欣鼎成、京通海	华普投资、安徽皖投、神宝华通、世欣鼎成	世欣鼎成承接了京通海持有的股权

第6章 "类借壳"上市模式之连环资产重组:武昌鱼与控股股东的重组及其经济后果

续表

项目	预案	报告书草案	备注
募集配套资金认购对象	中信并购投资基金(深圳)合伙企业(有限合伙)、杭州蜂网文化创意有限公司、陕西金控福开莱投资管理有限公司、昆明沃乐沃商贸有限公司、上海沃木投资中心(有限合伙)、北京华普馨园置业有限责任公司	北京中融鼎新投资管理有限公司、北京金元盛世资产管理有限公司、国盈资产管理有限公司和北京华普馨园置业有限责任公司	除了关联公司北京华普馨园置业有限公司以外,其他融资方全换,其中最为外界所看好的中信并购投资基金,在一年多的跟进之后,不再作为配套融资方参与认购。
发行价格	4.21元/股	购买资产发行价格为5.60元/股,募集资金认购发行价格为7.08元/股	定价基准日变更重新确定发行价格

资料来源:Wind数据库。

根据中联资产评估集团有限公司出具的矿产品销售价格变动对矿权评估结果及股权评估结果影响的分析,在2015年8月,黔锦矿业100%股权评估结果为6.49亿元,与以2014年12月31日为基准日的评估值12.98亿元相比,估值已腰斩,而交易对方不同意据此调整交易价格及发行数量,最终2015年8月25日决定终止本次重组。对于终止重组,交易所发了问询函并要求举行投资者说明会。对于本次重组中对重组标的尽职调查不审慎、相关信息披露及风险揭示不充分以及取消有关股东大会公告时间不符合规定时限等,在2015年12月23日被交易所予以通报批评,并计入上市公司诚信档案,对公司形成一定威慑。

6.4.4 监管手段与重组失败

本次长达 3 年的重组以失败而告终，彰显了我国近年来上市公司监管，尤其是重大资产重组监管手段、能力的提升的威力。估值是基础，其决定了交易价格，而在控股股东资产注入式重组中，标的估值尤为敏感，不公允就会成为控股股东与上市公司之间利益输送的工具，武昌鱼在 2012~2015 年对黔锦矿业的三次交易方案中估值变化幅度极大，特别是第三次中在短短 3 个月内同一标的的估值几乎腰斩。如果据此交易，在支付股份定价变动不大的情况下，会大幅降低支付的股份，这也会降低控股股东注入资产的积极性。针对这次重组行为，交易所实施了从"问询函+投资者说明会"的多种监管模式①。2013 年推出信息披露直通车业务，上市公司信息披露监管改为事中事后监管。由此，上交所首创"监管问询函"这一监管形式。监管问询函发挥效力的关键在于要求上市公司就相关信息做出更充分的披露和解释，以便投资者获得更完整真实的信息，做出更合理的判断。与监管问询函为主要手段的"刨根问底"式监

---

① 证券交易所是归属于证监会直接管理的事业单位，其上市公司监管部（上交所）或称公司管理部（深交所）也可以对上市公司进行监督管理。但需要注意的是，证监会的监管与交易所的监管存在较大差异。首先，在监管方向方面，监管政策的制定与具体监管的重心是由证监会决定的，交易所是上述决定的执行者；其次，在监管性质方面，证监会有权进行行政处罚，并能够联合执法机构进行立案调查，而交易所无权做出行政处罚，因此，监管力度主要取决于证监会；最后，在监管流程方面，相较于交易所，证监会对上市公司实施监管的披露方式也更具及时性与强制性。证监会对上市公司的立案调查强制上市公司于接到《调查通知书》后及时披露，对上市公司的行政处罚公告由证监会披露。因此，证监会监管的披露更具强制性，从着手调查到形成调查结论均有信息披露，及时性更强。而交易所对上市公司所发的问询函具有例行性，并非全部披露，仅就重要问题做部分披露，因此强制性较差（参考古朴，翟仕运. 监管不确定性与企业盈余质量——基于证监会换届的准自然实验 [J]. 中国工业经济，2020（12）：186–201）。

管新模式一道显示威力的还有上市公司重组媒体说明会。上市公司资产重组是易滋生问题地带，利益输送、股价炒作等，让一部分人获得更多利益，但却损害中小投资者利益，上交所发布《上市公司重组上市媒体说明会指引》指出，上市公司重组交易构成重组上市的，公司应召开媒体说明会。一方面是交易所重组问询函步步逼问，另一方面说明会现场提问，让重组各方难以招架。在有了重组问询这道"冷却"程序后，当监管关注的风险和疑问公之于众时，投资者亦可在同一时间通过问询函指向的细节深入了解重组所面临的问题与不确定性，从而对方案形成全面的评估，降低盲目"跟风"追高的风险，避免遭受损失。

6.5 最新动态：保壳双重压力与控制权转让

6.5.1 进入新的两大股东共治时代

长金投资[①]于 2016 年 9 月 21~23 日，通过上海证券交易所集中竞价交易系统 25 453 307 股，均价为 11.197 元，合计成本 285 000 678.48 元，持股比例达 5%。9 月 25 日发布增持计划公告，拟通过在二级

---

① 2016 年 6 月 15 日，宜昌国投集团公司、武钢集团旗下资产经营公司及长安信托公司举行框架协议签约仪式，共同投资设立了宜昌绿色发展投资基金。该国资背景的基金作为 GP（一般合伙人）在 2016 年 9 月 2 日联合长安国际信托股份有限公司、烟台迎硕商贸有限公司成立长金投资，投资类型为有限责任公司（法人独资），注册资本 10 亿元整。从事股权投资活动、投资管理及相关咨询服务活动，不得从事吸收公众存款或变向吸收公众存款、发放贷款等金融业务。

市场择机增持上市公司股份，增持股份数量不少于25 430 500股。截至2017年3月17日已增持23 453 556股，3月21日通过大宗交易受让一致行动人望灵200万股，完成原定增持计划，合计增持金额36 214.04万元。另一股势力武汉联富达投资管理有限公司等，自2016年6月至2016年9月30日，合计通过上海证券交易所集中竞价交易系统增持武昌鱼无限售条件流通股52 774 419股，占武昌鱼总股本10.37%。经交易所问询，长金投资与武汉联富达等相关股东在2016年10月15日签署一致行动协议，合计持股19.98%，与控股股东持股比例仅有0.79%之差，面临控制权争夺而引发市场波动[①]。

6.5.2 出售大鹏畜禽的争议

武昌鱼2017年11月9日发布拟出售控股子公司大鹏畜禽99.90%股权给霍尔果斯融达，转让金额1.05亿元，预计将增加公司投资收益4 293.24万元，该议案在11月27日的股东大会中几乎全票通过。

---

① 本次控制权争夺随着相关方的"一致行动协议"的解除而暂告一段落。经查明，湖北武昌鱼股份有限公司（以下简称公司）股东宜昌市长金股权投资合伙企业（有限合伙）持有公司10%的股份；公司股东武汉联富达投资管理有限公司（以下简称武汉联富达）、杨青、李冰清、望灵、夏智勇、胡青为一致行动人，合计持有公司9.98%的股份。2016年10月15日，长金投资与武汉联富达及其一致行动人签订《一致行动协议》，约定一致行动期限为自2016年10月15日起至2017年10月15日止，并约定在一致行动期限到期前1个月协商是否继续保持一致行动。2016年10月17日，上述股东披露《简式权益变动报告书》，披露上述一致行动关系，但未披露上述一致行动关系的期限。2019年7月5日，公司公告称，上述《一致行动协议》到期后，协议双方未协商，也未签订新的一致行动协议，双方认为该一致行动关系已于2017年10月15日到期自动解除。近年来，控股股东华普集团因股权质押、诉讼风险等面临股权被拍卖而转让控制权的风险。

第6章 "类借壳"上市模式之连环资产重组：武昌鱼与控股股东的重组及其经济后果

该项交易的背景恰好在于，2017年已进入倒计时，*ST昌鱼已连续2年亏损，2017年前三季度继续亏损2 834.01万元，正面临较大的保壳压力而备受争议。此次转让的标的资产大鹏畜禽持续亏损，但以收益法评估后，净资产增值达64.08%。由此引发市场质疑，为此，上交所分别于11月10日、20日、22日、连续向武昌鱼发出三份问询函，12月7日又下发了《资产转让评估事项的监管工作函》。关注的主要问题有：在大鹏畜禽持续亏损前提下，选择收益法评估的依据及主要财务数据预测的合理性；交易对方是否为上市公司关联方？按照评估结果来看，大鹏畜禽在未来可实现较高净利润的情况下，公司却选择长期低价出租的合理性等。据此武昌鱼还应交易所要求，于11月29日下午召开投资者说明会，充分说明了监管层对本次交易动机及性质的关注。

对武昌鱼的未来，樊国红说："目前尚未有明确的发展规划，但是一直在谋求转型，我们的工作也一直围绕着转型在做。"而大鹏畜禽业绩预计大幅改善和评估价值提升的情况下，出让这一资产可为公司争取后续发展以及转型的空间。本次交易中，股东大会的积极推进与监管层的质疑形成鲜明对比，也暗含了大股东对公司决策的强控制力，因而可能成为典型的控股股东与中小股东突出的代理问题。

武昌鱼经历10年民营股东一股独大后，2016年重新进入华普集团与长金投资新的两大股东共治时代，共治并没有改变其业绩差的情况。对于投资武昌鱼，长金投资相关负责人表示，"我们的定位，并不是简单地炒股票，短期的收益并不是追求的目标，此前的卖出操作完全是'乌龙指'；希望能够充分利用股东方宜昌国投集团和武钢集团的产业资源、长安信托的金融资源，并嫁接社会资源，按照市场化方式，以'产融结合''一、二级市场并举'的思路，推动一级市场优质产业资源和二级市场资本资源对接，更快、更有力地推动优质产业、企业嫁接资本市场，服务好实体经济。这也是结合资本市场特征而探索的一条'供给侧改革'的实施路径和方案。"然而后续的发展与预期相悖。从截至2019年底长金投资持股比例几乎没有变化，仍是武昌鱼的第二大股东来看，与长金投资负责人的说法一致①。

就武昌鱼近年来的业绩来看，自2016年起，陆续收回了租赁期满的水面并开始自主养殖，经营模式由出租改为自营，经营业绩较之前有所提高，直观体现农产品在营业收入中占比逐渐提高，截至2019年已占到总收入的98%，又回归到公司最初的主业，并且近3年毛利率也稳定在20%左右，具体情况见表6-11。2018年公司收回了饲料厂并自主经营，取得了良好的市场反应，饲料销量稳中有进，经营效益好于预期。同时，农产品销售平台发展计划开始实施，主要以销售大闸蟹、蔬菜和坚果类农产品为主，主营业务收入有所增加。后期公司将继续加大投入和推广力度，以第一二三产业融合发展为引领，以鄂州建设湖北国际物流枢纽工程为契机，以构建优质农产品及符合新零售特点的平台化公司为方向，持续完善内部管理与实施方案，努力提升品牌价值及持续运营能力，全力开辟一条符合公司实际的转型升级之路。截至2019年12月31日，武昌鱼已累计亏损-533 087 417.76元，流动负债合计金

---

① 即使在2020年10月最新的控制权变更之后，长金投资仍然以9.29%的持股比例，居第二大股东之位。不过，在投资4年之久无收益、并且有央企背景的新控股股东入主，长金投资的后续趋势值得关注。

额超过流动资产合计金额 28 281 305.20 元,虽然公司积极采取了相应措施,但效果并不明显,持续经营能力仍存在重大不确定性,因此,其 2019 年的年报仍被会计师事务所出具带强调事项段的无保留审计意见。

表 6-11　武昌鱼 2015~2019 年分行业收入构成及其变化

项目	2019 年	2018 年	2017 年	2016 年	2015 年
农产品(万元)	3 825.48	3 670.36	1 159.03	1 100.53	371.33
其他业务(万元)	67.83	118.69	287.79	688.45	755.31
合计(万元)	3 893.31	3 789.05	1 446.82	1 788.98	1 126.64
农产品占比(%)	98	97	80	62	33
农产品毛利率(%)	16.19	20.29	26.19	42.79	56.26

资料来源:Wind 数据库。

6.5.3　控股股东最新动态:华普集团被动退出而投身央企

值得注意的是,2020 年 10 月 20 日,武昌鱼原控股股东华普集团因股权质押被司法裁定,将其持有的公司股票 8 000 万股过户至申请执行人中融国际信托有限公司(以下称"中融信托"),以抵偿应支付的债务 28 400 万元,过户完成后,中融信托持有公司总股本的 15.72%,将成为上市公司第一大股东及控股股东,这样一来,武昌鱼在被民营股东华普集团控制 10 余年后,再次成为国有企业,不过本次升级为中央企业,因为本次变更后,其实际控制人为国务院国有资产监督管理委员会。这样,武昌鱼自上市以来,其产权性质经历了"地方国企—民营企业—中央企业"的曲折变迁,变迁过程中的业绩蜕变,说明了产权性质(主要表现为部分民营化[①]、完全民营化)与重组业绩并不直接相关,参与重组的控股股东控制权收益决定了重组动机直接影响重组后的绩效[②],"掏空"动机则会导致重组后的公司业绩越来越差,甚至陷入破产,而"支持"动机则会提升上市公司业绩,这也是当前我国在混合所有制改革中需要注意的问题,不能单纯追求产权性质本身的变革,简单股权交叉与混合并非混合所有制改革的要义,而应注重产权改革引发的公司治理效应与资源效应,通过不同产权性质股东优势互补提升上市公司质量[③],更好发挥资本市场配置资源功能。

[①] 汤谷良,戴璐. 国有上市公司部分民营化的经济后果——基于"武昌鱼"的案例分析[J]. 会计研究, 2006 (9): 48 – 55.
[②] 步丹璐,刁媛. 融资惯性、控制权收益和民营化效率——基于星美联合的案例分析[J]. 财经研究, 2016 (9): 52 – 62.
[③] 郝阳,龚六堂. 国有、民营混合参股与公司绩效改进[J]. 经济研究, 2017 (3): 122 – 134.

第 7 章

研究结论与政策建议

基于我国特殊的上市制度与监管动态，本书结合我国资本市场典型案例分析了"类借壳"上市的三种模式①：（1）多手段综合运用保持上市公司控制权不变；（2）"三方交易"模式将股权变更与收购非上市资产分开，在上市公司收购标的资产前或者收购同时把股权转让给与标的资产无关联的第三方；（3）通过设计交易方案将交易规模控制在重大资产以上、借壳认定标准以下。现金支付方式在收购标的资产中不涉及控制权变更而对"类借壳"模式特别有效，至于重组后公司是否具有持续盈利能力，则主要取决于标的企业资质以及整合效果等因素。

7.1 研究结论

本书在回顾我国重大资产重组制度演进的基础上，主要运用案例研究与比较分析方法对我国近年来资本市场上的"类借壳"模式

---

① 崔李雪．"三方交易"模式在企业并购中的应用研究——以三爱富并购重组为例[D]．杭州：杭州电子科技大学，2019．

▶▶ "类借壳"上市模式及其经济后果研究

及其经济后果进行研究，发现一些规避借壳的交易方案使得借壳上市的认定标准形同虚设，这就需要从"堵"与"疏"两条思路完善借壳上市监管，从大的趋势来看，应该是"疏"而不是"堵"[1]，既要适应上市公司业务转型需要，又要防止资本市场发生类似商誉暴雷引发崩盘风险[2]，主要结论如下：

（1）"类借壳"模式是上市公司与监管层博弈的结果。近年来呈现出来的花样翻新的"类借壳"交易模式是规避严厉借壳上市的结果，这是监管层应该意识到的问题。不同"类借壳"交易设计潜藏不同的风险，如"三方交易"模式，因重组中被购买方高业绩承诺确认的巨额商誉成为重组后潜在的风险[3]，而保持控制权不变的交易设计，则有重组过程中利益输送而侵害中小股东利益的嫌疑，因此针对不同的"类借壳"交易应采取针对性的监管措施，更好保护投资者利益。

（2）从"疏"的角度来说，针对监管者与被监管者之间的博弈，认定标准再完善也难以逃脱被刻意利用的命运，在监管资源有限的情况下，关键在于管理层的诚信教育与投资者正确投资理念的树立，让愚弄市场的参与者无处藏身，正在推行的注册制从某种程度上降低"壳资源"稀缺性，改变企业上市方式选择的决策函数，

---

[1] 2019年再次修订《上市公司重大资产重组管理办法》时"放松"重组上市即是信号。

[2] 杨威，宋敏，冯科. 并购商誉、投资者过度反应与股价泡沫及崩盘[J]. 中国工业经济，2018（6）：156–173.

[3] 2020年12月23日晚间，数知科技（300038）公告称，截至2020年11月30日，公司因收购BBHI公司形成的商誉56.3亿元、收购日月同行形成的商誉3.3亿元、收购金之路形成的商誉8 503.84万元、收购鼎元信广形成的商誉5 560.08万元，上述公司经营状况持续恶化，将出现商誉减值，对公司的经营管理产生不利影响，预计减值金额约为56亿~61亿元。以12月23日5.43元的收盘价计算，数知科技总市值为63.51亿元，这也意味着此次商誉减值金额几乎等同于公司总市值。

有望从根本上改变借壳及"类借壳"上市需求,而主动选择成本更低的直接上市方式。

(3) 从"堵"的角度来看,完善认定标准及配套监管措施。目前,证监会相关文件对借壳上市的认定只有控制权变更与购买资产规模两个核心条件,过于单一,交易方案只要规避掉其中一个条件,就可以实现规避借壳认定而回避严厉审核,并且没有考虑同一控制下的重组上市以及花样翻新的"三方交易"模式,这需要细化认定标准中的细节,强化资本市场的制度基础,既减少企业的操纵空间,也为监管提供刚性依据,抵御外界压力。

(4) 关注我国特殊上市制度对企业上市方式选择的影响。从案例重组经济后果来看,有业绩变差的案例,当然不乏因重组成功而实现转型、业绩迅猛增长的案例,甚至因重组失败而转战 IPO 成功,并实现业绩、估值快速增长的案例,表明我国特殊上市制度会扭曲企业上市方式选择,也即选择借壳或"类借壳"上市的企业,可能本身业绩较好而存在融资约束因而曲线上市,导致我国资本市场资源配置效率低下[1]。

(5) 作为企业而言,既要重视业务经营,又要重视资本运作。产融结合是发展趋势,也是金融服务实体经济的重要路径,关键是实体企业应在国家产业政策引导下开展资本运作[2],基础是业务经营,提高主业经营利润率,金融副业的支撑作用才能发挥,形成资

---

[1] 屈源育,吴卫星,沈涛. IPO 还是借壳:什么影响了中国企业的上市选择[J]. 管理世界,2018(9):130-142,192.
[2] 赵彦锋,汤湘希. 产业政策会提升并购商誉吗?[J]. 经济经纬,2020(5):99-106.

本运作与生产经营的良性互动①,而不能让资本运作偏离服务实体经济的本源而加速"脱实向虚",否则会引发系统风险。

7.2 政策建议

国内外资本市场发展实践经验表明,借壳上市的认定标准既不可过于宽松,也不可过于严格,过于宽松会造成滥用借壳上市实施内幕交易,逃避监管,严重时会导致一级市场买卖壳问题越来越严重,二级市场的"炒壳博傻",不利于资本市场定价功能的发挥。而如果标准过于严格,既会影响通过引入注入优质资产优胜劣汰,导致资本市场上绩效差的壳公司越来越多,还会引发刻意规避借壳的"类借壳"交易,提高直接融资成本,与我国目前资本市场的定位相悖。所以应该根据我国资本市场的实际情况,制定符合我国经济发展需要的监管规则。

(1) 借壳上市的认定标准应该和退市制度相结合。目前借壳上市的标准低于 IPO 标准,导致一些绩效差的上市公司希望被借壳的欲望越来越强烈,于是市场上炒作壳的问题渐渐显露出来,绩效差的公司通过卖壳成为股市"不死鸟",造成退市制度形同虚设②。如果借壳上市的认定标准与退市制度结合起来,即使没有满足现行借壳认定的两个硬性标准,但是交易后主营业务和公司名称都发生了变更,从实质上来说也算是借壳上市的话,那么股市中业绩差的壳

---

① 谢富胜,匡晓璐. 制造业企业扩大金融活动能够提升利润率吗?——以中国 A 股上市制造业企业为例[J]. 管理世界,2020(12):13-25.
② 近期退市制度改革中对退市标准的多维度补充,完善了绩差股的退市依据。

第 7 章 研究结论与政策建议

公司被借壳机会减少，久而久之也会自然退市，提高资本市场运行的市场化水平。

（2）重组新规后续完善的空间。借壳上市认定中的两个条件：控制权变更与注入资产规模，是二者必备还是二选一，值得进一步探讨，这方面建议借鉴我国香港地区二选一的做法，主要是不把控制权变更作为借壳认定的前置条件[①]，这样就能进一步拓展借壳认定的范围，适应监管新规的需要。进一步理顺重大资产重组与重组上市计算有关指标时的口径，从监管的严格程度来说，重组上市是特殊的重大资产重组，在计算有关指标时，依据标准至少不低于重大资产重组，例如在西藏旅游与拉卡拉重组中对重大资产重组的认定，购买资产规模按拉卡拉 100% 的比例计算，而借壳认定中则因管理层声称不控制拉卡拉而仅计算收购人及其一致行动人持有的比例，存在操纵指标计算嫌疑，而被监管层多次问询。

（3）需要指出的是，这种对规则的修补主要是治标，很难治本。并购重组手法花样繁多，要想真正防范重组上市乱象，唯一的办法就是从制度的源头进行根本性的改革。其源头是股票发行制度，即推行注册制，理顺上市通道。目前 IPO 通道不畅，企业排队意愿降低，而更愿意赌一把借壳，也不想在没有明确预期的情况下参加 IPO 排队，因为借壳上市至少是一个相对确定的、短期可以实现的目标，可以绕过新股上市制度，只有注册制能够让 IPO 的成本降下来，效率大幅提升，这样才可以打消企业曲线上市的动机，让

---

① 重组时收购人暂时位居第二大股东，保持控制权不变，满足借壳的其他条件，而后续原大股东减持导致收购人自动升级为控股股东，该情况提出了如下问题：控制权变更是否是借壳认定的必要条件，比如在蓝光发展与迪康药业的重组中，迪康药业控制权没有变更，但是为快速通过证监会审核，主动按借壳上市申报。

垃圾股无壳价值。不过注册制应是一个自然而然的结果，只有在信息披露制度、退市制度等完善之后①，市场各方归位尽责，注册制理应会水到渠成。

（4）对于通过"类借壳"模式上市的企业而言，重组后需要结合具体情况开展针对性的风险管理活动。从某种意义上说，重组过会只是程序合法，而经济是否合理最为关键，这决定着重组是否发挥了优化资源配置的功能，需要事前的统筹考虑，更需要事后的整合，真正发挥重组各方的协同效应，其中参与方利益的平衡至关重要，特别是通过三方交易实施的重组，各方的磨合、重组中高业绩承诺、高估值形成的高商誉②，更需要重组后长期的价值协同来消化与验证重组前的预期。

---

① 正在完善的退市制度值得期待。
② 黄蒴，汤湘希. 合并商誉对企业绩效的影响：基于盈余管理和融资约束中介效应的分析 [J]. 山西财经大学学报，2019（12）：93–106.

主要参考文献

[1] 步丹璐,刁媛. 融资惯性、控制权收益和民营化效率——基于星美联合的案例分析 [J]. 财经研究,2016 (9):52-62.

[2] 蔡利,毕铭悦,蔡春. 真实盈余管理与审计师认知 [J]. 会计研究,2015 (11):83-89.

[3] 曹舒芳,苏俊. 不同交易结构下的借壳上市会计处理分析——基于联合化工、江苏宏宝重组案例 [J]. 中国注册会计师,2014 (12):96-100.

[4] 陈冬,范蕊,梁上坤. 谁动了上市公司的壳?——地方保护主义与上市公司壳交易 [J]. 金融研究,2016 (7):176-190.

[5] 陈威,曹丽萍. 民营企业买壳上市风险分析 [J]. 财会通讯,2009 (5):141-142.

[6] 陈小林. 公司控制权的频繁转移、企业业绩与投机性并购 [J]. 南开管理评论,2005 (4):103-108.

[7] 陈选娟,安郁强,林宏妹. 借壳预期与上市公司壳资源价值 [J]. 经济管理,2019 (12):140-157.

[8] 陈永忠,高勇. 上市公司壳资源利用理论与实务 [M]. 北京:人民出版社,2004.

[9] 陈运森,郑登津,李路. 民营企业发审委社会关系、IPO 资格与上市后表现 [J]. 会计研究, 2014 (2): 12-19.

[10] 崔李雪. "三方交易"模式在企业并购中的应用研究——以三爱富并购重组为例 [D]. 杭州: 杭州电子科技大学, 2019.

[11] 戴亦一,潘越,陈静. 双重保荐声誉、社会诚信与 IPO 过会 [J]. 金融研究, 2014 (6): 146-161.

[12] 邓路,周宁. 市场时机、反向收购及其经济后果——基于"山煤国际"的案例研究 [J]. 中国工业经济, 2015 (1): 147-159.

[13] 杜健,郑秋霞,郭斌. 坚持独立或寻求依赖?"蛇吞象"式跨国并购的整合策略研究 [J]. 南开管理评论, 2020 (6): 25-36.

[14] 杜兴强,赖少娟,杜颖洁. "发审委"联系、潜规则与 IPO 市场的资源配置效率 [J]. 金融研究, 2013 (3): 143-156.

[15] 方辉. 我爱我家"类借壳"资产注入行为探究 [D]. 南昌: 江西财经大学, 2020.

[16] 付蕙乔. 类借壳的交易模式分析——以哈工智能为例 [J]. 科技经济市场, 2017 (8): 126-128.

[17] 傅雯颖. 借壳上市监管问题研究 [D]. 南京: 南京大学, 2018.

[18] 葛结根. 并购对目标上市公司融资约束的缓解效应 [J]. 会计研究, 2017 (8): 68-73.

[19] 龚启辉,吴联生,王亚平. 两类盈余管理之间的部分替代 [J]. 经济研究, 2015 (6): 175-188, 192.

[20] 古朴,翟仕运. 监管不确定性与企业盈余质量——基于证监

会换届的准自然实验 [J]. 中国工业经济, 2020 (12): 186-201.

[21] 关静怡, 刘娥平. 业绩承诺增长率、并购溢价与股价崩盘风险 [J]. 证券市场导报, 2019 (2): 35-44.

[22] 郭毅飞. 借壳上市业务判断及会计处理探析 [J]. 财会通讯, 2018 (25): 54-57.

[23] 韩宏稳, 唐清泉, 黎文飞. 并购商誉减值、信息不对称与股价崩盘风险 [J]. 证券市场导报, 2019 (3): 59-70.

[24] 郝阳, 龚六堂. 国有、民营混合参股与公司绩效改进 [J]. 经济研究, 2017 (3): 122-134.

[25] 郝云宏, 汪茜. 混合所有制企业股权制衡机制研究——基于"鄂武商控制权之争"的案例解析 [J]. 中国工业经济, 2015 (3): 148-160.

[26] 何军. 新监管环境下A股借壳类重组生态研究 [D]. 上海: 上海交通大学, 2014.

[27] 侯祺隆. 基于借壳上市认定标准的类借壳模式研究——以南洋科技重组交易为例 [D]. 上海: 上海国家会计学院硕士学位论文, 2018.

[28] 胡海峰, 陈明哲. 关于我国优质企业境外上市的思考 [J]. 经济纵横, 2016 (3): 85-91.

[29] 黄琼宇, 程敏英, 黎文靖, 魏明海. 上市方式、政治支持与盈余质量——来自中国家族企业的证据 [J]. 会计研究, 2014 (7): 43-49, 96.

[30] 黄蔚, 汤湘希. 合并商誉对企业绩效的影响: 基于盈余管理和融资约束中介效应的分析 [J]. 山西财经大学学报, 2019

(12): 93-106.

[31] 蒋大兴. 金融"脱实向虚"之规制逻辑——以上市公司并购重组规制为例 [J]. 现代法学, 2018 (5): 79-94.

[32] 康永博, 王苏生, 彭珂. 风险投资发挥监督作用了吗?——风险投资对公司创业投资（CVC）信息披露制度作用发挥的影响研究 [J]. 管理评论, 2019 (5): 203-212.

[33] 孔令艺, 肖慧娟, 任颋. 股权结构、上市地点选择与IPO绩效——以中国创业公司为例 [J]. 当代经济科学, 2014, 36 (4): 58-68.

[34] 孔宁宁, 吴蕾, 侯瑞劼. 大股东参与定增并购、业绩承诺与利益输送——基于百润股份收购巴克斯酒业案例的研究 [J]. 国际商务——对外经济贸易大学学报, 2020 (6): 122-136.

[35] 黎文靖, 程敏英, 黄琼宇. 地方政府竞争、企业上市方式与政企间利益输送——来自中国家族企业上市公司的经验证据 [J]. 财经研究, 2012 (9): 27-36, 47.

[36] 李佳璐, 徐凤菊. 借壳上市、股价波动与信息泄露 [J]. 财会通讯, 2017 (26): 34-36, 129.

[37] 李梦羽, 沈彦波, 杨克智. 企业合并会计处理存在的问题与改进 [J]. 财务与会计, 2020 (7): 58-60.

[38] 李善民, 周小春. 上市方式、大股东持股与民营上市公司的绩效 [J]. 经济管理, 2007 (1): 36-42.

[39] 李晓溪, 饶品贵, 岳衡. 年报问询函与管理层业绩预告 [J]. 管理世界, 2019 (8): 173-192.

[40] 李有星, 潘政. 论中概股危机下中美跨境审计监管合作

[J]. 证券市场导报, 2020 (10): 72-78.

[41] 梁上坤, 李丹, 谷旭婷, 马逸飞. 借壳上市与杠杆增持下的并购风险——基于上海斐讯借壳慧球科技的案例研究 [J]. 中国工业经济, 2018 (6): 136-155.

[42] 廖青. 类借壳下商誉减值风险研究——以坚瑞沃能为例 [D]. 成都: 西南财经大学, 2019.

[43] 廖晓玲, 杨智灵. 反向购买中不同商誉确认方法对企业价值影响分析 [J]. 财会通讯, 2020 (19): 117-120, 124.

[44] 刘浩, 杨尔稼, 麻樟城. 业绩承诺与上市公司盈余管理——以股权分置改革中的管制为例 [J]. 财经研究, 2011 (10): 58-69.

[45] 刘见敏. 借壳与类借壳上市企业的财务绩效及影响因素研究 [D]. 济南: 山东大学, 2019.

[46] 刘建勇, 董晴. 资产重组中大股东承诺、现金补偿与中小股东利益保护——基于海润光伏的案例研究 [J]. 财贸研究, 2014, 25 (1): 136-142, 156.

[47] 刘向强, 李沁洋. 会计师事务所声誉与并购业绩补偿承诺 [J]. 审计研究, 2019 (6): 79-86.

[48] 刘晓婷, 张敬石. 我国 A 股相对于 H 股溢价的实证分析——基于"壳价值"的解释 [J]. 金融与经济, 2016 (1): 68-74.

[49] 陆正飞, 叶康涛. 中国上市公司股权融资偏好解析——偏好股权融资就是缘于融资成本低吗? [J]. 经济研究, 2004 (4): 50-59.

[50] 吕长江, 韩慧博. 业绩补偿承诺、协同效应与并购收益分配 [J]. 审计与经济研究, 2014 (6): 3-13.

[51] 马连福, 张晓庆. 控股股东股权质押与投资者关系管理 [J]. 中国工业经济, 2020 (11): 156-173.

[52] 马骁, 刘力臻. 中、美及香港证券市场借壳上市监管制度比较 [J]. 证券市场导报, 2013 (3): 67-72.

[53] 潘爱玲, 邱金龙, 杨洋. 业绩补偿承诺对标的企业的激励效应研究——来自中小板和创业板上市公司的实证检验 [J]. 会计研究, 2017 (3): 46-52.

[54] 邱霖. 新监管环境下的"三方交易"模式及其经济后果——基于南通锻压重大资产重组的案例研究 [D]. 广州: 广州大学, 2019.

[55] 屈源育, 沈涛, 吴卫星. 壳溢价: 错误定价还是管制风险 [J]. 金融研究, 2018 (3): 155-171.

[56] 屈源育, 沈涛, 吴卫星. 上市公司壳价值与资源配置效率 [J]. 会计研究, 2018 (3): 52-58.

[57] 屈源育, 吴卫星, 沈涛. IPO还是借壳: 什么影响了中国企业的上市选择 [J]. 管理世界, 2018 (9): 130-142, 192.

[58] 邵新建, 贾中正, 赵映雪, 江萍, 薛熠. 借壳上市、内幕交易与股价异动——基于ST类公司的研究 [J]. 金融研究, 2014 (5): 126-142.

[59] 邵新建等. 借壳上市、内幕交易与股价异动——基于ST类公司的研究 [J]. 金融研究, 2014 (5): 126-142.

[60] 施金晶, 李梦飞. 类重组上市典型情形的监管逻辑与监

管路径 [J]. 证券法苑, 2017 (4): 381-396.

[61] 孙军, 刘莉. 民营企业买壳上市要规避风险 [J]. 经营与管理, 2008 (8): 34-35.

[62] 孙瑞泽. 深市公司商誉减值与监管应对分析 [J]. 证券市场导报, 2020 (11): 49-56.

[63] 孙烨, 罗党论. 政府竞争、资本配置与上市公司"壳资源"转让 [J]. 管理科学, 2011 (1): 11-20.

[64] 谭燕, 陈艳艳, 谭劲松, 张育强. 地方上市公司数量、经济影响力与过度投资 [J]. 会计研究, 2011 (4): 43-51.

[65] 汤谷良, 戴璐. 国有上市公司部分民营化的经济后果——基于"武昌鱼"的案例分析 [J]. 会计研究, 2006 (9): 48-55.

[66] 唐兵, 田留文, 曹锦周. 企业并购如何创造价值——基于东航和上航并购重组案例研究 [J]. 管理世界, 2012 (11): 1-8, 44.

[67] 童精明. 上市公司曲线借壳问题研究——以文投集团借壳松辽汽车为例 [J]. 财会通讯, 2019 (26): 42-48.

[68] 王芳. 风险资本的六种退出渠道 [J]. 经济纵横, 2001 (2): 24-27.

[69] 王嘉瑶. 监管视角下创业板曲线借壳路径研究 [J]. 财务与金融, 2020 (1): 87-90, 95.

[70] 王建伟. 2016年深市公司"特殊"重组问题分析 [J]. 证券市场导报, 2017 (12): 39-44.

[71] 王竞达, 范庆泉. 上市公司并购重组中的业绩承诺及政策影响研究 [J]. 会计研究, 2017 (10): 71-77, 97.

[72] 王薇, 张刚. 供给侧改革背景下的上市公司并购重组模式研究 [J/OL]. (2020-12-09). 金融发展评论, https://doi.org/10.19895/j.cnki.fdr.20201209.001.

[73] 王性玉. 上市公司"壳资源"及其交易价格模型 [J]. 经济体制改革, 2002 (2): 115-118.

[74] 王艳, 阚铄. 企业文化与并购绩效 [J]. 管理世界, 2014 (11): 146-157, 163.

[75] 吴斌, 何建敏. 基于Shapley值的壳资源溢价影响因素的实证研究 [J]. 数理统计与管理, 2012 (1): 161-167.

[76] 夏宁, 陈露. 冲突视角下大股东制衡研究——基于山水水泥控制权争夺的案例分析 [J]. 会计研究, 2016 (11): 46-52, 96.

[77] 夏一丹, 陈婕妤, 夏云峰. 交易所问询函对业绩预告质量的影响 [J]. 财经科学, 2020 (11): 41-53.

[78] 谢富胜, 匡晓璐. 制造业企业扩大金融活动能够提升利润率吗?——以中国A股上市制造业企业为例 [J]. 管理世界, 2020 (12): 13-25.

[79] 徐超. 企业买壳上市的风险控制 [J]. 企业活力, 1999 (1): 26-27.

[80] 徐硕正, 张兵. 中国A股市场的借壳上市与壳资源——一种度量上市公司壳价值的方法 [J]. 山西财经大学学报, 2020 (5): 31-45.

[81] 徐炜, 马树元, 王赐之. 家族涉入、国有股权与中国家族企业国际化 [J]. 经济管理, 2020 (10): 102-119.

[82] 鄢波,王华,杜勇. 地方上市公司数量、产权影响与政府的扶持之手 [J]. 经济管理,2014 (7):164-175.

[83] 杨丹. 新股长期价格行为的实证研究——基于壳资源价值的假说和证据 [J]. 财经科学,2004 (5):72-76.

[84] 杨俏文,黄思涵. 上市公司并购重组"类借壳"模式应用案例研究 [J]. 中国注册会计师,2019 (10):117-122.

[85] 杨威,宋敏,冯科. 并购商誉、投资者过度反应与股价泡沫及崩盘 [J]. 中国工业经济,2018 (6):156-173.

[86] 杨志强,曹鑫雨. 业绩补偿承诺提高混合所有制改革的协同效应吗?——基于国有上市公司重大并购重组的经验证据 [J]. 华东经济管理,2017 (11):166-176.

[87] 叶育甫,沈卫. 借壳上市与风险控制 [J]. 学术论坛,2002 (5):88-90.

[88] 曾江洪,曾琪珊,黄向荣. 市场错误定价、支付方式与并购商誉——基于成长性的调节作用 [J]. 现代财经,2020 (11):79-97.

[89] 翟进步,贾宁,李丹. 中国上市公司收购兼并的市场预期绩效实现了吗? [J]. 金融研究,2010 (5):133-151.

[90] 张海晴,文雯,宋建波. 借壳上市中的业绩补偿承诺与企业真实盈余管理 [J]. 山西财经大学学报,2020 (5):99-111.

[91] 张敏,李伟,张胜. 审计师聘任的实际决策者:股东还是高管? [J]. 审计研究,2010 (6):86-92,85.

[92] 张敏. 33家上市公司跨界并购遇阻并购估值泡沫化引监管层关注 [EB/OL]. (2016-05-25) [2017-10-16]. http://

stock. hexun. com/2016 - 05 - 25/184038282. html.

[93] 张新民,祝继高. 经营资产结构影响高商誉企业的市场价值吗——基于A股上市公司的实证研究 [J]. 南开管理评论,2019 (2): 114 - 127.

[94] 赵彦锋,马雯婷,李旭东,孟一鸣. 奇虎360借壳回归A股的绩效及其风险研究 [J]. 财务管理研究,2020 (8): 93 - 101.

[95] 赵彦锋,汤湘希. 产业政策会提升并购商誉吗?[J]. 经济经纬,2020 (5): 99 - 106.

[96] 赵彦锋,张晓天. 业绩补偿的压力效应研究——以天津壳木为例 [J]. 财会通讯,2019 (25): 37 - 41.

[97] 赵彦锋,赵明月. 借壳上市的会计方法选择——以大地传媒为例 [J]. 郑州航空工业管理学院学报,2013 (4): 75 - 79.

[98] 赵彦锋. 百润股份收购巴克斯酒业之案例分析 [J]. 财会月刊,2016 (4): 82 - 83.

[99] 赵彦锋. 蓝光发展"借壳"迪康药业抑或解读 [J]. 财会月刊,2016 (15): 103 - 104.

[100] 赵彦锋. 美国企业合并会计处理方法的演进及启示 [J]. 郑州航空工业管理学院学报,2014 (3): 92 - 96.

[101] 周业安,韩梅. 上市公司内部资本市场研究——以华联超市借壳上市为例分析 [J]. 管理世界,2003 (11): 118 - 125.

[102] 周泽将,邹冰清,李鼎. 轻资产运营与企业价值: 竞争力的角色 [J]. 中央财经大学学报,2020 (3): 101 - 117.

[103] 朱三英. 民营企业买壳上市的法律风险及其防范 [D]. 广州: 暨南大学硕士学位论文,2006.

[104] Adjei F., Cyree K. B., Walker M. The Determinants And Survival of Reverse Mergers vs IPOs [J]. Journal of Economics and Finance, 2008, 32: 176 – 194.

[105] Ali A, Zhang W. CEO Tenure and Earnings Management [J]. Journal of Accounting & Economics, 2012, 59 (1): 60 – 79.

[106] Arellano – Ostoa, A., and S. Brusco. Understanding Reverse Mergers: A First Approach [R]. University Calors Ⅲ of Madrid: Working Paper, 2000.

[107] Brau J. C., Francis B., Kohers N. The Choice of IPO Versus Takeover: Empirical Evidence [J]. The Journal of Business, 2003, 76: 583 – 612.

[108] Bruner, R. F. Does M&A Pay? A Survey of Evidence for the Decision – Maker [J]. Journal of Applied Finance, 2002, 12 (1): 48 – 68.

[109] Floros I. V. and Sapp T. R. A. Shell Games: On the Value of Shell Companies [J]. Journal of Corporate Finance, 2011, 17: 850 – 867.

[110] Gleason K. C., Rosenthal L., Wiggins R. A. Backing into Being Public: An Exploratory Analysis of Reverse Takeovers [J]. Journal of Corporate Finance, 2005, 12: 54 – 79.

[111] Gleason, K. C., R. Jain, and L. Rosenthal. Alternatives for Going Public: Evidence from Reverse Takeovers, Self – Underwritten IPOs, and Traditional IPOs [R]. University of Pittsburgh: Working Paper, 2006.

[112] Lee C. M. C., Y. Qu, and T. Shen. everse Mergers, Shell Value, and Regulation Risk in Chinese Equity Markets [R]. Research Papers, 2017.

[113] Liu J, Stambaugh R F, Yuan Y. Size and Value in China [J]. Journal of Financial Economics, 2019, 134 (1): 48 – 69.

[114] Poulsen A. B. and Stegemoller M. Moving from Private To Public Ownership: Selling Out to Public Firms Versus Initial Public Offerings [J]. Financial Management, 2008, 37: 81 – 101.

[115] Weick, K. E. The Generative Properties of Richness [J]. Academy of Management Journal, 2007, 50 (1): 14 – 19.